KB236472

눈에 띄는 도서관 마케팅

The Visible Librarian

국립중앙도서관 출판시도서목록(CIP)

눈에 띄는 도서관 마케팅 / 주디스 A. 시스 지음 : 한국도서관마케팅연구소 기획 ; 이우정
; 박수희 [공]옮김. -- 서울 : 이채, 2005 p. ; cm

원서명 : The visible librarian : asserting your value with marketing and advocacy
원저자명 : Siess, Judith A
참고문헌수록
ISBN 89-88621-59-X 93020 : ₩12000

025.9-KDC4
021.7-DDC21   CIP2005002025

눈에 띄는 도서관 마케팅

초판 1쇄 발행 2005년 11월 9일 ㅣ **초판 2쇄 발행** 2006년 6월 15일
저자 주디스 A. 시스 ㅣ **기획** 한국도서관마케팅연구소 ㅣ **역자** 이우정, 박수희, 김태훈 ㅣ **펴낸이** 한혜경
ㅣ **펴낸곳** 도서출판 이채 ㅣ **주소** 135-100 서울특별시 강남구 청담동 68-19 리버뷰오피스텔 1110호 ㅣ **출
판등록** 1997년 5월 12일 제 16-1465호 ㅣ **전화** 02)511-1891, 512-1891 ㅣ **팩스** 02)511-1244 ㅣ e-mail
yiche7@dreamwiz.com

The Visible Librarian: Asserting Your Value with Marketing and Advocacy

ISBN 89-88621-59-X 93020

* 값은 뒤표지에 있으며, 잘못된 책은 바꿔 드립니다.

눈에 띄는 도서관 마케팅

The Visible Librarian

이채

c o n t e n t s

개요 목차

c o n t e n t s

상세 목차

우리도 우리 도서관을 마케팅합시다

지금 우리 도서관은 보이지 않는다는 지적이 가슴에 절절하게 다가옵니다. 도서관이 사람들의 눈에서, 마음에서 점차 사라지고 있다는 말은 우리에게도 현실입니다. 지금 우리나라 도서관계도 새로운 국면을 맞고 있습니다. 이미 몇 년 전부터 도서관 운영을 외부 위탁하는 사례가 늘어가고 있고, 도서관 이름도 잃어버리고 있습니다. 현장에서 사서들을 만나기가 점점 더 어려워지고 있습니다. 특히 학교도서관에서 전문 사서교사는 여전히 아주 소수일 뿐 아니라 이제 배치해야 한다는 주장에 대해서도 사람들은 쉽게 동의하지 않습니다. 그들에게 도서관은 사람과 장서가 만나 뜨거운 정열을 나누는 공간이 아니라 차가운 컴퓨터와 보이지 않는, 그리고 검증되지도 않은 정보나 있는, 그것이 옳은 것으로 생각하고 있습니다. 사실 우리는 증명되지도 않은 언사들, 이제 모든 것은 인터넷 속에 다 있다, 그것도 공짜로 원하면 다 얻을 수 있다, 그래서 이제 도서관은 없어도 된다든가, 아니면 직원이 더 필요없다거나 책을 살 필요가 없다는 등의 이야기를 듣고 있습니다. 그러나 이것은 사실이 아닙니다. 아니, 사실이라고 해도 진실이 아니며 또 그렇게 되면 안 되는 일입니다. 우리가 마치 가상공간에서 모든 것을 해결할 수 있을 것 같지만 그것은 환상입니다. 도서관과 같은 지식과 정보를 가진 기관에서 그것들을 제대로 제공해 주지 않는다면, 가상공간은 텅 빈 유령의 집에 불과할 뿐입니다. 도서관이 오랫동안 축적해 온 목록과 정보나 자료가 없이 정보 데이터베이스는 가능하지도 않습니다. 그리고 그것은 사서들의 세심한 손길과 마음, 전문 지식이 없이는 만들어질 수도 없는 것입니다. 또한 그러한 가상공간에 들어가고자 하면 컴퓨터나 초고속통신

망과 같은 값비싼 기기들이 필요하고, 실제 좋은 정보는 또 대부분 비용을 지불해야 합니다. 결국 가상공간은 누구에게나 열려 있는 공간인 것 같지만 실제로는 가진 사람과 가지지 못한 사람을 차별하는 공간이고 그로 인해 정보 격차, 지식 격차, 경제적 또는 사회적 격차가 존재하는 비인격적 공간입니다. 그런 격차를 해소하는 데 도서관과 같이 누구나 차별없이 정보와 필요한 기기를 이용할 수 있는 기관이 필요합니다. 우리는 그것을 압니다. 그러나 사람들은 이같은 사실을 애써 외면하거나 아예 알지도 못합니다. 그러면서 점차 환상 속에 빠져들어 자신도 모르게 차별되고 소외되고 있습니다. 그리고 그것이 세상의 중심에서 밀려나거나 가상공간의 주변에서 맴돌고 있는 것이 자신의 잘못인 양 좌절하고 있습니다. 그러나 우리는 압니다, 방법이 없는 것이 아니라는 것을. 도서관이야말로 21세기 모든 것이 금전으로 환산되는 세상에서 누구든지 자유롭게 이용할 수 있는 공간이며, 누구에게나 원한다면 차별없는 서비스를 제공하는 곳이라는 것을, 우리는 압니다. 알고 있을 뿐만 아니라 실제 우리가 그런 일을 할 수 있고, 하고 있습니다. 그러나 사람들은 그것을 잘 이해하지 못합니다.

이런 일이 도서관 선진국이라는 미국에서도 똑같이 일어나고 있다는 사실에 우리는 그 심각성을 느낍니다. 미국은 오랜 시간 투쟁 속에서 도서관을 통한 지식과 정보의 공유사상, 그리고 차별없는 이용의 권리를 쟁취해 온 나라입니다. 그런 미국에서도 지금 우리가 직면한 것과 같이 도서관이 사람들의 마음 속에서 사라지고 있는 일이 벌어지고 있다는 사실은 충격이 아닐 수 없습니다.

그래도 미국은 오랫동안 도서관을 함께 만들어 온 시민들이 있어 도서관이 위기에 처해 있을 때 힘이 되고 있다는 것은 그나마 다행한 일입니다. 그런 미국에서도 이제 도서관이 조용히, 자기 일을 성실하게 하고 있는 것만으로는 도서관이 사라지는 경향을 막아 낼 수 없다는 자각이 있는 것 같습니다. 이 책이 바로 그 증거입니다. 이 책을 통해 미국의 도서관들은 새로운 시대 환경에 직면해서, 도서관이 필요없는 기관이 아니라, 앞으로 더욱 더 중요한 기관임을 증명하고 설득하기 위해 활발한 마케팅 활동이 필요하다는 것을 소리쳐 말하고 있습니다. 더 이상 보이지 않는 곳에서 묵묵히 일하고 있다고 해서 사람들이 그 공과 성과를 알아 주지 않는 현실에서, 더 이상 도서관이 사라지지 않게 하기 위해 사서들은 이제 자신들이 무엇을 하고 있는지, 그것이 사람들에게 왜, 얼마나 중요하고 실속있는 것인지를 구체적으로 이야기하고 설득하는 일을 최우선적 과제로 삼아야 한다는 것을 말하고 있습니다.

저도 오랫동안 문헌정보학 교수로 강단에서 후학들을 가르치면서, 한국도서관협회를 비롯한 시민단체 등에서 도서관 발전을 위해 활동하면서, 그리고 또 대학 행정을 맡아 일하면서, 도서관과 사서들이 하는 일에 비해 사람들에게 너무도 알려지지 않았거나 잘못 이해되고 있다는 사실을 인식하고 있었습니다. 그래서 늘 도서관을 둘러싼 문제가 생길 때마다 상대방에게 도서관의 가치와 가능성을 인식시키거나 문제의 심각성을 이해시키는 일이 결코 쉽지만은 않았던 경험을 갖고 있습니다. 왜 사람들이 이렇게 도서관과 사서를 잘 이해하지 못하는가 한탄하기도 하고 때론 좌절하기도 했습니다. 그러나 이제 이 책을 보면서, 그래 이제 뒤로 물러서지 말고 적극적으로 우리 현장과 사서를 마케팅하자는 생각을 하게 되었습니다. 우리보다 선진적인 나라에서도 이렇게 도서관이 결코 안락한 현실에 있는 것이 아니라는 것을 다시금 확인하면서, 오랫동안 사회와 함께 발전해 온 역사적 경험을 가진 미국에서도 여전히 도서관 활동을 마케팅해야 할 이유가 있는 것을 알게 되었습니다. 그렇다면 우리도 희망을 가지고, 용기를 가지고 이제부터라도 우리의 도서관 서비스와 사서들의 역량을 사회에 말하고, 알리고, 설득해서 사회적 지지를 얻어 내고 동지를 확보할 마케팅 활동이 필요하다는 것을 새삼 인식하게 되었습니다. 우리도 합시다. 우리가 누구를 위해, 무엇을 하고 있는지, 그것이 얼마나 중요한 일이고, 또 사람들에게 꿈과 희망, 현실적 이익을 주는 일인지를 적극 알립시다. 그래서 우리가 결코 보이지 않는, 그래서 쓸모없는 기관이나 사람들이 아니라, 바로 그들의 곁에서 생생하게 살아 있는 역동적 기관이며 그들을 위해 헌신할 준비와 능력을 갖춘 전문가들이라는 점을 알리고, 인정받읍시다.

이 책이 바로 그런 우리들의 활동을 격려하고 실질적인 지식을 줄 것으로 기대합니다. 미국 도서관과 사서들의 다양하고 실효성 있는 마케팅 경험을 배울 수 있는 좋은 책이 될 것입니다. 이 책의 내용은 우리 현실과 사서들의 실질적 삶에서 다시금 태어날 수 있도록 철저히 분석되고 분해되고 재해석되어야 할 것입니다. 단순히 책의 내용을 습득하기만 해서는 결코 살아 있는 현실을 만들어 낼 수는 없을 것입니다. 책은 책입니다. 그건 읽는 우리들 안에서 새롭게 태어나지 않고서는 결국 그냥 종이묶음일 뿐입니다. 우리 한국의 도서관과 사서들이 자신들의 목소리로 도서관 마케팅을 재구성해 낼 수 있을 때, 비로소 이 책이 우리의 언어로 번역되어 나온 의미를 찾게 될 것입니다. 저는 이 책이 그저 좋은 책이라서가 아니라 우리에게 우리의 현실을 다시금 바라보게 하고 무엇이 필요한지, 그것을 어떻게 행동으로 옮길 것인지를 말해 주고 있는, 이 시점에 우리에게 필요한 책이라서 추천을 합니다. 이제 우리의 활동을 모아 우리의 책을 만들어야 합니다. 이 책이 그 길로 가는 징검다리가 되기를 바랄 뿐입니다.

도서관은 인류와 그 역사를 같이 해 왔습니다. 사서들도 마찬가지입니다. 지금보다 더한 어려움도 견디어 왔을 뿐 아니라, 늘 앞날을 열어 가는 핵심 동력이 되어 왔습니다. 지금이라고 해서 그런 역할과 가능성이 사라진 것이 아닙니다. 단지 사람들이 우리를 보지 못하고 있을 뿐입니다. 우리가 우리를 제대로 드러내지 못한 때문입니다. 그렇다면 문제 해결은 간단합니다. 우리가 사람들에게 열정을 가진 전문가의 모습을 드러내면 될 것입니다. 우리가 결코 투명인간이 아니라는 점을 이제 당당하게 말하고, 사회 현실 공간으로 나갑시다. 그것이 마케팅이라면 우린 이제 마케팅을 잘 합시다. 그래서 우리의 참 모습을 세상에 알리고, 그래서 사람들의 마음속에 더 단단하게 자리잡을 수 있도록 합시다. 이 책이 우리 손에서 너덜거릴 때쯤이면 우리는 새로운 세상을, 도서관이 사람들의 마음과 머리와 일상 속에서 단단히 뿌리 내린 거대한 나무가 되어 있을 것이라고 기대합니다. 실천하는 도서관과 사서들이라면 능히 그렇게 만들 수 있을 것입니다. 용기를 냅시다. 그리고 물러서지 말고 세상을 향해 외칩시다. 세상의 중심으로 나갑시다. 우리는 그럴 책임과 능력이 있습니다.

이 책이 그동안 사람들이 우리를 보지 못하게 덮여 있던 보이지 않게 하는 마법의 망토를 벗어 버리는 용기를 주었다고 생각합니다. 번역하고 출간하는 일이 쉽지 않았을 텐데도 책을 내 주신 분들에게 감사드립니다. 좋은 동료를 만난 것같이 반갑고 고맙습니다.

한상완(연세대학교 부총장, 문헌정보학과 교수)

당신이 지금 이 글을 읽고 있다면 먼저 축하를 드리고 싶다. 당신은 분명 원하는 바를 얻게 될 것이다. 이 책을 읽음으로써 당신은 도서관의 서비스를 홍보하고 최선을 다하여 마케팅하는 일이 반드시 필요하다는 사실을 알게 될 것이다. 어쩌면 당신은 이미 도서관 마케팅을 오래 전부터 해 왔으며 자신과 같은 생각을 가진 사람의 글을 읽어 보고 싶은 것인지도 모르겠다(이 책은 바로 그러한 내용을 담고 있다). 혹은 도서관 마케팅에 관해서는 아는 것이 별로 없는 신참인 탓에 전체적인 개념을 설명해 주고, 마케팅의 중요성을 깨닫게 해 주며, 그 방법을 가르쳐 줄 책을 찾고 있을 수도 있다(이 책이 도움이 될 것이다). 어느 쪽이든 잘 찾아온 것이다. 당신을 환영한다.

나는 이 책이 꼭 필요한 때에 그에 맞는 내용을 소개하고 있다고 생각한다. 그 이유는? 저자가 서론에서 말하듯이 "도서관이나 사서는 이제 더 이상 정보가 필요한 이용자들의 마음속에 반드시 떠오르는 존재가 아니다. 우리는 점점 더 시야에서 **사라져 가고** 있다." 이 말은 오늘날의 사서들이 직면한 가장 어려운 문제를 잘 설명해 주고 있다.

이 책이 가치 있다고 보는 다른 이유는 마케팅이 요즘 더욱 주목을 받고 있기(혹은 곧 주목을 받을 것이기) 때문이다. 마케팅은 오랫동안 학문의 영역에만 머물렀으나 차츰 그 편견을 벗어나 실생활에 적용되기 시작했다. 우리는 마케팅이 더 이상 많은 예산을 가진 대형 기업에만 해당되지 않는다는 사실을 알게 되었다. 지금까지 우리는 지역 공공도서관뿐만 아니라 기업 정보센터, 소규모 전문도서관, 일인도서관, 학교도서관 그리고 대학도서관을 망라하는 모든 종류와 크기의 도서관에서도 흥미로운 홍보와 마케팅 활동을 펼칠 수 있다는 사실을 보여 주는 많은 실례들을 보아 왔다. 또한 이를 평가하는 상(賞) 역시도 점차 늘고 있다. 실제로 새로운 국제 마케팅 상(IFLA/3M International Marketing Award)이 2002년에 국제도서관협회연맹(IFLA, International Federation of Library Associations and Institutions)과 3M에 의해 처음 제정되어 시상된 바 있다. IFLA와 3M 같은 거대 단체가 하는 일이라면 마땅히 그 움직임을 수복해야 한다.

이런 사례들과는 반대로 사서들로 하여금 마케팅의 중요성을 느끼게 만든 불행한 일들도 있었다. 최근 수년 동안 우리는 고용주들이 인원이나 예산을 삭감하거나 외주 정보센터를 사용하거나 혹은 (미련하게도) 도서관이나 정보센터를 모두 폐쇄하는 바람에 떠나가는 동료들을 보아 왔다. 이 무서운 트렌드가 퍼져 가는 데는 인터넷이 적지 않은 역할을 했다. (그러므로 이 책은 또한 인터넷이 화제에 오를 때 대처하는 몇몇 요령을 알려 줄 것이다.)

시간이 지나갈수록 예산과 자산이 줄어드는 것을 보면서도 이러한 현상을 부정하는 사람들이 있었다. 그러나 2002년에 와서 누구도 무시할 수 없을 정도로 경각심을 불러일으키는 사건이 일어났다. 필자가 '워싱턴 주립도서관(Washington State Library) 사태'라 일컫는 이 사건은 예산 부족에 고민하던 워싱턴 주지사가 예산을 절약하기 위하여 주립도서관을 모두 없애려 하여 도서관계를 발칵 뒤집어놓은 일이다. 이 시도는 주지사에게도 결코 도움이 되지 않았고 다행스럽게도 시민단체의 활동, 치열한 반대 운동, 그리고 강력한 마케팅을 통해 주립도서관은 계속 (근근이) 유지될 수 있었다. 문제는 사서들과 그들의 뛰어난 서비스가 예산을 관리하는 사람들에게는 거의 인식되지 않았다는 사실이다. 워싱턴 도서관에 종사하던 이들은 이러한 인식의 결여가 매우 위험하다는 사실을 상당히 비싼 대가를 치르고서야 깨달았다. 이것이 이 책이 왜 중요한 의미를 가지는가를 설명하는 또 다른 이유이다. 우리는 이제 사람들의 관심 밖에 계속 머무르다가는 몰락할 수도 있다는 점을 확실히 깨닫게 되었다.

또한 지금 이 책을 읽고 있다면 당신도 도서관의 인지도를 높여야 할 필요성을 느끼게 될 것이다. 단순히 필요성을 느끼기만 하는 것이 아니라, 더 이상 좌시할 수 없다는 생각도 하게 될 것이다. 당신은 이 책을 읽고 실행에 옮길 필요성을 느끼게 될 것이다. 이 책이 사서들에게 그러한 도움을 줄 수 있을 것이다. 이 책을 운동 경기의 교범이라고 생각하라. 그리고 저자 주디스 A. 시스 *Judith A. Siess*를 유능한 코치로 생각하라.

이 책은 몇 가지 측면에서 가치를 지닌다. 무엇보다 도서관 마케팅에 대해 잘 알고 있는 수많은 사람들의 지식을 한데 모았다는 점이 그러하다. 지난 수십 년간 누군가 이 주제에 대해 발언하거나 생각하거나 저술하거나 제안하거나 실행한 모든 것이 이 책 안에 담겨 있다. 이 주제에 대한 과거의 모든 기사와 책들을 찾아 읽을 시간이 없어도 걱정할 필요가 없다. 그럴 필요도 없다. 모든 도서관 서비스 마케팅에 대한 최고의 사례들이 집대성되어 있기 때문이다.

당연한 이야기지만 이 책은 깊이 있는 주제와 광범위한 내용을 다루고 있다. 이 책의 단 한 단어도 그 자체로 쓸모가 있다. 이 주제에 대한 최고의 지혜를 전달하기 위하여 때때로 수많은 인용어구가 연이어 나오기도 하지만 이것 때문에 겁먹을 이유는 없다. 그 개념 자체는 이해하기 쉬운 것이다. 이 책은 어려운 이론이나 미래에나 가능한 이상론을 제기하지 않는다. 모두 이해 가능하고 실행에 옮길 수 있는 실용적인 내용만 담았다. 배울 내용은 많지만 그 모두를 당장 이해하거나 실행할 필요도 없다. 당신의 현 상황에 맞는 전략, 당신과 소속 조직에 필요한 아이디어를 찾아서 그 부분부터 조금씩 실천해 나가면 된다. 이 책에는 분명히 배울 점이 있으며 저자가 당신을 도울 수 있다는 점을 믿어도 된다.

눈에 보이는 도서관을 만드는 데 필요한 공부를 하다 보면 다음과 같은 많은 것을 배우게 될 것이다.

- 언제 누구에게 마케팅하는가
- "인터넷에 전부 다 있다"고 하는 생각에 어떻게 반박할 것인가
- 도서관의 가치를 구체적인 숫자로 측정하고 증명하는 방법
- 마케팅의 필요성을 부정하는 의견에 맞서는 논리
- 서비스 가격을 책정하는 법
- 유형별로 고객을 분류하는 법과 그에 따른 대응법
- 저렴한 홍보물 제작에 대한 아이디어
- 경쟁자를 분석하는 방법
- 충실한 홍보 계획을 작성하는 방법

- 보도자료의 5가지 핵심 요소

- 웹사이트를 더 나은 홍보 수단으로 만드는 방법

- 교육이 이미지 개선을 위해 중요한 이유

- 사서에 대한 인식을 강화하고 현안을 극복하는 데 참여하는 방법

당신에게는 이 책이 필요하다. 아니, 모든 사서들에게는 이 책이 필요하다. 당신은 타인에게 인정받아야 하고 그렇게 되기 위한 적극적이며 강한 의지를 가지고 있어야 한다. 21세기의 사서, 정보 전문가 혹은 지식관리자로서 당신은 적극적으로 나서서 발언할 수 있어야 한다. 눈에 띄지 않는 사서가 되어서는 안 된다. (그러면 당신의 월급봉투도 눈에 띄게 얇아질 것이다!) 예전에 그랬던 것보다 더욱 많은 주목과 관심을 끌어 모으는 방법을 배워야 하며 이 책은 그 방법을 가르쳐 줄 수 있다.

마케팅이 열렬한 운동이나 정치적인 캠페인처럼 될 필요는 없다. 꺼리고 피할 단어도 아니다. 그러나 그것은 당신이 직시해야 할 단어이다. 당신은 할 수 있고, 잘 해낼 수 있다. 변화에 동참하라. 이 책이 당신을 눈에 띄는 사서(The Visible Librarian)로 만들어 줄 것이다.

캐시 뎀프시Kathy Dempsey

캐시 뎀프시는 1994년부터 「마케팅 라이브러리 서비스Marketing Library Services」지(紙)의 편집자로 활동해 왔다. 또한 「컴퓨터스 인 라이브러리스Computers in Libraries」지의 편집에도 참여하고 있으며 도서관 마케팅에 관한 강연을 하고 있다. 이외에 영국의 「인포메이션 월드 리뷰Information World Review」를 포함한 다양한 출판물에 기고하고 있다. 이전에는 공공도서관과 대학도서관에서 근무했다.

당신의 상사, 동료, 잠재적 이용자 그리고 일반적인 비즈니스 세계에서 도서관이 망각되는 것을 막기 위해 할 수 있는 일은 무엇인가? _ Dempsey, 2002, p. 77.

사서들은 마케팅하지 않는다. 기존에 제공하던 것들을 가끔 홍보할 뿐이다. 그러나 예산 삭감으로 서비스의 수준을 유지할 수 없게 되면서 점점 홍보조차 하지 않게 되었다. 서비스 내용이 예산을 결정하는 것이 아니라 예산이 서비스 내용을 결정하고 있는 것이다. _ White, 1997, p. 116.

1. 이 책은 왜 씌어졌는가

20세기 후반과 21세기 초반에 이르러 도서관은 더 이상 당연히 있어야 할 존재가 아니게 되었다. 일부 사서들은 이미 이를 잘 알고 있었다. 예를 들어, 예전에는 병원 인가를 받으려면 병원 내에 도서관을 설치하고 자격을 갖춘 사서를 채용해야 했다. 그러나 이러한 인가 기준이 바뀌어 이제는 외부의 의학 정보와 연결해 주는 컴퓨터와 같은 '접근 수단'만을 요구한다. 미국 최대의 로펌인 베이커 앤 맥켄지(Baker and McKenzie)사(社)가 자체 도서관의 문을 닫자 미 전역의 로펌들도 이를 따랐다. 비영리 부문도 예외는 아니다. 공공도서관의 분관들이 폐관되고 학교도서관은 공공도서관과 합병되거나 심지어 없어지기도 한다. 비교적 '안전한' 대학도서관들조차도 일부 직위를 없애고 분관이나 단과대 도서관을 폐관시키고 있다.

왜 이러한 일이 일어나고 있는가? 사서들이 도서관과 그 서비스를 경영진이나 의사 결정권자들에게 마케팅하지 않았기 때문이다. 우리는 후원자 (advocacy) 확보도 적극적으로 하지 않았다. 우리는 스스로를 위해 발언하지 않고 그 일을 해 줄 사람을 찾지도 않는다. 우리는 도서관의 후원자를 찾고 도움을 구할 생각도 하지 않는다. 우리는 왜 마케팅을 하지 않고 후원 확보 활동도 하지 않는가? 여기에는 몇 가지 이유가 있다.

1) 마케팅 활동에 대한 요구를 끊임없이 받아 왔음에도 불구하고 우리는 마케팅이 도서관의 계속적인 유지 내지는 생존에 얼마나 중요한지를 모르고 있다.

2) 우리는 마케팅을 하는 방법을 모르고 있다. 극히 일부의 학교에서 도서관 마케팅을 가르치며(그것도 대개는 브로셔, 광고지와 안내문 등을 작성하는 방법 같은 것에 국한된다) 후원 확보 활동에 대해서는 다루지도 않는다. 도서관 혹은 정보 '마케팅', '홍보', '대중 이미지 관리' 혹은 '후원 확보 활동'에 대한 책들이 있지만 이를 읽거나 실행에 옮기는 사람은 없다.

3) 우리에게는 시간이 없다. 시간은 대부분의 사서들에게 소중한 자원이다. 도서관에 대한 마케팅이나 후원 확보 활동이 참고데스크(reference desk)나 대출데스크(circulation desk) 근무를 대신해 주지도 않고 우리의 주의를 끌지도 않는다. 또 업무 관련 메모나 이메일을 보내 주지도 않으며 전화를 걸거나 경영진과 대신 협상해 주는 것도 아니기 때문에 시간을 잡아먹는 다른 업무들과 함께 우선순위의 제일 아래쪽으로 보내진다.

도서관을 없애려는 시도는 전에도 있었지만 여전히 유지되어 왔다. 그런데 왜 지금은 더 주의를 기울여야 하는가? 지금부터 그 이유를 살펴보겠다.

1) 인터넷의 발달. "인터넷에 다 있고 모두 다 공짜다"라는 말을 하루에 최소한 열댓 번 이상 들어 보지 않은 사서가 이 세상에 있는가? 물론 **우리는** 인터넷에 **모든 것**이 다 있지는 않으며 빠른 시간과 이용의 편의를 생각한다고 해도 공짜가 아니라는 사실을 알고 있다. 하지만 이를 어떻게 이용자들과 재정 지원자들에게 알릴 것인가?

2) 이용자 직접검색의 빠른 확산. 이용자들은 현재 인터넷뿐만 아니라 많은 유료 데이터베이스도 스스로 검색할 수 있다. 이들은 대부분 도서관이 바로 이러한 수단을 제공했다는 점을 깨닫지 못한다. 기업의 경우에 그러한 데이터베이스를 선택하고 구매 협상을 하며 회사 인트라넷이나 포털에 올리는 사람은 거의 사서(그런 직위가 있다면)이다. 공공도서관은 회원들에게 엄청난 양의 데이터베이스를 무료로 이용할 수 있도록 하고 있다. 예진에는 이용자들은 정보에 접근하기 위해 돈을 지불히지 않으면 정보를 얻지 못했을 것이다. 병원이나 의과대학은 메드라인(Medline) 같은 의료 정보 데이터베이스를 구입하여 제공하지 않으면 오래 유지할 수 없을 것이다. 웨스트로(Westlaw)나 렉시스넥시스(LexisNexis)를 사용하지 않는 로펌이나 법과대학은 상상할 수 없으며 거의가 2가지 프로그램을 모두 이용한다. 이러한 정보들을 선택하고, 구매하고, 관리하며, 이용자를 교육시키는 사람은 누구인가? 바로 사서들이다.

3) 많은 도서관들이 서비스를 가상공간으로 옮기고 있으며 이로 인해 조직 내에서 도서관의 물리적인 존재감을 없애고 있다. 이러한 작업이 사서의 아이디어든 아니면 경영진에 의해 강요된 것이든 간에 그 결과는 같다. 도서관이나 사서는 이제 더 이상 정보가 필요한 이용자들의 마음속에 반드시 떠오르는 존재가 아니다. 우리는 점점 '보이지 않는 존재'가 되어가고 있다.

4) 기업들(그리고 다른 단체들)은 아웃소싱에 익숙해지고 이를 잘 활용해 가고 있다. 인적 자산과 정보 기술은 모두 외부로 가장 많이 아웃소싱되고 있는 두 개의 부서이다. 많은 임원들은 도서관 아웃소싱을 쉽게 실행에 옮길 수 있는 합리적인 조치로 생

각한다.

5) 열악한 경제 사정과 증가하는 손익에 대한 강요로 인해 상시 구조조정은 매우 높은 평가(단견이기는 하나)를 받는 경영 사례가 되었다. "도서관은 통상 기업 내에 수익을 창출하는 부서로는 인식되지 않는다(Corcoran, 2002, p. 76)." 이러한 구조조정은 심지어 공공도서관이나 학교 그리고 병원 같은 비영리 조직에서도 일어나고 있다.

6) 정보기술은 정보를 찾고 얻는 일을 쉽게 만들어 주었다. 컴퓨터는 위의 1번 항목에서 3번 항목까지 거론된 상황이 발생하게 된 직접적인 원인[혹은 동인(動因)]이다. 어떤 의미에서 컴퓨터는 우리의 일을 너무나 수월하게 만들어서 사람들은 '아무나' 이 일을 할 수 있다고 생각하게 되었다. 그리고 이 생각이 틀렸다는 사실을 우리는 제대로 증명해 보이지 못했다.

2. 왜 이 책을 썼는가

저자는 사서로서 대부분의 경력을 주로 단독으로 운영하는 일인도서관(one-person library)에서 쌓았다. 지난 20년 동안 저자는 점점 더 많은 도서관이 구조조정으로 인해 일인도서관으로 바뀌어 가는 현상을 보아 왔다. 동시에 많은 일인도서관들(더 큰 도서관들도 또한)이 함께 사라져 갔다. 비록 지금이 정보화 시대이고 경영진들이 정보의 중요성을 깨닫고 있다고 해도 그들은 정보를 담당할 전문가를 두는 일이 얼마나 중요한지에 대해서는 모르고 있다. 심지어 조직의 정보 수요를 담당할 정보 인력을 둔다고 해도 이들은 대부분 컴퓨터 전문가들이지 사서들이 아니다.

특수도서관 사서(special librarian)인 필자가 공공도서관, 학교도서관,

병원도서관, 법률도서관에 근무하는 이들에게 어떤 충고를 해 줄 수 있을까? 저자는 지역사회에 있는 도서관이든 대학, 회사, 병원, 로펌에 있는 도서관이든 간에 특정한 이용자 집단에 맞는 맞춤형 정보를 찾아내어 제공하는 능력이 도서관을 특별하게 만든다고 생각한다. 따라서 모든 도서관은 전문도서관이다. 전문도서관이든 공공도서관이든 마케팅은 다 똑같은 마케팅이고, 의회든 상사의 사무실이든 후원 확보 활동은 후원 확보 활동이다. 원칙은 똑같다. 다만 그것을 적용하는 방법과 사용하는 개념이 다를 뿐이다.

3. 개념 정의

소년이 소녀에게 사랑한다고 말하면, 그것은 광고다. 소년이 소녀에게 자기가 얼마나 잘났는지 얘기하면, 그것은 홍보다. 그녀의 친구가 그녀에게 그가 얼마나 괜찮은 소년인지 말하면, 그것은 PR(public relations)이다! _ 미국PR협회(Public Relations Society of America) 전(前) 회장 Fox, 1981, p. 6.

때로 마케팅(marketing)은 홍보(publicity)나 PR(public relations)과 혼동된다. 또한 후원 확보 활동(advocacy)은 로비 활동(lobbying)과 혼동된다. 다음에 소개할 내용은 이러한 용어들에 대한 일반적인 정의이다.

마케팅

마케팅은 상대방이 어떤 사람인지 무엇을 원하는지 파악하고, 어떻게 그것을 전달하고, 어떻게 설명하며 어떤 가격에 원하는지를 묻는 일이다. 마케팅은 홍보 활동에 나서기 전에 해야 한다. 고객이 누구인지(혹은 누가 되어야 하는지) 모르고 또 그들이 무엇을 원하는지 모른다면 그들을 위해 당신이 할 수 있는 일이 무엇인지 어떻게 말할 것인가? 또한 당신의 서비스가 무엇인지(혹은 무엇이 되어야 하는지) 정확히 알고 있는가? 검색 서비스, 원문제공(document delivery) 서비스 혹은 장서의 깊이와 폭에 대해 홍보하고 싶은가? 잠재적인 홍보 대상자가 도서관에 대해 이미 알고 있는 것은 무엇인가? 그들은 도서관과 그 서비스에 대해서 어떻게 생각하는가? _ Cavill, 2001, p. 90.

마케팅은 실제로는 '프로모션'을 뜻하는 말로 자주 설명되어 왔다. (마케팅은) 고객의 수요를 알아내기 위한 고객집단 분석부터 시작하여, 그들의 욕구를 충족시켜 주기 위해 만들어진 도서관의 상품을 해당하는 고객집단에게 알리는 일로 끝나는 일련의 활동을 뜻한다. _ Weingand, 1994, p. 314.

마케팅은 사람들로 하여금 그들이 가지고 있지 않은 것을 원하도록 만드는 것이다. _ White, 1984, p. 177.

마케팅은 단순한 판매 활동보다 한층 더 큰 의미를 가진다. 그것은 관계된 두 집단 모두 이득을 볼 수 있는 가치의 교환이다. _ Brown, 1997, p. 75.

프로모션 혹은 홍보

프로모션은 지역사회에 신착도서와 새로 도입한 서비스에 대해 알리고 그로 인해 얻을 수 있는 혜택을 이용자들에게 홍보하는 모든 활동으로 이루어진다(이는 물론 기존의 서비스에도 적용된다). _ Baker and Manbeck, 2002, p. 109.

프로모션은 도서관이 지역사회의 수요를 확인하고 이를 충족시킬 비용 효과가 뛰어난 상품과 전달 수단을 개발했음을 알리는 일이다. _ Weingand,

1994, pp. 145~146.

프로모션은 PR(도서관과 고객 사이의 모든 상호작용), 홍보(도서관 관련 언론 보도), 광고(유료 홍보), 인센티브(무료 시범 서비스, 쿠폰) 그리고 주변 여건[분위기나 환경(물리적 환경과 인터넷 환경)]을 모두 포함한다. _ Weingand, 1995, pp. 314~315.

PR

PR은 우리가 누구이며, 무슨 일을 하고, 누구를 위하여, 언제 일하는지를 알리는 일이다. 이를 통하여 우리의 서비스를 목표 청중(audience)에게 판매할 수 있다. PR의 내용은 청중들이 무리 없이 받아들일 수 있도록 신경 써서 작성하여야 한다. 그 내용은 대상이 임원진인지 일반인인지 혹은 어린이인지에 따라 달라져야 한다. 통상 사서협회와 같은 직능단체에서 이러한 PR 캠페인에 활용할 수 있는 많은 자료들을 찾을 수 있다. _ Cavill, 2001, p. 90.

PR은 정보를 전달하는 동시에 영향을 주는 것이 목적이다. 도서관 PR의 목적은 재정 지원을 얻어 내거나 증가시키고, 인지도를 높이며, 대외 이미지를 개선하는 것이다. 그리고 직원들에게 이에 대한 메시지를 전달하며 신뢰감을 형성하는 것이다. _ Usherwood, 1981.

PR은 청중으로 하여금 ① 당신에 대해 인지하고 ② 당신의 이름에 긍정적인 이미지를 가지도록 설득하는 작업이다. _ Seacord, 1999, p. 6.

PR은 도서관의 상품과 서비스를 이용하여 얻을 수 있는 혜택에 대한 정보를 이용자들에게 전달함으로써 그들의 인식, 태도 그리고 의견을 바꾸는 일이다. _ Weingand, 1994, p. 145.

후원 확보 활동

후원 확보 활동은 의사 결정권자들, 잠재적인 파트너들, 재정 지원자들 그리고 주주들에게 '당신의 문제에 대해 우리가 큰 도움을 드릴 수 있습니다'라고 알리는 것이다. 즉, 후원 확보 활동은 당신과 도서관을 도울 수 있는 위치에 있는 사람들의 지원을 받아 내는 일이다. 그들을 설득하지 못한다면 목표 고객들 역시 결코 설득하지 못할 것이다. _ Cavill, 2001, p. 91.

후원 확보 활동은 미래의 이용자들에게 혜택을 주고 꾸준한 성과를 이루어 낼 수 있도록 현재의 시스템에 대한 변화를 추구하고 이를 지원하는 활동이다. 이러한 목표를 위해 발언하고 행동하며 지원하는 모든 사람이 바로 후원자(advocate)이다. _ Bingham in Kirchner, 1999, p. 844.

4. 저자의 정의(定義)

이 책은 다음의 정의를 따른다. 마케팅은 고객이 누구이고 어떤 상품을 제공할지 결정하는 일이다(제2장). 홍보는 사람들에게 자신의 일을 더 좋게, 더 싸게, 더 빠르게 할 수 있도록 도서관이 도울 수 있다는 사실을 알리는 일이다. PR은 이용자들의 수요와 이를 만족시키는 당신의 능력에 대해 사람들에게 이야기하는 것이다(제4장). '후원 확보 활동 : 전체 활동 종합하기(제5장)'에서는 뛰어난 정보 상품과 서비스를 고객들에게 제공하는 데 필요한 자원을 얻을 수 있도록 앞장의 내용을 모두 다룬다. 따라서 후원 확보 활동은 위의 내용을 달성하기 위하여 사용 가능한 모든 전문적인 부분—복장, 태도, 지속적인 교육, 네트워킹(networking), 그리고 직업 이미지 개선을 위한 노력—을 포함한다.

마지막으로 하고 싶은 말이 있다. 마케팅은 공부나 독서(이 책을 읽는다고 해도)를 통해서 배울 수 있는 것이 아니다. 이 책은 단지 몇 가지 기본적인 사항만을 알려 줄 뿐이다. 오직 행동—당신과 도서관 그리고 고객들에게 효과가 있는 일들을 찾아내는 일—을 통해서만 진정한 마케팅을 익힐 수 있다.

제1장 고객 서비스의 중요성과 그 기본

사람들에게 그들이 원하는 것을 주라. 도서관의 주인은 바로 그들이다. _ Scilken in Deitch, 1984, p. 207.

높은 수준의 고객 서비스는 정보 서비스 부서를 더욱 눈에 띄게 만든다. 정보 서비스 부서에 대한 개선된 인식은 조직 내에서 더 나은 위상을 제공한다. _ Gupta and Jambhekar, 2002, p. 27.

1. 보이지 않는 상품 팔기: 훌륭한 사서와 그렇지 않은 사서를 구분하는 기준 _ 고객 서비스

'보이지 않는 상품을 판매한다(*Selling the Invisible*)'는 개념은 해리 벡위드*Harry Beckwith*가 지은 책의 제목『보이지 않는 것을 팔아라』에서 따온 것이다. 보이지 않는 상품이란 바로 서비스를 말한다. 이 책의 부제는 '현대 마케팅을 위한 실무 지침서(A Field Guide to Modern Marketing)'이다. 현대 마케팅의 중심 주제는 고객이다. "도서관의 장서가 고객들의 흥미를 유발하지 못하거나 고객에게 도움이 되지 못한다면 도서관은 값비싼 창고에 지나지 않는다(Hernon and Altman, 1998, p. 6)." 대부분의 사서들은 (공공도서관에 근무하는 사서들은 특히 더) 이용자들을 고객으로 부르는 데 익숙하지 않다. 오랫동안 우리는 그들을 후원자(patron)나 이용자(user)로 불러 왔다. [patron 또는 user라는 용어는 도서관(사서)과 이용자의 관계를 대등한 동반자로 보지 않고 불평등한 지위의 관계로 인식하여 도서관(사서)이 이용자의 우위에 있는 듯한 의미를 지니고 있음.(Peter Hernon, Ellen Altman 공저, 이은철 역, 『도서관 서비스 품질관리론』, 한국도서관협회, 2001, pp. 28~29)] 고객(customer)이라는 말을 쓰지 않는 이유는 아마도 그 말이 곧 "도서관과 이를 이용하는 사람들 사이의 사고파는 (금전) 거래(Hernon and Altman, 1998, p. 3)"를 의미하기 때문일 것이다. 그러나 고객관계의 중요성은 점차 커져 왔으며 말콤 볼드리지 국가품질대상(Malcolm Baldridge National Quality Award, 고객 서비스 등의 경영 부문에서 우수한 기준을 달성한 기업이나 단체에 대해 미국 대통령이 수여하는 상—역주)도 "수상단체를 선발하는 데 있어서 고객과 시장에 대한 지식, 고객 만족 그리고 고객 중심의 실적 등을 종합하여 이를 가장 중요한 평가 기준으로 삼고 있다(Hernon and Whitman, 2001, p. ix)."

이제는 고객이라는 단어에 대한 우리의 정의와 생각을 바꿀 때가 되었다. 크리스틴 M. 쿤츠*Christine M. Koontz*(2002, p. 4)가 쓴 대로 오늘날의 도서관 이용자들은 고객으로서 많은 정보 제공 상품들 중에서 자신들의 요구에 맞는 상품을 선택할 수 있다. 그들은 고객으로서의 중요성을 인정받기를 원하고 동시에 다른 여러 가지 기대들도 품고 있다. 그들은 단지 원하는 책을 보고 싶어하며 도서관이 왜 이를 갖다 두지 못했는지에 대해서는 관심이 없다. 그리고 우리가 전달하는 정보가 정확하고 시기적절하며 가치 있는 것이기를 원한다. 그들은 또한 친절한 직원, 사용하기 쉽고 잘 꾸며진 시설, 폭넓고 동시에 합리적으로 선정된 도서목록, 다양하고 새로운 서비스와 상품을 기대한다.

달린 E. 웨인건드*Darlene E. Weingand*(1998, p. 15)는 고객 서비스의 4가지 수준을 다음과 같이 정의한다. "기본 수준: 책과 시청각 자료가 있는 건물. 기대 수준: 원하는 정보와 책을 잘 찾아 주는 직원, 깨끗하고 마음에 드는 분위기. 희망 수준: 찾는 책이 없을 경우 다른 도서관에서 빌려와서라도 확보

해 주는 자세와 다정하고 적극적이며 기분 좋은 직원들의 태도. 기대이상 수준: 관심분야와 관련된 사람이나 출판사를 소개시켜 주는 정성과 정보 조회가 가능한 인터넷." 여기에 디네시 K. 굽타*Dinesh K. Gupta*, 아쇼크 잠베카*Ashok Jambhekar*(2002, p. 30)는 각각 최고와 최하위 수준을 덧붙였다. 최하위 수준이란 "서비스를 원할 때 직원이 사라져서 고객을 짜증나게 하는" 형편없는 서비스이며 웨인건드가 정의한 기대이상 수준보다 높은 최고 수준의 서비스는 직원들은 예의바르게 행동하고, 고객들은 즐겁게 직원들과 대화를 나눌 수 있어 다시 방문하고 싶게 만드는 것이다.

　　레너드 베리*Leonard Berry*(in Reuben and Carter, 2001)는 고객 서비스에는 5가지 요소가 있으며 좋은 서비스에는 이 모두가 필요하다고 말했다. 그것은 "고객들의 문제를 해결해 주라, 고객을 존중하라, 고객의 감정에 호응하라, 가장 낮은 가격이 아닌 가장 적절한 가격을 제시하라, 고객의 시간을 절약하라"이다. 고객들은 언제나 자신이 주인이 되고 싶어한다. 그들은 서비스 절차가 간편하기를 바라고, 우리가 그들의 요구에 주의를 기울여 주기를 희망한다. 또한 자신이 진정으로 원하는 바를 알아 주고, 적극적으로 경청하며, 인내심과 능력을 갖고 있기를 바란다. 그리고 마지막으로 고객들은 정보가 아닌 해답을 원한다. 즉, 자신의 문제가 해결된 결과를 받기 원한다.

　　디즈니, 아마존닷컴 그리고 맥도날드와 같은 기업들은 보편적인 서비스의 기대치를 향상시켜 왔으며 도서관도 예외는 아니다. "시간이 갈수록 더 많은 사람들이 뛰어난 서비스를 경험한다. 세계적인 수준의 서비스를 받고 나면 다른 곳의 서비스 수준도 그러하기를 기대하게 된다. 이러한 기대치를 만족시키지 못하면 곧 도태되고 고객들은 이탈할 것이다(Beckwith, 1997, p. 9)." 몇 년 전에는 뛰어난 서비스로 받아들여지던 일들도 오늘날에는 더 이상 그렇지 못하다. 벡위드는 이어서 사업의 특성이나 개인적 성향이 아니라 고객들이 서비스 수준을 결정해야 한다며 다음과 같이 말한다. "고객 서비스의 수준은 고객이 보기 나름이다(Customer service is in the eye of the beholder)." 고객이 형편없다고 생각하면 형편없는 것이다(Talley and Axelroth, 2001, p. 10). 우리가 자신의 서비스를 평가할 적임자는 아니다. 벡위드가 제안한 대로 "일단 자신의 서비스가 부족하다고 가정하라. 그래도 나쁠 것은 없으며 곧 개선해야겠다는 생각이 들 것이다(1997, p. 6)." 과거에는 고객 서비스가 필요하지 않았기 때문에 그것이 도서관에는 큰 의미가 없었다. 이용자들은 자신들이 무언가를 얻기 위해 도서관에 방문했고 혹은 그렇게 간주되었다. 그러나 지금의 고객들은 정보를 얻기 위한 여러 방법들을 선택할 수 있으며 노서관이나 징보센터가 그 첫 번째 선택이 아닐 수도 있다.

이용자들은 그저 보기만 하고도 그것이 좋은 서비스라는 것을 알 수 있을까? 그렇지 않을 수도 있다. 통상적으로 도서관의 서비스에 대한 기대치는 매우 낮으며 "이용자들은 좋은 도서관 서비스가 무엇인지 모르고, 따라서 좋은 서비스를 받지 못해도 그 점을 깨닫지 못한다(White, 1984, p. 146)." 사실 어떤 이들은, 높은 기대치를 가진 고객들도 낮은 수준의 서비스를 받다 보면 그 기대치를 낮추고 더 나은 서비스를 포기할 것이라고 말한다. 그러나 저자는 이에 동의하지 않는다. 좋은 서비스를 한번 받아 보면 사람들은 이를 인식하게 된다. 단지 좋은 서비스를 받는 경우가 흔치 않아 그것이 너무도 어려운 일이라고 생각할 경우에 그런 서비스를 요구하지 않을 뿐이다.

"모든 참고데스크 근무자들은 조금만 더 시간과 노력을 기울이면 한층 나은 대답을 찾아 줄 수 있는데도 불구하고 적당히 대답한다. 그리고 많은 이용자들은 그런 대답을 듣고도 매우 흡족해한다." 로이 테넌트*Roy Tennant*는 이를 "가짜 만족(satisficing)"이라고 부르며 결코 뛰어난 서비스가 아니라고 말한다(2001, p. 39). 정보 제공 사업에는 많은 경쟁자들이 있다. 인터넷, 이용자에 대한 벤더(vendor)의 직접 판매, 인근 대학에 문의하기, 다른 도서관이나 정보센터에 전화하기 등. 그러나 도서관에 있어 가장 크고 무서운 경쟁자는 바로 도서관은 필요하지 않다는 생각이다. 허버트 S. 화이트*Herbert S. White*는 이렇게 설명한다. "월요일 아침까지 제출해야 하는 리포트는 굳이 도서관에서 정보를 찾지 않고도 월요일 아침에 제출될 것이라는 점을 사서들은 명심해야 한다. 이용자들은 자신이 모든 정보를 갖고 있다고 생각하며 도서관을 이용하지 않고 그냥 리포트를 작성할 것이다(1984, pp. 147~148). 우리는 리포트를 완성하는 데 꼭 필요한 존재가 아니다. 고객들은 우리를 완전히 무시할 수 있는 절대적인 힘을 갖고 있다.

지속적인 고객 관계 만들기

래리 X. 베선트*Larry X. Besant*와 데보러 샤프*Deborah Sharp*(2000)는 고객과 도서관 사이의 3가지 관계에 대해서 설명한다. 그 3가지는 대출데스크나 참고데스크 같은 장소에서 일어나는 사람과 사람 사이의 접촉이 필요한 서비스 대응관계, 통상적으로 웹사이트를 통해 이루어지는 사람과 기계 사이의 온라인 관계, 마지막으로 참고면담 등을 통해 이루어지는 지식 관계를 말한다. 이에 더하여 벡위드(2000, pp. 170~223)는 고객과의 지속적인 관계를 만드는 데 꼭 필요한 8가지 핵심사항을 다음과 같이 열거한다.

1) 자연스런 친근감. 고객들은 자신과 가장 비슷한 사람, 그들이 좋아하는 사람을 찾는다.

2) 믿음, 익숙함, 일관성 그리고 정직함.

3) 속도. 빨리, 더 빨리. 고객들은 언제나 더 빨리 상품을 전달받기를 원한다.

4) 외모에서 풍기는 전문성. 외모와 복장에 모두 신경 써야 한다. 실제로는 얼마나 전문적이든 간에 전문가처럼 보여야 한다. 자신을 낮추지 말고 자신 있게 행동하라.

5) 희생. 양보하라. 고객은 항상 옳다.

6) 완벽한 업무 지식. "방법을 알든가 방법을 아는 사람을 알아야 한다." 당신에게서 원스톱으로 끝나도록 하라.

7) 마법의 단어. "감사합니다"를 자주 입에 올리라. 고객이 감사의 말을 하면 "당연히 해야 할 일입니다"라고 진심으로 말하라. 고객의 이름을 자주 부르라. 맥도날드에서 "프렌치프라이도 같이 드시겠습니까" 하고 묻듯이 항상 고객에게 "원하시던 책은 찾으셨습니까?" 하고 물으라.

8) 열정. 그것은 전염된다. 고객도 당신의 열정을 느끼고 도서관에 더욱 많은 관심을 가지게 될 것이다.

고객과 도서관이 맺는 최고의 관계는 파트너십이다. 그런 관계를 맺으려면 일반적인 고객 관계를 쌓을 때보다 더 많은 노력을 기울여야 한다. 진정한 파트너십 하에서는 각각의 파트너가 다른 파트너의 성공에 관심을 기울이고 성공할 수 있도록 도우려 한다. 파트너십의 핵심은 충직함이다. "도서관들은 더 많은 충성 고객들을 만들어 내야 한다. 그러나 많은 공공도서관들은 현재의 고객들을 만족시키거나 이전의 고객들이 왜 더 이상 도서관을 이용하지 않는지 조사하는 것보다 비이용자들을 끌어들이는 데 더 집중하는 듯하다(Hernon and Altman, 1998, p. 13)." 이것은 매우 근시안적인 태도이다. 기존 고객을 유지하는 것보다 새로운 고객을 확보하는 데 훨씬 많은 비용이 든다는 사실은 마케팅의 기본 격언이다. 당신의 서비스나 상품에 대해 고객들이 만족하고 있다 하더라도, 다른 경쟁자가 좀 더 빠르게 응대하고 더 편하며 더 저렴한 서비스를 제공할 수도 있다. 고객들이 만족하지 않는 것은 아니지만 그렇다고 완전히 만족한 것도 아니기 때문에 수완 좋은 경쟁자의 쉬운 목표가 될 수 있는 것이다. 반면에 파트너는 고객보다 쉽게 실수를 용서하고 한번 실망했다고 해서 떠나가지 않는다. 왜 기업들은 고객을 잃을까? 미국품질관리협회(The American Society for Quality Control)의 조사에 따르면 고객의 1%는 죽고 5%는 이사하며 7%는 다른 상품을 찾는다. 9%는 경쟁자에게로 가고 15%는 품질 문제 때문에 떠나간다. 놀라운 사실은 무려 63%의 고객들이 무시당했다고 생각하기 때문에 떠나간다(Newell, 1997, p. 137).

고객에 대해서, 그리고 그들의 수요와 기호(嗜好)에 대해서 잘 알고 있으면 경쟁자들보다 앞서 나갈 수 있다. 고객과 관계를 형성하면 고객을 유지할 확률이 높아진다. 자신의 특성과 기호를 다른 공급자에게 구태여 다시 알릴 필요가 없으므로 당신의 서비스를 계속 구매하거나 이용할 것이기 때문이다. 고객에게 귀를 기울이라. 그냥 듣기만 하면 된다. 진지한 태도로 경청하라. 고객의 기호, 관심 그리고 개인 정보를 적은 고객카드를 작성하라. 예를 들면 다음과 같다. 〈스미스 박사: 외과의사, 다양한 주제에 관심을 갖고 있고 정확한 정보를 알기 위해 기다리는 것을 마다하지 않음.〉, 〈존스 부인: 장미 전문가로 이사회 의장과 친구이며 다이어트에 대해 이야기한 적이 있음.〉, 〈브라운 교수: 정보를 찾기 위해 보통 조교들을 보내지만 찾는 정보를 확인하기 위해 직접 전화로 물어도 무방. 도서관이 등장하는 추리소설을 좋아함.〉 "그 점에 대해 좀 더 말씀해 주세요"라고 하거나 "어떻게 생각하세요?", "도움이 되셨습니까?",

"어떻게 준비해 드릴까요?", "어떻게 해 드리면 좋겠습니까?" 등의 질문을 하고 이에 대한 고객의 대답 중에서 할 수 있는 일은 바로 실행하라. 고객의 요구를 충족시키거나 문제를 해결하는 데 시간이 걸리면 고객에게 진행 상황을 알리라. 인간적인 배려는 특히 인터넷의 익명성과 몰개성에 대비되는 우리의 가장 강력한 경쟁력이다.

도서관의 역사, 도서관학, 그리고 도서관에 관한 이론들을 보면 모든 고객을 동등하게 대우해야 한다고 말하지만, 이런 태도는 현실에서 그다지 실용적이지 못하다. 조지 오웰*George Orwell*의 『동물 농장*Animal Farm*』에 나오듯이 어떤 고객들은 다른 고객들보다 더 중요한 것이 사실이다. "어떤 정보센터도 회사 내의 모든 직원들에게 동등한 서비스를 효율적으로 제공할 수는 없다. 어떤 부서는 다른 부서보다 더 많은 수익을 가져다 줄 수도 있고, 어떤 부서는 전략적으로 중요하며, 또 다른 부서는 더욱 큰 잠재적인 중요성을 가질 수 있다 (Brown, 1997, p. 76)." 비서(아니면 단기 인턴, 환자, 사환, 일반시민, 선생)의 질문에 대답하느라 CEO(아니면 이사, 수간호사, 회장, 시장, 교장)에게 기다리라고 한다면 그 사람이 평등주의자가 아닌 이상 당신은 바로 실업자 신세가 될 수도 있다. 일부 특수도서관은 심지어 '우선' 이용자와 '나머지' 이용자로 고객을 분류하기도 했다. '우선' 이용자들은 사서의 도움을 비롯한 완전한 서비스를 받을 수 있다. 반면에 '나머지' 이용자들은 도서관에 오는 것은 환영하지만 셀프서비스로 도서관을 이용해야 한다(St. Clare, 1993). 모든 서비스는 적절해야 하지만 동일할 필요는 없다.

고객 서비스의 장애물들

도서관과 고객들 사이에 놓인 장애물 가운데 하나는 도서분류 시스템이다. "어떠한 서비스 중심 조직도 이용자들이 필요한 물건을 찾기 위해서 도서 분류 시스템 같은 임의의 분류 시스템을 알아야 하는 곳은 없다는 사실을 깨달 아야 한다. (중략) 도서관은 소장도서를 배열할 때 의회 도서관(혹은 듀이 십진 법) 분류 시스템을 그대로 따르는 것보다 고객들이 이용하기 쉽도록 하는 데 더 신경을 써야 한다(Shimpock-Vieweg, 1992, p. 77)." 전자 검색이 가능하다면 정확한 분류번호는 그다지 필요하지 않다. 분류번호가 책을 찾는 데 도움이 되 는가? 모든 책들이 정확한 자리에 꽂혀 있고 이용자들이 분류 시스템을 이해해 야 가능한 일이다. 우리는 우리가 가진 전문적인 분류 기술과 한정된 시간을 고 객 중심의 주제별 자료 정리에 사용해야 한다.

사서들도 우수한 고객 서비스에 장애가 되는 태도를 가지고 있다. 도서 관은 원래 좋은 곳이다. 경쟁도 없다. 도서관은 서비스 수준이나 효율성에 상관 없이 재정 지원을 받아 유지해 나갈 수 있다. 고객들은 서비스의 질에 상관없이 무료여서, 또는 무료인 줄 알고 도서관을 이용한다. 도서관 업무는 이용자 중심 의 성과 내지는 품질 개념으로 평가할 수 있는 성질의 것이 아니다. 때문에 전 례도 없었고 힘들다는 이유로 사서들에 의해 거부되어 온 서비스 중심의 도서 관 운영은 이용자들의 냉담한 태도를 불러올 수 있다. 이용자들의 요구에 무관 심하면 참고 질문에 무뚝뚝하고 불충분한 대답을 하게 된다. 대개의 대학도서 관(그러나 결코 대학도서관에만 해당되는 사항은 아니다)에서는 학생들이 원하 거나 요구하는 책이 아니라 자신이 읽어야 한다고 생각하는 책을 주는, 일부 잘 난 체하는 사서를 볼 수 있다. 끝으로 톰 피터스*Tom Peters*가 "은근히 무시하 는 태도(thinly disguised contempt, TDC)"라고 부른, 고객 서비스에 있어서 "뛰 어난 성과를 달성하는 데 최대의 장애물(Barter, 1994, p. 6)"이 있다. 이러한 태 도는 "이용자가 책을 못 찾으면 그것은 이용자의 잘못이다." 같은 말에서 드러난다. 또 다른 TDC의 예는 이용자들이 도서관 서비스의 가치를 인정할 줄 알아야 한다는 생각이다. 그 가치를 증명해야 하는 것은 다름 아닌 우리 자신이다. 아래에 고객 서비스에 대한 적절한 태도를 보여 주는 훌륭한 예가 있다. '환자'를 '고객', '병원'을 '도서관'으로 바꾸어 읽으면 된다.

환자는 누구인가?

환자는 병원에서 가장 중요한 사람이며 직접 찾아오거나 편지로 문의할 경우 모두 다 중요하다.

환자가 우리에게 의존하는 것이 아니라 우리가 환자에게 의존한다.

환자는 우리 업무에 방해되는 존재가 아니라 업무의 목적이다.

환자는 외부인이 아니라 우리의 일 그 자체이다.

환자는 논쟁하거나 서로 누가 옳은지 따질 대상이 아니다.

환자는 살아 있는 개인이며 통계상의 숫자가 아니다. 그들을 만족시키는 것이 우리의 일이다.

—William E. Lower, M.D., 클리블랜드 임상 재단의 안내데스크 위에 붙은 게시판에서, 1921년 2월.

테넌트(2001, p. 39)가 "잘못된 편의(convenience catastrophe)"라고 부른 또 다른 장애물은 사서들이 의도적으로 만든 것이다. "한정되어 있거나 삭감되는 예산 때문에 많은 도서관들은 의도적으로 고객들이 스스로 알아서 도서관을 이용하도록 권장했다. 이것은 때때로 '권한 부여' 혹은 심지어 '도서관 교육'이라고도 불렸다(Hernon and Altman, 1998, p. 19)." 우리의 고객들은 정말 우리가 해 주어야 할 일을 자신들이 하고 싶어하는가 아니면 서비스를 원하는가? 해답을 원하는가 아니면 방법을 원하는가? 책을 원하는가 아니면 책을 찾는 방법을 원하는가? 셀프 서비스는 편의점에나 맡겨 두라. 우리의 고객들은 도와줄 사람을 원하고 그들을 찾고 있다. 그들은 서비스를 원한다.

고객이 원하는 서비스 수준 : 불만족 고객들로부터 배우기

"당신이 0%의 실패율을 위해서 아무리 열심히 노력해도 언제나 만족하지 못하고 떠나는 고객들이 있다는 사실을 명심해야 한다. 따라서 이러한 고객들을 대상으로 고객 회복 계획을 세워야 한다(Wagner, 1997, p. 32)." 이를 위해서는 열린 자세로 비난을 대할 줄 알아야 한다. 그리고 그에 따라 변화를 일으켜야 한다. 고객의 불평은 유익한 것이다. "고객과의 나쁜 혹은 악화되고 있는 관계를 보여 주는 가장 확실한 징표는 불평이 없다는 것이다. 모든 고객을 만족시킬 수는 없으며 특히 오랜 기간에 걸쳐서는 더욱 그러하다. 따라서 불평이 없다면 그것은 고객들이 솔직하게 대답하지 않았거나 아예 그들과 접촉하지 않았기 때문이다(Levitt, 하버드대 교수, in Bell, 1994, p. 111)." 사실 서비스 상의 문제를 겪고 나서 그것이 잘 해결된 고객은, 문제를 한 번도 겪지 않은 고객보다 더 충실한 고객이 될 수 있다. 문제가 발생하면 소비자가 담당 직원과 통화할 수 있는 무료 전화번호라든가 대화 형식의 경로를 통해 질문에 대한 대답을 보여 주는 웹사이트 같은 고객 지원 시스템을 제공해야 한다. 단순히 앉아서 고객이 서비스에 대해 말해 주기를 기다려서는 안 된다. 고객들은 그렇게 해 주지 않는다. 서비스가 나쁘면 그냥 떠나가 버릴 뿐이다. 반면에 고객들은 서비스가 좋으면 이를 당연하게 받아들인다. 만족하지 못한 고객들 중 일부만이 당신에게 불평할 것이다. 나머지는 당신이 아닌 다른 사람들에게 불평할 것이다. 만족한 고객은 한 명이나 두 명의 아는 사람에게 그 사실을 말하지만, 만족하지 못한 고객은 약 10명 정도에게 자신의 불만을 말한다고 한다. 왜 불평을 하는가? ① 고객 불만 카드나 웹사이트 불만접수 메뉴, 무료 전화 같은 쉬운 방법을 사용할 줄 모르기 때문일 수 있다. ② 혹은 앞의 것들은 시간 낭비일 뿐 쓸데없는 짓이라고 생각하기 때문일 것이다. 불평에 대처하라. 연락처를 남긴 고객에게는 회신을 해 주어야 한다. 바뀐 점이 있으면 "귀하의 지적을 받아들여 어떠어떠한 조치를 취하였습니다" 하고 알리라. 도서관은 갑자기 없어지지 않는다. 고객들이 찾지 않으면서 서서히 사라져 갈 뿐이다. 대개 관리자가 어떤 문제점에 대해 알게 될 무렵이면 이미 늦어 버린 경우가 많다. 그런 일이 일어나게 해서는 안 된다. 적극적으로 고객의 피드백(feedback)을 구하고 그에 따라 바꾸어 나가야 한다. 미국 소매산업의 전설적 손재인 마셜 필드*Marshall Field*는 말했다. "들어와서 물건을 사는 이는 나를 돕는 사람이고, 찾아와 좋은 말을 해 주는 이는 나를 기쁘게 해 주는 사람이며, 불평을 말하는 이는 다른 사람들을 기쁘게 하여 다시 물건을 사게 만드는 방법을 나에게 가르쳐 주는 사람이다. 나에게 해가 되는 이는 마음에 안 드는 구석이 있어도 불평하지 않는 사람뿐이다. 그들은 내게 잘못된 점을 고치고 서비스를 개선할 기회를 주지 않는다(in Willson, 1991, p. 119)."

백위드는 "단지 고객의 만족이 목표라면 그것은 지나치게 소극적인 목표다(2000, p. 68)"라고 말한다. 만족은 고객들이 바라는 최소한의 것이다. 고객들을 '경탄케 하고 기쁘게 하는 것'을 목표로 해야 한다. 고객은 어떻게 만족감을 표현하는가? 다양한 방식이 있으나 중요한 것은 딱 한 가지, 바로 달러—엔이든 파운드든 유로든 혹은 페소든, 어떤 통화를 사용하든 간에—로 표현하는 것이다. 도서관은 재정적 뒷받침이 없으면 존재할 수 없기 때문이다. 그렇다고 도서관 후원자가 아닌 사람들은 무시해도 된다는 뜻은 아니다. 단골 고객들을 만족시키고 그 수를 늘리는 노력은 여전히 중요하다. 만족한 고객은 당신이 조금만 부추기면 주변에 도서관의 좋은 점에 대해 말할 것이고, 이 이야기는 최종적으로 도서관 예산의 최종 결정권자의 귀에도 들어갈 수 있는 것이다.

도서관 서비스에 불만족하는 고객들은 어떻게 대해야 할까? 아무리 노력해도 만족시킬 수 없는 이들이 있다. 이 사실을 받아들이고 묵묵히 자신의 일을 해 나가라. 모두를 만족시킬 수는 없다. 올림픽 경기에서 채점을 할 때처럼, 당신이 하는 일 모두를 싫어하는 소수와 당신이 하는 일이라면 뭐든지 좋아하는 소수를 무시하고 그 가운데 있는 이들에게 집중하라. 친근한 서비스와 상품을 위해 노력해야 하지만 모든 고객들에게 완벽하게 대응해 줄 시간은 없다. 이 사실을 고객들도 알게 해야 한다. 최선을 다하고 있지만 많은 고객들로 인해 시간이 부족하다는 점을 설명하고 이에 대한 양해를 구하라.

고객의 기대치는 계속 높아진다는 사실을 알아야 한다. 우리가 새로운 서비스와 상품을 공급자들로부터 제공받는 그 순간부터 이를 기준으로 더 나은 것을 요구하는 것처럼, 우리의 고객들도 마찬가지다. 고객의 기대는 다른 공급자를 경험하면서 변화한다. 예를 들어 FedEx와 UPS는 인터넷이 도서관에 한 것과 마찬가지로 미국 우편서비스에 대한 기대치를 올려놓았다(Hernon and Whitman, 2001). 인터넷으로 인해 고객들은 컴퓨터로 즉석에서 얻는 정보에 익숙해졌다. 모든 정보를 바로 얻을 수 있다는, 그리고 얻게 될 것이라는 기대를 하게 된 것이다. 도서관은 이러한 기대를 충족시킬 수 있는가? 그래야만 하는가? 한 가지 해결 방법은 "만족시켜야 할 고객이 스스로 만족하도록" 유도하는 것이다(McKenna, 1997, p. 148). 당신이 문제를 해결해 주기를 기다리는 대신에 스스로 문제를 해결할 수 있도록 필요한 도구를 고객들에게 제공해야 한다. 물론 여전히 적절한 도구와 자원을 선택하고 이를 효율적으로 사용하도록 이용자들을 교육시켜야 할 필요는 있다.

다른 형태의 불만족 고객은 단순히 그냥 까다로운 고객들이다. 원래 까다로운 사람일 수도 있고 불쾌한 상황 때문에 까다롭게 구는 것일 수도 있다. 혹은 단순히 서로의 대화 스타일, 성격 혹은 기대치가 맞지 않아 생기는 문제일 수도 있다. 화난 고객을 진정시키려면 먼저 고객이 화가 났다는 사실을 알고 있음을 알려야 한다. 고객의 입장에 동의할 필요는 없다. 단지 고객의 분노를 인지하고 있음을 알리는 것이다. 그러고 나서 "화나시게 해서 죄송합니다. 먼저 말씀해 주셔서 감사합니다" 같은 유감과 감사의 말을 전하라. 고객에게 신경을 쓰고 있음을 보이라. 그 다음 "제가 곧 조치를 취하겠습니다"와 같은 긍정적인 발언을 하라. 신속한 조치로 고객을 놀라게 해야 한다. "저희가 어떻게 해 드리면 되겠습니까?"와 같은 '마법의 질문'을 던져라. 보통 고객들은 합리적이고 실행 가능한 요구를 말한다. 그러면 다음 단계로 넘어가 양쪽 다 받아들일 수 있는 합의를 이룰 수 있을 것이다. 불만족 고객을 진정으로 만족한 고객으로 바꾸려면 한 걸음 더 나아가 그들이 기대하지 않았던 추가 조치를 취해야 한다 (Wilson, 1991).

2. 고객 서비스 계획 실행하기

고객을 만족시키는 방법은 간단하다. 그들의 기대치를 넘어서면 된다. 고객 서비스에 있어서 효과가 있는 서비스는 지속하고 그렇지 못한 서비스는 개선해야 한다. 그리고 과거에 효과가 있었던 서비스도 더욱 개선해야 한다. 지금의 서비스가 얼마나 좋은지 여부에 상관없이 언제나 개선점을 찾아야 한다.

고객과 그들의 불평을 관찰한 후 문제를 파악하라. 그 다음 서비스(혹은 상품) 품질을 향상시키겠다는 직원과 경영진의 약속을 얻어 내라. 이러한 약속이 없이는 아무것도 이룰 수 없다. 정식이든(직원의 수가 많을 경우에) 그렇지 않든 간에 직원들을 대상으로 서비스 품질 교육 프로그램을 실시해야 한다. 동시에 직원과 경영진 사이에 명확한 의사소통 채널을 확보할 필요가 있다. 전체 구성원이 같은 자세와 동일한 정보를 가져야 하며, 서비스 품질 관련 목표와 절차, 그리고 정책상의 변화를 알 수 있도록 해야 한다. 직원들의 수가 많을 경우에는 각 직능별로 서비스 품질 리더를 선임하라. 최하급 직원과 당신 사이에는 꼭 필요한 보고 단계만을 두어야 한다.

이제 목표를 설정할 때가 되었다. 목표는 명확해야 한다. '고객 관계 개선'은 목표가 될 수 없다. "원문제공 서비스에 있어서 고객 불만을 10% 줄인다" 같은 구체적인 내용이어야 한다. 초기에 성공을 체험할 수 있도록 쉽게 달성 가능한 목표부터 시작하는 것이 바람직하다. 이를 통해 자신감을 얻고 이를 바탕으로 더 큰 성공을 이루어 나갈 수 있기 때문이다. 그 다음 목표를 달성하는 데 관련된 업무 절차들을 평가하라. 개선시킬 부분은 무엇인가? 그러한 변화가 다른 업무에 끼칠 영향은 없는가? 새로운 절차나 정책을 적어 그에 관계된 모든 직원들을 교육시키라. 고객을 편하게 하는 절차와 반대로 직원을 편하게 하는 절차 중에서 선택해야 할 경우에는 항상 고객을 편하게 하는 절차를 택하라. 고객 서비스가 모두의 핵심 업무임을 확실하게 인식시키라. 그러면 "그건 제 책임이 아닙니다"라거나 "미안하지만 저로서는 도울 수가 없습니다"라고 할 사람은 없을 것이다. 도서관장도 기꺼이 전화를 받거나 복사를 하는 등 무엇이든 할 준비가 되어 있어야 한다. 스칸디나비아항공의 CEO인 얀 칼슨*Jan Carlzon*은 "지금 고객을 모시고 있지 않다면 고객을 찾아가서 모셔야 한다(in

Bell, 1994, p. 181)"라고 말했다. 새로운 절차를 평가하라. 효과가 있는가? 전보다 나아지고 있는가? 더 개선시킬 점은 없는가? 목표는 달성되었는가? 마지막으로, 전체 과정을 다시 반복해야 한다. 서비스 품질 개선은 한번 하고 마는 일시적인 활동이 아니다. 그것은 평가, 개선 그리고 재평가가 끊임없이 반복되는 과정이다.

효율성과 효과성:효율적으로 일할 것인가 vs 가장 중요한 일을 할 것인가

서비스 품질 개선은 바람직한 일이다. 슬림화, 효율성, 그리고 생산성 증대도 마찬가지이다. 그러나 아무리 좋은 일도 지나쳐서는 안 된다. 생산성에만 매달려 다른 기준들을 배제하는 '좁은 시야(tunnel vision)'를 갖게 될 위험이 있다(Phillips, 1990, p. 151). 현대 비즈니스의 많은 문제점은 효율성과 효과성을 혼동하는 데서 비롯된다. 효율성(efficiency)은 노동력과 돈 혹은 시간의 낭비를 최소화하는 일이다. 반면에 효과성(effectiveness)은 일련의 목표를 검토하고 그중 가장 중요한 일을 선택하여 그것에 집중하는 것이다. 간단히 말해서 효율성은 일을 제대로 수행하는 것을 뜻하고, 효과성은 가장 중요한 일을 수행하는 것을 뜻한다. 일을 제대로 하기 위한 효율성도 중요하지만, 중요한 일을 수행하려는 효과성은 더 중요하다. 엉뚱한 일을 제대로 해 봤자 시간 낭비일 뿐이다.

시간에 관해서 좀 더 덧붙이자면, 한 조사 결과에 따르면 작업량(그리고 그것을 하는 데 걸린 시간)의 80%가 20%의 업무를 위해 소요된다고 한다. 여기서 중요한 점은 꼭 수행해야 할 중요한 20%의 일을 해야 한다는 사실이다. 효과적인 20%의 일을 효율적으로 해낼 경우 우리는 생산성의 극치를 맛볼 수 있다. (이 80/20 법칙은 '파레토 법칙'이라고 한다. 이 법칙에 대한 설명은 리처드 코치*Richard Koch*의 『80/20 법칙(현명한 사람은 적게 일하고 많이 거둔다)*80/20 Principle : The Secret to Success by Achieving More With Less*』에 잘 나와 있다.) 마케팅 조사를 통하여 해야 할 중요한 일이 무엇인지를 찾으라. 그리고 중요성 혹은 우선순위에 맞게 순서대로 배열하라. 그때부터 절차를 간소화하고, 서비스 품질을 향상시키며, 직원 생산성을 높이는 일에 매진할 수 있다.

3. 변화 관리

변화는 고통스럽지만, 변화하지 않으면 죽는다. _ Miller in Mieszkowski, 1999, p. 156.

올바른 방향을 잡았다 하더라도, 그냥 주저앉아 있으면 곧 추월당하고 말 것이다. _ 마크 트웨인*Mark Twain.*

이 책에 나오는 아이디어의 대부분은 현재하고 있는 일에 변화를 일으키거나 시장 내지는 업계에서 일어나고 있는 변화에 부응할 것을 요구한다. 오늘날 변화는 항상 일어나고 있을 뿐만 아니라 그 속도가 점점 더 빨라지고 있다. 변하지 않는 것은 이러한 상황뿐이다. 벤더의 상품(도서관을 포함한) 또한 빠르게 변할 것이다. 아마도 새로운 상품에 대하여 우리가 교육받고 다른 사람들을 교육할 수 있는 시간보다 더 빨리 변할 것이다. 우리 자신이 이러한 변화에 대처해야 할 뿐만 아니라 주위 사람들(부하직원과 동료 그리고 상사까지)도 대처할 수 있도록 도와야 한다. 도서관은 변화할 수 있어야 한다. 당연히, 뒤쳐지는 것보다는 변화하는 편이 훨씬 낫지만 그렇다고 해서 단순히 변화만을 위한 변화는 바람직하지 못하다. 환경이 요구하는 변화를 추구해야 한다. 그 변화가 비용(예산, 시간 혹은 역효과)을 투자할 만한 가치가 있는지를 분명히 하라. 그것은 조직이나 지역사회 내에서 전체적으로 호응을 얻을 수 있는 변화여야 한다. 도서관은 홀로 진공상태에서 존재하지 않는다. 그리고 변화가 단기적인 생산성 저하를 불러올 수 있음을 알아야 한다. 이러한 결과에 대해 예상 계획을 작성하고, 단기적인 생산성 저하는 충분히 받아들일 수 있는 일임을 직원들에게 알리라.

변화를 관리하려면 세심한 주의가 필요하다. 오랫동안 같은 일을 해 온 사람을 변화시키는 일은 대체로 어렵게 마련이다. 사람들은 일과 자신을 동일시한다. 일은 그들의 자아이기도 하다. 그들은 많은 시간과 훈련을 투자하여 자신의 일을 해 왔다. 변화에 참여하기를 주저하는 이유는 미지의 결과에 대한 두려움 때문이 아니라 익숙한 일, 매일같이 하던 작업, 생산성, 관계, 권위, 전문성 혹은 직업 자체를 잃을지도 모른다는 두려움 때문이다(Gallacher, 1999, p. 6). 이루고자 하는 변화가 모든 수고를 감내할 만한 가치가 있는 일이며 그에 대한 보상을 받을 것임을 그들에게 확신시키라. 그리고 그들을 의사 결정 과정에 참여시키라. "대체로 변화를 이해하고 추진하는 힘을 더 많이 가질수록, 변화에 응답하는 속도는 더 빨라진다(p. 12)." 변화에는 7단계가 있다(p. 12).

1) 무기력, 충격, 마비 혹은 당혹감.

2) 거부. 변화에 필요한 요구를 무시하거나 "전에도 해 봤는데 안 되더라"는 식으로 회피하려고 한다.

3) 의기소침, 두려움, 방어적인 태도, 혹은 노골적인 적대감.

4) 수용. 처음의 세 단계를 지나면 관습을 포기하고 미래의 새로운 일에 집중하게

된다.

5) 테스트. 이 단계에서는 상황에 적응하여 변화에 대한 여러 가지 대응전략을 제
의하는 등 적극적으로 변할 수도 있다.

6) 의미 모색. 새로운 업무 절차를 수립하기 위한 과정이다. 관련된 사람들을 모두
참여시켜야 한다.

7) 내재화. 변화가 정상적인 절차의 일부로 자리 잡고 전체 변화 과정이 완성되는
시점.

도서관과 관련하여 일어날 수 있는 미래의 변화는 무엇인가

재정적 트렌드

의료보장과 연방예산 적자로 인하여 도서관에 대한 재정지원은 주정부
와 연방정부로부터 각 지방자치단체로 이관될 것이다. 이로 인해 주정부와 연
방정부의 지원에 의지해 온 공공도서관들과 다른 도서관들 사이의 불균형은 심
화될 것이다.

정보를 얻는 데 드는 비용이 줄고 더 많은 사람들이 스스로 정보를 찾을
수 있게 됨에 따라 도서관의 필요성은 줄어들 것이다. 그 결과 고객의 감소, 예
산 삭감, 그리고 일부 도서관들에 대한 구조조정이나 폐관이 뒤따를 것이다.

기술적 트렌드

전자 형태의 정보가 점점 늘어나면서 도서관의 강점이었던 인쇄 정보에
대한 의존도는 줄어들 것이다. 때문에 정보, 고객 서비스 그리고 도서관의 역할
에 대한 우리의 생각과 운영 방식을 바꾸어야 할 것이다. 새로운 시스템은 사서
가 아니라 이용자들의 편의에 맞게 도입되어야 한다. 이것은 "고객은 항상 옳

다"는 말을 적용할 수 있는 또 다른 예이다.

우리는 "고립된 컴퓨터 활용에서 커뮤니케이션의 시대로" 옮겨가고 있다(McKenna, 1997, p. 22). 이에 따라 기존에는 장비(하드웨어, 소프트웨어)가 중요하였으나 이제는 이를 통해 실질적으로 문제를 해결할 수 있는지(결과)가 더 중요하게 되었다. 컴퓨터 업계에 종사하는 사람들은 대개 서비스 개념이 부족하기 때문에 고객들이 컴퓨터를 활용하는 데 있어서 사서들이 참여할 수 있는 좋은 기회들이 생겨나고 있다.

MIT의 니콜라스 네그로폰테*Nicholas Negroponte*는 "디지털 시대가 되면 대중들에게 정보를 보내 주던(push) 대중매체의 속성이 오히려 대중들(또는 그들의 컴퓨터)을 대중매체로 끌어오게끔 하는 것으로 변할 것이다"라고 하였다. 우리는 고객들이 힘들이지 않고 자동으로 정보를 가져갈 수 있는 시스템을 만들어야 한다. 컨텐츠 공급자인 우리가 이용자의 요구를 알아내고 이를 자동적으로 채워 주어야 할 것이다. 이러한 변화는 이전의 정보 보내 주기로 다시 돌아가는 것이며 전달되는 정보를 언제든 바꿀 수 있다는 점에서 이전과 다른 점이 있다.

정보 트렌드

지식관리(Knowledge Management, KM)는 논리적이고 이용자 친화적 시스템을 이용하여 조직 내의 모든 정보를 통합하는 것의 가치를 일컫는 말이다. 물론 우리 사서들은 이에 대해 잘 알고 있었고 오랫동안 이를 실행해 왔다. 반면에 경영자들은 최근에 이르러서야 그 중요성을 깨달았다. 지식관리에 있어서 진정한 혁신은 정보망의 일부로서 지적 자산(사람들의 머릿속에 존재하는)을 추가할 때만이 가능하다는 사실을 말이다.

　　G. 에드워드 에번스*G. Edward Evans*, 패트리셔 레이젤 와드*Patricia Layzell Ward*, 그리고 벤딕 루가스*Bendik Ruggas*(2000, p. 527)는 도서관의 모든 것이면서 또 영원히 그럴 것이라고 생각했던 장서 수집이라는 개념을 포함하여 미래의 도서관들이 부딪힐 몇 가지 도전에 대해 설명한다. 우리는 이미 적시(適時, just-in-time) 원문제공이라는 새로운 서비스의 탄생을 보았다. 인터넷을 통하여 쉽게 문서를 보낼 수 있게 되면서 '만약의 수요에 대비한(just-in-case)' 장서 구입은 점점 사라져 갈 것이다. 이외에도 요금제와 무료 운영, 인쇄물과 컴퓨터 파일 사이의 선택 그리고 저작권 등 오랫동안 도서관과 관련하여 이슈가 되어 온 문제들을 해결해야 할 것이다.

경영 트렌드

　　사회가 개인화(個人化)되면 맞춤형(personalization and customization) 정보 서비스와 상품에 대한 필요성이 대두된다. 사서들은 참고면담(reference interview) 기술에 대한 훈련을 받음으로써 이러한 상황 하에서 중요한 역할을 수행할 태세를 갖추었다고 본다.

　　아직 존재하지 않는 시스템에 대한 구상, 기획 그리고 예산 편성의 어려움과 점점 더 늘어나는 가상도서관(virtual library)에 대한 요구는 "어떻게 아직 아무도 본 적이 없는 도서관을 만들어 낼 것인가(Evans, Ward, and Ruggas, 2000, p. 527)" 혹은 어떻게 아무도 생각해 본 적 없는 가상의 장서를 만들어 낼 것인가와 같은 질문을 던지게 한다.

　　글로벌화는 특수도서관 및 다른 관종의 도서관에 영향을 주는 트렌드의 하나이다. 국제적으로 회원들을 가지고 있는 조직이나 협회 도서관, 원격교육을 제공하는 대학도서관, 그리고 전자펜팔이나 전 세계의 웹사이트를 제공하는 학교도서관 등이 이에 포함된다.

경영이론은 보통 장기 계획의 중요성을 강조한다. 그러나 때로는 지금처럼 급변의 시기이거나 미래가 매우 불투명할 경우에는 단기적인 대처가 바람직할 수도 있다.

고객 트렌드

우리는 성장의 한계를 목격하고 있다. 이제는 더 큰 것이 반드시 더 좋은 것은 아니다. 정보유통 채널이 변하고 있다. 고객들의 가치관이 편의성과 개인화를 더 중시하는 방향으로 변하고 있다. 시간이 돈보다 더 중요하게 받아들여지고 있다. 마지막으로, X세대에서 Y세대로의 변화가 일어나고 있다. 이 새로운 고객들은 누구인가?

제2장 기반다지기: 마케팅

> 마케팅의 최우선 목표는 도서관이 지역사회 내에서 정보센터로서 계속해서 남을 것이라는 사실을 확신시키는 일이다. _ Leerburger, 1989, p. 8.
>
> 모든 활동이 마케팅 활동이다._ Beckwith, 1997, p. 38.

1. 왜 마케팅인가

아무도 도서관에 대해 모르고, 지역사회가 목표를 달성하는 데 도서관이 어떻게 도움을 줄 수 있는지 알지 못한다면 도서관은 유지될 수 없고 또 유지되어서도 안 될 것이다. 마케팅을 하는 이유는 이처럼 간단명료하다. 마케팅을 할 때 어려운 점은 도서관의 이용 가치를 잠재 고객들에게 알리는 일이다. 칩 R. 벨*Chip R. Bell*(1994)은 "인정받지 못하면 결국 일자리를 잃을 수밖에 없다. 마케팅은 당신의 가치에 대한 인식을 만들어 내는 것을 의미한다"고 썼다. 캐시 심폭-뷰웩*Kathy Shimpock-Vieweg*(1992, pp. 67~68)은 법률도서관을 예로 들며 "마케팅은 회사 내에서 도서관의 존재를 인식시키고 계속하여 유지하고 성장할 수 있도록 만들어 준다. 그리고 도서관을 다른 곳에서는 충족시킬 수 없는 필요성을 충족시켜 주는, 반드시 있어야 할 자산으로 자리매김시킨다. 또한 마케팅은 다른 사람들이 쉽게 이해할 수 있는 방식으로 사서들의 요구와 업적을 알리는 수단을 제공한다"는 점을 상기시킨다. 주지하듯이, 도서관의 존재를 모두가 인식하는 것은 아니다. "처음 (도서관의 존재를) 알게 된 사람들이, 회사의 '1급 비밀'을 발견한 것처럼 도서관에 대해 말하는 것을 자주 듣게 된다. 그러나 도서관은 결코 비밀스런 장소가 되어서는 안 된다(Swart, 2000)."

"최고의 경우를 가정하자면 (중략) 도서관은 시간을 보내기 좋은 현실 공간인 동시에 하루 24시간 운영되는 가상 정보센터여야 한다. (중략) 도서관은 정보와 즐거움을 찾는 사람들이 가장 먼저 생각하는 곳이어야 한다. (중략) 하지만 스스로 정보 이용능력이 있다고 생각하는 많은 사람들이 도서관에 대해서 전혀 모르고 있는 것이 사실이다(Sass, 2002, p. 37)."

마케팅은 여가시간에 조그만 변화를 일으켜 할 수 있는 일이 아니다. 고객의 수요 파악에서부터 상품과 서비스 평가 조사에 이르기까지 모든 것을 아우르는 시스템이어야 한다. 마케팅은 개관하는 순간부터 이루어지는 도서관의 모든 활동을 포함한다. 마케팅 활동을 전개할 때 고객에게 보내는 메시지와 그 전달 방식은 일관성을 유지해야 한다. 또 가능한 모든 형태의 커뮤니케이션을 활용해야 한다. "새로운 마케팅은 단순한 수행 방식 이상의 의미를 가진 것으로서 하나의 사고 방식이라고 할 수 있다. 마케팅은 서비스 상품의 독특한 특성[비가시성(非可視性)과 무형성(無形性)], 서비스 상품의 잠재 고객과 현재 고객들의 고유한 성향(그들이 꺼리는 일, 부족한 시간, 비논리적인 의사 결정 방식 그리고 가장 중요한 구매 요인과 수요)을 이해하는 일에서부터 시작된다(Beckwith, 1997, p. xx)." 현대 마케팅의 가장 기본적인 원칙은 고객 우선주의이다. 오직 이용자만이 어떤 정보가 필요한지 알고 있다. 조금이라도 불충분한 정보를 제공해서는 안 되며 그런 식으로는 당신의 자리를 지킬 수 없을 것이다.

2. 누가 마케팅을 해야 하는가

마케팅이 도서관을 유지하고 성공시키는 데 꼭 필요하다는 사실을 인정한다면, 다음 단계로 누가 마케팅을 할 것인지를 결정해야 한다. 해답은 단 한 가지뿐이다. 바로 사서인 당신이 해야 한다. 당신이 최적임자일뿐만 아니라 아무도 그 일을 대신해 줄 사람은 없다. 당신은 누구보다 도서관에 대해 잘 알고 있다. 또한 외부인들보다 한층 세세히 소속 기관이나 지역사회, 그리고 고객들에 대해 알고 있다. 마케팅의 성과 여부에 따라 가장 큰 영향을 받는 사람도 당신이다. 이를 위해 참고서적을 읽을 수도 있고 연수나 워크숍에 참석할 수도 있으며 마케팅 전문가를 고용할 수도 있다. 그러나 전문가를 고용하는 경우에도 전체 계획은 당신이 책임져야 한다.

시간이 갈수록 사서의 일 중에서도 "이용자들에게 정보의 가치와 정보기술의 잠재성(그리고 한계)을 일깨우는(Dearstyne, 2000, p. 34)" 역할이 커지고 있다. 이 일은 컴퓨터와 함께 자라나고 인터넷에서 스스로 정보를 찾는 데 익숙한 새로운 세대의 고객들이 직장인이 되면서 더욱 중요해지고 있다. 우리는 적극적으로 사서에 대한 고정관념과, 인터넷은 모든 것이 무료라는 생각을 고쳐 나가야 한다. 결국 21세기의 도서관은 하나의 비즈니스이며 그러한 인식 하에 운영되어야 한다. 다행스럽게도 현재의 사서들은 과거의 어느 사서들보다 이 새로운 역할에 적합하다. 참고면담 훈련은 "뛰어난 판매 기법의 기본 요소인 정확한 요구를 알아내기 위해 질문하고 경청하기, 그 답변으로 가능한 해결책 설명하기, 그리고 이를 위해 해야 할 수행 과정에 대해 의견 일치를 보기(Coote and Batchelor, 1997, p. 24)" 등을 가르쳐 왔다. 그러나 이제부터는 우리가 항상 해 오던 작업 방식을 중단해야 한다. "대부분의 사서들은 처음 일을 시작할 때와 거의 같은 방식으로 일한다. 그저 하던 일을 더 열심히 하려고만 할 뿐 다른 새로운 시도는 하지 않는다(Matarazzo and Prusak, 1997, p. 2)." 이제는 비전과 창의성을 보여야 한다. "사서들은 **현재의 서비스가 아니라 앞으로 제공할 수 있는 서비스를 마케팅해야 한다**(Seddon, 1990, p. 35)." 뛰어난 마케터가 되기 위해서는 유연한 사고를 가져야 하고, 당신의 전략에 동의하지 않는 사람들에게 과감히 맞설 수 있어야 하며, 새로운 정보에 민첩하게 대응하는 동시에 현실을 정확하게 파악할 수 있어야 한다. 도서관 마케터에게 소중한 자산은 새로운 일에 기꺼이 도전하며, 영리를 목적으로 한 것이든 아니든 간에 도서관을 하나의 비즈니스(혹은 회사 내 자회사)로 대하는 기업가 정신이다.

3. 무엇을 마케팅하는가

마케팅 대상을 결정할 때는 도서관이 현재 제공하고 있거나 향후 제공할 수 있는 많은 상품과 서비스 중에서 강조하고 싶은 것들을 선택해야 한다. 지금 도서관이 제공하고 있는 상품과 서비스는 무엇인가? 그중에서 성공적(이용자들이 많이 이용하고 좋아하는)이라고 생각하는 것은 무엇인가? 실패한 것은 무엇이며 그 이유는 무엇인가? 그러한 실패를 약간의 작은 변화를 통해 성공으로 바꿀 수 있는가? 자금 지원이나 후원이 따른다면 가능한 상품과 서비스는 무엇인가?

특정한 상품과 서비스를 검토하기 전에 먼저 도서관의 **진정한** 상품이 무엇인지를 살펴볼 필요가 있다. 그것은 책이나 잡지, 도서목록이 아니며 원문제공, 빠른 참고상담, 혹은 온라인 검색이 아니다. 도서관은 정보를 제공하는 곳이 아니다. 좋은 도서관은 고객의 문제를 풀어 주는 해결책을, 고객의 의문을 풀어 주는 해답을 제공한다. 이것이 도서관의 진정한 상품이다.

당신의 적을 알라 : 경쟁

"경쟁자들은 사서들보다 먼저 고객의 요구를 예상하고 이를 만족시키는 사람들이다. 고객의 생각이 맞든 그르든 간에 자신의 요구를 충족시켜 줄 수 있다고 생각하는 모든 대상이 곧 사서의 경쟁자이다(Shamel, 2002, p. 65)." 당신의 경쟁자는 누구인가? 고객들이 당신이 아닌 경쟁자를 택하는 이유는 무엇인가? 그들이 당신보다 잘하거나 더 빠르게 하거나 더 저렴하게 하는 일은 무엇인가? 그들과 경쟁할 수 있는가? 그렇다면 그럴만한 가치는 있는가? 경쟁하기 위해 포기해야 하는 것(시간 혹은 다른 서비스)은 무엇인가? 현재 당신이 고객들의 첫 번째 선택이라고 해도 그에 만족하고 있어서는 안 된다. 상황은 언제든지 변할 수 있다. 많은 이용자들이 먼저 인터넷을 떠올리지만 그들은 인터넷을 효율적으로 검색하는 데 사서가 큰 도움을 줄 수 있다는 사실을 모르고 있다. 동료 사서들과 전문가들도 좋은 정보원(情報原)이 될 수 있다. 이를 잘 활용하는 적극적인 사서라면 전문가 데이터베이스를 만들어 상담이 필요한 고객에게 마케팅할 수 있을 것이다.

이용자들은 자기만의 정보 소스를 알고 이용할 뿐만 아니라 이를 도서관과 비교해 보기도 한다. 대형 서점[보더스(Borders), 반스앤노블(Barnes and Noble), W. H. 스미스(W. H. Smith) 등]이 그런 경쟁자일 수도 있다. 대형서점만큼 당신의 도서관은 밝고 친근한 이미지를 갖고 있는가? 또 대형서점만큼 찾기 편한 곳에 있고 이용하기 편리한가? 직원들은 대형서점의 직원들처럼 친절하고 필요할 때 항상 도움을 줄 수 있는가? 시설은 청결하고 쾌적한가? 고객을 위한 안락의자는 갖추고 있는가? 대학도서관들도 경쟁으로부터 자유롭지 못하다. 대부분의 대학에서는 학생들이 인터넷을 검색할 수 있도록 하고 있다. 결과물의 질(質)은 어떨지 모르나 기숙사에 있는 자신의 방에서 편하게 검색할 수 있다는 것은 분명 매력적이다. 간과하기 쉬운 경쟁자 중의 하나는 데보러 C. 소여*Deborah C. Sawyer*(2002, p. 83)가 "뜻밖의 경쟁(left-field competition)"이라고 부른 도서관 환경의 갑작스럽고 예견하지 못한 변화에서 나온다. 예를 들어 도서관 수요가 갑자기 늘면 새로운 경쟁자들이 시장으로 들어올 수 있고, 반대로 수요가 갑자기 줄면 수익이 감소한다. 또는 하루 24시간 연중무휴 서비스와 같은 새로운 시장의 요구, 전혀 몰랐던 새로운 기술의 등장, 혹은 인가 기준의 변경과 같은 새로운 규정의 등장 같은 것들도 변수로 작용한다. 정부의 상품화가 진행되면서 서비스보다 가격이 결정 요인으로 작용하게 되었고, 이에 따라 상당수 도서관들이 운영 방식을 바꾸게 되었으며, 많은 잠재적인 경쟁자들이 정보 서비스 시장으로 뛰어들고 있다.

일부 경쟁자는 같은 조직의 내부에서 나타나기도 한다. 도서관만큼 적합하지 않으나 조직 내의 다른 부서가 정보 조달(보통은 도서관이 없거나, 도서관 홍보가 전혀 안 되었거나 혹은 도서관 상품이나 서비스가 너무 비용이 들고 불편하다고 인식되어서) 업무를 맡기도 한다. 개인적인 잡지 구독, 서적이나 매뉴얼의 수집 혹은 궁금한 점을 물을 수 있는 동료도 도서관과 정보 경쟁 관계에 있다. 많은 기업에서는 "항상 개별 이용자가 시장조사 서비스라든가 부서 단위의 업계 정보지 구독처럼 특정한 종류의 컨텐츠를 구매하곤 한다. 그러나 이용자들은 그러한 자료들을 적절히 활용하기 위한 기술이나 지식이 없으며 정보원(情報原)의 신뢰도를 평가하는 방법을 모른다(Stratigos in Pemberton, 1999, p. 45)." 게다가 일부 도서관 벤더들은 도서관을 무시하고 바로 회사 내의 고객과 접촉하기도 한다. 한번은 어떤 벤더가 저자가 일하는 회사의 한 부서 책임자에게 상품 소개를 한다는 사실을 알게 된 적이 있다. 저자는 그 자리에 동석할 수 있게 해 달라고 요청했다. 공급업자가 비싼 가격으로 번지르르한 상품들을 모두 소개하고 난 후 저자는 부서 책임자에게 이렇게 말했다. "저는 저 모두를 아주 적은 비용으로 할 수 있습니다." 결국 그 벤더는 아무것도 팔지 못했고 그 부서의 도서관 이용은 늘어났다.

당신의 친구를 알라 : 고객

상품에 대한 지식도 중요하지만 고객의 수요를 정확하게 파악하는 일은 한층 중요하다. "먼저 단순하게 시작하라. 이용자들이 원하는 것을 전달하라(Pace, 2000, p. 64)." 고객들이 이용하고 있다 하더라도 아무 가치도 제공하지 못하는 상품이 있다면 중요하게 취급하지 말아야 하며 한정된 자원을 많이 할당할 필요도 없다. 소속 회사의 고객들을 대상으로 조사한 결과 「월 스트리트 저널*Wall Street Journal*」이 고객들이 가장 많이 이용하면서도 가장 정보 가치가 떨어지는 상품으로 평가되었다면 구독을 중지해도(고객들은 불평하겠지만) 회사의 성공에는 아무 지장이 없을 것이다.

고객들이 원하거나 요구하는 것을 어떻게 알아내는가? 질문하라! 너무 오랫동안 사서들은 이용자들보다 자신들이 이용자들에게 중요한 것이 무엇인지 더 잘 알고 있다고 생각해 왔다. 그러나 오직 고객만이 자신에게 필요한 것이 무엇인지 정확히 알고 있으며, 오직 고객과(상품이나 서비스를 사용하거나 사용하지 않음으로써), 후원자만이(재정 지원을 하거나 중단함으로써), 상품이나 서비스의 가치를 결정할 수 있다. 고객의 요구에 대한 정보만큼이나 고객 그 자체도 중요하다. "고객은 정보 수집원 그 이상의 의미를 가진다. 그들은 도서관이 존재하는 이유이다(Hernon and Altman, 1998, p. ⅹⅳ)"라는 말을 기억하라.

　　종종 A. H. 매슬로*A. H. Maslow*의 욕구단계설(1943)을 이용하여 수요를 평가하기도 한다. 가장 기초적인 인간의 욕구는 의식주와 같은 생리적인 것이다. 이 단계에서는 도서관에 비교할 만한 부분이 없다. 그 다음 단계는 안전에 대한 욕구이다. 이러한 욕구는 책과 책상이 배열된 방식이라든가 동선(動線, traffic flow), 그리고 목록 배치에 이르기까지 고객과 사서에게 친숙하고 질서 있는 환경을 제공할 수 있도록 도서관의 구조가 잘 정돈되어 있는가로 비유할 수 있다. 개인적인 안전과 직업 안정성도 이 단계에 대입할 수 있다. 그 다음 단계로는 어딘가에 소속되고자 하고 친구들을 사귀고자 하는 사회적 욕구가 있다. 고객들의 입장에서 보면 이것은 도서관 직원이 친근하고 자신들의 요구나 수요에 관심을 가지는가를 의미한다. 도서관 직원들의 입장에서는 직장으로의 소속감이나 지역사회 문화로의 동화, 다른 동료들과의 친화와 관계 맺기 등이 이에 해당된다. 다음으로 최고 단계의 전(前) 단계인 자기 존중의 욕구가 있다. 고객에게 이는 도서관이 자신을 존중하고 자신의 이야기를 경청해 주며 고객으로서의 가치를 인정해 주는 것을 의미한다. 사서에게는 소속 기관이나 지역사회 내에서 영향력을 행사할 수 있고 세미나에 참석해 줄 것을 요청받는 것, 전문가로 인정받아 자신의 책을 출판하며 협회나 지역사회에 사무실을 가지고 있고 여러 상을 수상하는 것 등이 이에 해당된다. 최상의 단계는 자아실현의 욕구, 즉 최고의 자아를 실현하는 것이다. 일을 위한 것이든 아니면 자기 발전을 위한 것이든, 고객들에게 필요한 정보를 찾을 수 있도록 돕는 것은 사서의 기본적인 의무이며 이는 다시 말해서 고객들이 가장 높은 수준의 욕구를 충족시킬 수 있도록 돕는 일을 의미한다. 직원들의 경우에는 다른 사람들, 특히 동료와 상사로부터 인정받고 칭찬받는 것을 의미한다. 많은 이들에게 궁극적인 보상은 돈이 아니라 다른 사람들로부터 인정을 받는 것이다.

마케팅의 6P

마케팅 프로그램이 성공하려면 적절한 **상품**(product)을, 적절한 가격(price)에, 적절한 **장소**(place)에서, 적절한 방식의 **프로모션**(promotion)과 함께, 적절한 **사람**(people)들에게, **적시**(point of time)에 실시해야 한다. 이들 각각을 순서대로 살펴보자.

마케팅 P1 : 적절한 상품

도서관의 상품은 도서관이 소장하고 있는 모든 자료 또는 다른 도서관이나 전자자료(인터넷, 원격 데이터베이스, 상호대차)를 통해서 이용할 수 있는 정보, 그리고 이들을 고객에게 전달하는 데 필요한 모든 수단(수서, 분류목록 업무, 온라인 목록, 도서관 웹사이트 등)을 포함한다. 또한 현재 실시하고 있거나 잠재적으로 가능한(참고면담, 동화구연 프로그램) 서비스들도 상품에 포함된다. 마지막으로 도서관 직원들도 상품에 포함시킬 수 있다. "하나의 조직이 그토록 다양한 상품을 제공한다는 측면에서 보면 도서관은 쇼핑몰(서점이라 생각했을지 모르지만 그것은 아니다)과 가장 유사하다(Koontz, 2002, p. 4)." 대형 도서관에는 여러 부서가 존재하지만(예를 들어 어린이실, 참고봉사실, 기록보존실) 이 모두는 도서관이라는 하나의 단위로 관리된다.

상품과 서비스 사이의 차이점은 무엇인가? "상품은 만들어지고 서비스는 전달된다. 상품은 사용하는 것이고 서비스는 경험하는 것이다. 상품은 구매 전에 평가할 수 있는 물리적 특성이 있지만 서비스는 구매하기 전에는 존재하지 않는다. 우리는 서비스를 주문하고 대개 이에 대한 대가를 미리 지불하고 나

서야 서비스를 받을 수 있다. 마지막으로 동일한 상품은 어디까지나 같은 상품이지만 (중략) 서비스는 같은 서비스라도 사람에 따라 달라진다(Beckwith, 2000, p. xvii)." 마케팅은 단순히 약속만 가지고는 이루어지지 않는다. "세계 최고의 마케팅이라고 하더라도 형편없는 상품이나 서비스를 한 번 이상 구매하거나 사용하게 할 수는 없다(Levinson, 1998, p. 12)." 대개는 일정한 규모를 달성하는 것을 목표라고 생각하고 클수록 좋다고 생각한다. 이는 사실이 아니다. 틈새시장(niche market)에서 최고가 되는 것이 더 나은 경우도 적지 않다.

상품은 도입, 성장, 성숙, 그리고 쇠퇴라는 주기(週期)를 가진다. 새로운 상품을 만들어 내는 일도 중요하지만 무엇보다 경쟁자들보다 더 잘 만들 수 있는 상품을 시장에 소개해야 한다. 또한 "상품이 너무 독특해서도 안 된다. 어떤 이들은 개발하고자 하는 상품이 고객들의 문제를 진정으로 해결해 주는가 하는 점도 검토하지 않은 채 상품을 만든다. 상품이 지나치게 독특하면 시장을 찾을 수 없다(어느 마케팅 임원 in Apelt, 2001, p. 18)." 새로운 서비스를 제공하기 전에 수요를 충족시킬 수 있고 확실한 효과가 있으며 모든 비용을 감당할 수 있는 가격대인지를 면밀히 테스트해야 한다. 기존의 서비스에 미치는 영향도 평가해야 한다. 또한 충분한 기술은 갖고 있는가, 시간은 있는가, 자원은 가지고 있는가, 관리 가능한 서비스인가, 오용될 가능성은 없는가 등의 질문을 해 봐야 한다(Hyman in Hernon and Whitman, 2001, p. 157). 반대로 기존의 서비스를 과감하게 중단할 줄도 알아야 한다. 비용이 수익을 초과할 경우, 소속 기관이나 지방자치단체, 혹은 도서관 자체의 원래 임무와 맞지 않을 경우, 그리고 다른 서비스와 충돌할 경우에는 과감히 서비스를 중단해야 한다. 그러나 일부 고객들이 이미 그 서비스에 익숙해졌지도 모른다. 그럴 경우에는 대체 가능한 서비스(외부 벤더를 통한)를 제공하면 된다. 상품의 일부를 변경(일부를 제거하거나 새로운 부분을 덧붙이거나 다른 상품과 합치는 등)함으로써 해당 상품의 쇠퇴를 지연시킬 수는 있으나 결국 모든 상품은 쇠퇴기를 거쳐 사라지게 되어 있다.

도서관의 상품임을 쉽게 알 수 있도록 표준화된 포장재나 상표를 사용하여 미리 상품을 포장하라. 외부 정보원(원문제공, 표준, 연구보고서나 시장조사보고서)으로부터 어떤 내용을 구매했을 경우에도 그 자료에 도서관 상품과 동일한 포장을 입혀 도서관 자체 상품인 것처럼 보이게 할 수 있다. 이를 상표병용(商標倂用, cobranding)이라고 한다.

고객이 표준 통계, 현행주지검색, 기업 회계자료 혹은 기업 정보 등을 쉽게 물어 볼 수 있게 하라. 도서관 목록이나 상품 리스트를 만들어라. 잠재 고객들에게 줄 수 있도록 각 상품의 샘플을 준비하라. 새로운(혹은 기존의) 거래 회사와 접촉하고자 하는 영업사원들이나 혹은 인수 합병에 관련된 일을 하는 사람들에게 해당 기업에 관한 자료를 제공할 수도 있다. 도서관 목록은 카드 목록이든 온라인 목록이든 간에 검색하기 쉽게 만들어야 한다. 주제명표목과 같이 사서가 직접 부가한 정보를 부각시키고, 그러한 작업에 당신의 전문 기술이 사용되었다는 것을 강조하라. 소속 기관이나 지방자치단체의 웹사이트에 반드시 도서관 목록을 링크하라. 도서관 목록을 매력적인 것으로 만들라[아마존닷컴(amazon.com)이나 반스앤노블(barnesandnoble.com)의 인터페이스를 참고하라]. 도서관 목록에 서평, 표지 이미지, 강화된 검색용어 등을 수록하라.

서비스 마케팅은 상품 마케팅과 다르다. 서비스는 눈에 보이지 않는다. 무료 샘플을 나누어 줄 수도 없고 시범 서비스도 제공하기 어려운 경우가 많다. 서비스는 그것을 제공하는 사람 혹은 단체와 떼려야 뗄 수 없는 관계에 있다. 직원들과 그들의 태도는 서비스의 핵심이다. 고객은 항상 직접적으로 서비스 과정에 참여하게 된다. 서비스가 항상 일정할 수는 없다. 대응하는 고객에 따라 달라질 수 있을 뿐만 아니라 경쟁자들의 서비스와 비교하기도 쉽지 않다. 서비스는 지속되지 않는다. 그 수명은 짧으며 저장할 수도 없다. 그리고 제공되는 동시에 소비되며, 서비스가 시작되기 전에는 존재하지도 않는다(Coote and Batchelor, 1997). 피터 드러커*Peter Drucker*(1985, p. 359)에 따르면, 서비스 기관의 실적은 성과를 얼마나 냈느냐가 아니라 비용을 얼마나 적게 썼느냐로 평가하는 경우가 많다. 서비스 기관의 운영에 관계된 사안들은 대개 외부인들에 의해 결정되며 이들이 중점을 두는 기준은 때에 따라 해당 서비스 기관의 이해관계와 상충할 수 있다. 그럼에도 불구하고 서비스 기관은 자원이 있든 없든 간에 본연의 임무를 수행해야 한다.

마케팅 P2 : 적절한 가격

이제는 도서관도 하나의 비즈니스처럼 운영해야 한다. 이 말은 성과에 대한 책임, 자금 관리 그리고 효율성 등이 필요하다는 사실을 의미한다. 이것은 긍정적인 변화이다. 도서관 운영의 전 부문을 집중적으로 검토하여 각 부문이 높은 비용 효율을 달성하도록 만들기 때문이다.

자금줄을 쥔 이들은 점차 더 냉정하게 도서관에 사용하는 예산이 낭비되지 않도록 철저하게 관리한다. 이용자들(궁극적으로 도서관의 가치를 결정하는)은 예산담당자(예산을 통제하는)들과 동떨어져 있으며, 그 사이에서 도서관의 가치를 직접 입증시킬 수 있는 존재는 없다. 소속 기관의 예산 할당을 담당하는 사람들이 모두 도서관 이용자일 수는 없으며 따라서 도서관에 예산을 투입할 만한 가치가 있는지 결정할 확실한 근거를 갖고 있지 않다. 현재 유지되고 있는 대부분의 정보센터는 제로 베이스 예산(zero-based budget, 신년도 예산 편성시 전년도 예산과 무관하게 신년도에 필요한 부문만을 근거로 편성하는 예산—역주) 하에 운영되기 때문에 모든 비용을 이용자들에게 바로 청구한다. 이 운영 방식은 거의 개인 사업체를 경영하는 방식과 유사하다. 이러한 상황에서는 우리가 알고 있는 도서관이 가진 무형의 기능을 인정할 여지가 전혀 없다. 경영진들의 입장에서 이용자들이 이용시마다 비용을 지불해야 한다면 따로 정보 예산을 줄여 도서관에 투입해야겠다고 결론짓기는 더욱 어렵다. _ Strouse, 2002, p. 48.

그러나 모든 비용을 이용자에게 청구하는 도서관은 거의 없다. 대부분이 자체 예산으로 운영 경비를 조달하고 있다.

많은 사서들은 상품과 서비스의 가격을 결정하는 데 어려움을 겪는다. 무료 운영이냐 유료 운영이냐 하는 문제는 공공도서관뿐만 아니라 기업도서관에서도 여전한 논쟁거리이다. "많은 이들이 어떤 정보를 다시 다른 이에게 팔아 큰돈을 벌려고 하면서도 정작 자신들은 해당 정보를 공짜로 얻을 권리가 있다고 생각하는 것 같다(Hoey, 1999, p. 49)." 공공도서관 서비스는 공짜가 아니다. 단지 서비스 이용시에 지불하지 않을 뿐이며 사실은 이미 대가를 지불한 서비스이다. 심지어는 도서관이 어떤 상품을 내놓든지 간에 무료여야 한다고 생각하는 사람들도 있다. "우리는 모든 사람들에게 '도서관 서비스는 값진 것입니다' 하고 말하면서 정작 그 가격은 형편없이 낮게 책정한다(Scilken, 1994, p. 10)." 미국의 자동차 클럽 중에는 회원들에게 지도를 무료로 배포하지만 그 표지에 가격을 적어서 원래 무료가 아님을 알리는 예가 있다. 이런 식으로 고객들이 설령 돈을 내지 않는다 하더라도 도서관이 제공하는 정보가 공짜가 아님을 알게 해야 한다.

제공하는 상품과 서비스에서 계속 적자를 본다면 어떤 도서관도 오래 유지될 수 없다. 경영진이 경비를 스스로 조달하도록 요구한다면 여기에 공간 비용, 광열비, 시설 유지비와 같은 일반 경비도 포함시킬지 여부를 확실히 해야 한다. 일부 도서관은 심지어 수익을 창출하도록 요구받기도 한다. 이때는 경영 진이나 지방자치단체 혹은 소속 기관에서 기대하는 수익이 어느 정도인지 확인 해야 한다. 비용 산정시에도 직접비용과 간접비용, 그리고 일반 경비까지 모두 포함시키는 것을 잊지 말아야 한다. 수요가 많은 품목이나 긴급 서비스, 혹은 노동집약적 상품이나 서비스에 더 높은 가격을 매기는 이중가격제도 검토해 볼 수 있다. 이와 반대되는 개념의 가격전략은 미끼상품(loss leader)이다. 미끼상 품은 고객을 끌어들이기 위하여 하나의 상품이나 서비스에 인위적으로 낮은 가 격을 매긴 상품을 말한다. 적절하게만 사용한다면 제공하는 상품군(商品群)에 추가할 만한 가치가 있다. 또한 신상품을 홍보하거나 많이 이용되지 않는 오래 된 상품을 돋보이게 하기 위하여 쿠폰이나 무료 샘플 혹은 할인 가격을 제공할 수도 있다. 그러나 단순히 경쟁자를 물리치기 위해서 가격을 낮게 설정하는 일 은 주의해야 한다. 단순히 가격 때문에 구매하는 고객이라면 마찬가지로 더 싼 가격을 찾아 언제든 떠나갈 수 있기 때문이다.

　　가격 설정은 과학이라기보다 예술에 가깝다. 논리적인 가격 설정이 현 명한 방법이라고 속단해서는 안 된다. "아무도 가격에 대해서 불평하지 않는다 면 그 가격은 너무 낮게 설정된 것이고, 거의 모든 사람이 가격에 대해서 불평 한다면 그 가격은 너무 높게 설정된 것이다(Beckwith, 1997, p. 132)." 10%의 고객은 어떤 가격에도 불평을 한다는 가정 하에, 약 20%의 고객들이 불평할 만 한 가격을 설정해야 한다. 상품이나 서비스가 왜 그런 가격에 판매되는지를 고 객들에게 인식시켜야 한다. 어느 집에 삐걱거리는 마루를 고치러 온 목수가 있 었다. 그는 10초 만에 못 하나를 뚝딱 박고는 42달러를 청구했다. 집주인이 금방 끝난 일인데 왜 이렇게 비싸냐고 묻자 목수는 못 하나의 값은 2달러지만 그 못을 어디에 박아야 하는지 아는 값은 40달러라고 말했다. "시간당 비용을 청구하지 말라. (경험의) 연륜에 대해 청구하라, 당신의 전문성에 대해 청구하라 (Beckwith, 1997, p. 138)."

가격 결정시의 마지막 과제는 도서관과 그 상품 그리고 서비스에 대한 가치 판단이다. 가치란 "어떤 것에 대하여 적절한 등가물[교환물]로 인정되는 단위(Olson, 2002)"를 말한다. 도서관의 경우에 그 교환물이란 도서관 유지에 필요한 요금, 비용, 세금 등을 말한다. "도서관 이용자들이 도서관의 서비스와 자원을 이용함으로써 더 많은 지식을 쌓고 의사 결정의 힘을 키우는 변화를 통해 도서관의 가치는 더해진다. 도서관이 이러한 가치를 제공할 수 있다는 사실이 경영진과 조직 문화에 받아들여질 필요가 있다(Weiner, n.d.)." 모든 가치가 금전적인 개념으로만 나타나지는 않는다. 일부 가치는 질적으로, 그것이 주는 영향력에 의해 평가되어야 한다. 도서관이 제공하는 대부분의 혜택은 이용자의 평가나 인식으로 표현되지만 이를 수량화하기는 매우 어렵다.

도서관의 가치를 평가하기 위해 최대한의 비용 관련 자료들을 모으라. 지속적으로 도서관의 가치에 대한 이용자들의 평가를 모두 수집해야 한다. 도서관이 끼친 영향을 명확하게 금전적 가치로 환산한 평가와 그 사례들을 가능한 한 많이 기록하라. 마지막으로 비용과 효과의 비율을 분석하고 계산하라. 호세-마리 그리피스*Jose-Marie Griffiths*와 도널드 W. 킹*Donald W. King*(1993, p. 150)에 따르면 도서관 유지비용은 일반적으로 임금과 복지비용 50%, 공간비용 17%, 설비 4%, 서비스와 소모품 10%, 그리고 장서 구비 19%로 구성되어 있다. 이러한 비용 구성은 달라질 수 있다. 인터넷으로 가능한 서비스가 상당히 늘어나고 있기 때문에 서비스 비용이 도서 구매 비용을 넘어설지도 모른다. 제임스 M. 마타라조*James M. Matarazzo*와 로렌스 프루삭*Laurence Prusak*(1997, pp. 8~9)은 경영자들이 어떻게 도서관의 가치를 평가하는지 조사했다. 10%는 시간 절약 측면에서, 7%는 비용 절감 측면에서, 36%는 내부 조사와 기타 피드백을 통해서, 25%는 정보 신청량과 그에 대한 대응 시간으로, 마지막으로 7%는 정보의 품질로 평가한다고 말했다. 도서관의 가치를 평가하는 다른 방법으로는 투자대비 수익(ROI), 비용-효과 분석, 그리고 지식자산 평가 등이 있다.

각 관종별 도서관은 각각의 고유한 무형의 가치를 가지고 있다. 병원도서관의 경우에 그 가치는 불필요한 접수나 검사를 없애도록 돕는 것이다. 대학도서관의 경우는 인가 재승인, 평가 순위 상승, 혹은 기부금 모금 등이 될 수 있다. 공공도서관의 경우는 지방자치단체의 생산성 향상에 기여하는 것, 그 지역에 유치한 기업에 의해 발생한 고용 효과, 지방자치단체의 정보 비용 절약 혹은 도서관의 예산을 절약하여 다른 부문에 쓰도록 하는 것 등이 될 것이다(Cram, 1995). 그리고 기업도서관의 경우에는 특허나 발명 같은 지적 자산의 생산이 될 것이다.

2002년에 미네소타 주정부 교통국은 조직정비에 나섰다. 제리 볼드윈 *Jerry Baldwin*(2002, p. 9)에 따르면 "주업무(건설 프로젝트)와 관련이 없거나 주업무 부서를 직접 지원하지 않는 부서는 소속 직원과 예산을 타부서로 전환시킬 계획이었다. 어려울 때마다 항상 그렇듯이, 연구실은 교통국 내의 도서관과 함께 비용절감을 검토하는 첫 번째 부서였다." 폐관을 막기 위하여 직원들은 이전보다 더 일심단결하여 도서관이 건설 프로젝트를 지원할 뿐만 아니라 비용도 절감시킨다는 사실을 증명할 자료들을 모으기 시작했다. 그 결과 〈표 2-1〉에서 보이듯이 교통국 도서관은 "약 8,386,500달러의 예산을 절감시켰으며 12:1 비율의 비용 대비 효과로 가치를 창출한 것으로 나타났다." 이러한 분

기초 정보

4,500가지 정보자료(원문제공)	$191,250
3,600가지 특정 주제에 관한 정보 요청	$468,000
저널 회람과 관리	$180,000
직원들의 위에 언급한 자료와 검색 결과 읽기	$5,100,000
직원들의 저널 읽기	$2,400,000
도서관 웹사이트 사용	$47,250

투자 대비 수익(ROI)

($839,250 예산과 비용 절감액 + $7,547,250 자산 증가액) = $8,386,500의 총 발생효과 −
$700,000 도서관 예산(임금, 소모품, 설비, 공간비용) = $7,686,500 투자 대비 수익

비용-효과 비율

($839,250 예산과 비용 절감액 + $7,547,250 자산 증가액) / ($8,386,500 총 발생효과 − $700,000
도서관 예산) = 효과 대 비용 비율 12 : 1   (Baldwin, 2002, p. 11.)

석 덕분에 도서관은 폐관되지 않았다.

마케팅 P3 : 적절한 장소

　적절한 상품을 가지고 있다 하더라도 그것을 필요한 사람에게 전달하지 못한다면 성공할 수 없을 것이다. 도서관은 대개의 경우 사람들이 직접 찾아오게 마련이므로 그 위치가 매우 중요하다. 예를 들어 유명한 에노크 프랫 도서관(Enoch Pratt Library)은 오랫동안 볼티모어 중심가에 자리잡아 왔다. 이전에는 일반 주택과 사무용 빌딩으로 둘러싸여 있었으나 지금은 근처에 주거하는 사람이 거의 없고 비즈니스 구역도 다른 곳으로 이전되었다. 고객들이 모두 떠나가 버린 것이다. 이 도서관은 지금 어떻게 고객들을 만나고 있을까? 그들은 고객들이 있는 곳을 찾아간다. 프랫 도서관은 24시간 전화 참고서비스를 만들어 냈

다. 전화를 통해 집에 있는 고객들을 만나고 있는 것이다. 게다가 학생들을 위해 도서관 셔틀버스도 운영한다. 또한 웹사이트는 언제나 도서관을 고객들이 있는 곳으로 연결시켜 준다. 그러기 위해서 웹사이트는 활용가치가 있어야 하고, 항상 업데이트가 이루어지며, 홍보가 잘 되어 있어야 한다. 그리고 고객들에게 ① 웹사이트가 존재한다는 사실과 ② 웹사이트가 자신들의 정보 수요를 충족시킨다는 사실을 알려야 한다.

국제화 시대에 이르러 원문제공 서비스는 점점 더 중요해지고 있다. 오늘날에는 기업들만 국제화된 것이 아니라 많은 비영리 단체와 대학들이 해외에 지부를 두고 있다. 전세계에 걸친 고객들을 응대하는 일이 부담스럽기는 하지만 인터넷은 그 일을 가능하게 해 준다. 고객은 이메일로 문서를 주문할 수 있으며, 어떤 경우에는 거의 동시에 주문한 문서를 이메일 첨부 파일로(혹은 팩스로) 받을 수 있다. 고객과 사서 사이에 참고면담도 이메일로 주고받을 수 있다. 고객의 이메일 문의사항을 알아본 후에 그 결과도 역시 이메일로 보낼 수가 있다. 다른 지역에 있는 고객을 응대하는 또 하나의 방법은 해당 지역에 있는 분관도서관과 협조하는 것이다. 뉴욕에 있는 고객이 심야에 어떤 정보가 필요한데 뉴욕 도서관은 문을 닫았을 경우 개관 중인 도쿄 분관도서관으로 이메일을 보내거나 전화를 할 수 있다. 도쿄 분관이 요청받은 정보를 알아보고 그 결과를 뉴욕 도서관으로 보내면 다음날 뉴욕 도서관이 바로 업무를 이어가면 되는 것이다.

정보를 전달할 때는 고객이 선호하는 형태로 전달해야 한다. 고객은 직접 전달, 우편, 팩스, 전화 아니면 인터넷 중에서 무엇을 선호하는가? 원하는 포맷은 무엇인가? 인쇄물, 컴퓨터 파일(MS 워드인가 일반 텍스트 파일인가, 매킨토시인가 IBM인가), 데이터베이스, 스프레드시트, 혹은 파워포인트? 어떤 정보를 포함시켜야 하는가? 서지, 요약집 혹은 문서 전체? 중요도에 따라 정리할 것인가 아니면 시간 순으로 정리할 것인가? 요구하는 분량은 얼마인가? 하나의 항목만 원하는가 아니면 해당 주제에 대한 모든 문서를 원하는가? 영어로 된 문서인가 아니면 다른 언어로 된 문서인가? 고객은 가공되지 않은 표, 그래프를 원하는가 아니면 분석 자료를 원하는가? 전체 보고서를 요구하는가 아니면 핵심 요약 부분만 원하는가?

마케팅 P4 : 적절한 홍보

마케팅을 통해 올바른 이미지를 구축해야 한다. "홍보 캠페인은 도서관을 더 많이 이용해 달라고 요구하기 위해서가 아니라 도서관의 이미지를 개선하거나 조직 내에서 긍정적인 위치를 유지하는 데 도움이 되어야 한다(Olson, 2002)." 허버트 S. 화이트는 원하는 이미지는 만들어질 수 있다고 말했다. "사람들에게 알려야 할 점은 공공도서관이 **얼마나 좋은 곳인가**가 아니라 **얼마나 좋은 곳이 될 수 있는가이다**(in Besant and Sharp, 2000, p. 18, 굵은 글씨는 저자 강조)." 마케팅의 핵심요소는 상품과 서비스가 주는 혜택을 강조하는 것이다. 고객의 마음속에 들어가 그들의 관점에서 상품과 서비스를 바라보아야 한다. 고객이 원하는 혜택은 무엇인가? 예를 들어 중요한 계약을 앞둔 영업사원은 고객회사의 사장이 빨리 결론을 내려 주기를 원하겠지만 그 사장은 사업을 확장하기 위해 전혀 다른 것들을 생각하고 있는지도 모른다. 관습에서 벗어나 새로운 일을 시도하는 것을 두려워하지 말라. 과거에는 효과가 있었다 하더라도 현재는 그렇지 않을 수 있다. 일반적인 조사 결과도 특수한 상황에서는 들어맞지 않는다. 자신의 일과 고객에 대한 당신의 판단이 틀렸을지도 모른다. 소위 '전문가'들이 말하는 것도 전혀 맞지 않는 경우가 있다.

경쟁자들에 비해 자신의 도서관이 더 나은 점을 파악하고 이를 고객들에게 알리라. "고객들이 그 차이점을 알기 전에는 상품이나 서비스는 결코 차별화되지 않는다(Peters in Evans Ward, and Ruggas, 2000, p. 89)." 이때 고객들과 같은 조직이나 지방자치단체에 속해 있다는 사실은 이용자 커뮤니티에 맞게 장서를 갖추는 데 큰 도움이 된다. 고객들과 같은 곳에 속해 있는 사람들보다 고객들에 대해 더 잘 알 수 있는 외부인은 없기 때문이다.

마케팅 P5 : 적절한 고객

고객은 마케팅 요소들 중에서도 가장 포착하기 힘들면서 동시에 가장 중요한 요소이다. 성공하기 위해서는 단순히 물건만 파는 대신에 고객들과 관계를 맺어 나가야 한다. 고객들은 인간이며, 인간에게 있어서는 인식(認識)이 사실(事實)에 우선한다. "고객들이 사전에 갖게 되는 기대는 컨텐츠나 주변 상황에 대해 느끼는 만족감의 정도에 큰 영향을 미친다. 이러한 기대는 도서관이 적절하다고 생각하는 수준에 맞을 수도 있고 아닐 수도 있으나 어쨌든 고객들은 이러한 기대감을 통해 현실을 받아들이게 된다(Hernon and Altman, 1998, p. 8)." 도서관 서비스의 성격에 대한 고객의 인식과 도서관 직원들의 인식은 일치해야 한다. 직원과 고객이 생각하는 도서관의 가치와 그에 따른 기대가 크게 다를 경우에 직원들은 스트레스를 받게 되고 고객들은 불만을 품게 된다. 고객들은 사서가 제대로 검색했는지 아닌지를 모른다. 따라서 당신이 고객들에게 원하는 것을 성공적으로 찾았다는 사실을 말해 주어야 한다. 감정은 중요한 역할을 한다. 특정한 벤더와만 거래하는 고객에게 그 이유를 물으면 대개 "그 사람이 좋아서"라거나 "얘기하기가 편해서"라 대답한다(Beckwith, 1997). "구매 결정시 상품이나 가격에 관계없는 요소가 최대 70%까지 영향력을 미칠 수 있다(Olson, 2002).” “고객을 획득하고 유지하려면 상품이나 서비스를 더 매력적이고 접근하기 쉽게, 가격을 더 싸게, 그리고 홍보활동을 더 눈에 띄고 설득력 있게 해야 한다(Hiam, 2000, p. 12).” “벤더를 결정할 때 가장 중요하게 작용하는 것은 관계에서 겪은 감정적 경험이다. 단순히 제일 먼저 관계를 맺는 것만으로도 고객이 다른 옵션을 고려하는 일을 충분히 막을 수 있다(Sawyer, 2002, p. 24).” 소요되는 시간, 움직여야 할 거리, 새로운 벤더의 시스템을 다시 익혀야 하는 일 등 공급자를 바꾸기 위해 지불해야 하는 비용은 금전적인 혜택을 포함한 어떠한 혜택도 대수롭지 않게 만든다. 마감시간을 준수하고, 예산을 절감하며, 영업활동에 도움을 주거나, 고객의 성공에 기여한 점 등 “업적을 광고하라(Beckwith, 1997, pp. 225~226).”

고객은 왕이므로 현재 고객과 잠재 고객에 대해서 가능한 모든 것을 알아야 한다. 스스로에게 질문하라. 나의 고객은 누구인가? 고객이 우리 도서관을 이용하는 이유는 무엇인가? 제공하는 모든 서비스를 고객들이 알고 있는가? 인쇄문서 서비스와 전자문서 서비스 둘 사이의 균형을 잘 유지하고 있는가? 고객은 원하는 바를 얻어가는가? 고객은 자신들이 원하는 방식으로 대접받고 있는가? 고객의 피드백은 어떻게 모으고 활용할 것인가? 새로운 직원에게 어떻게 도서관을 소개할 것인가? 도서관 직원들이 받을 수 있는 교육은 무엇인가? 고객에게 제공할 만한 교육 프로그램은 무엇인가? 우리 도서관은 인터넷과 인트라넷 상에 어떻게 나타나 있는가? 강점은 무엇인가? 스티븐 에이브럼*Stephen Abram*은 고객들에게 다음과 같은 몇 가지 질문을 하도록 제안한다. “고민하고 있는 문제가 무엇입니까? 일과 관련하여 하나의 문제만 해결할 수 있다면 어떤 문제를 선택하시겠습니까? 오직 한 가지만 바꿀 수 있다면 무엇을 바꾸시겠습니까(in Hane, 2002, p. 35)?”

소속 단체나 지방자치단체 내에서 정보가 어떻게 흘러가는지도 파악할 필요가 있다. 직접 만나서 또는 글을 쓰거나 컴퓨터를 이용하는 등 정보와 지식을 공유하는 방법은 다양하다. 어떤 방법을 선택하는가 하는 문제는 정보의 속성, 개인적인 선호도, 필요한 시기, 이용 가능한 의사소통 수단 등에 의해 결정된다. 고객은 얼마나 빨리 회신을 받고 싶어하는가? 오늘날 "이용자들은 컴퓨터를 통해서 즉시 자신에게 필요한 정보를 얻고 싶어한다(Adams and Cassner, 2001, p. 6)." 정보를 취급하는 기술은 어느 정도인가? 현재 원하는 것은 무엇인가? 미래에는 무엇을 원할 것인가?

마케팅의 목표는 누가 될 것인가? 그것은 주고객, 도서관의 후원자들, 지역 주민들, 새로운 이용자들 혹은 방문을 중단한 이전의 이용자들 중 누구인가? 이에 대해 "과거 비즈니스를 시작할 때는 유효했던 해답이 현재, 그리고 21세기에는 달라질 수 있다(Levinson, 1998, p. 36)." 하나의 목표에 한정시킬 필요는 없다. 사실 많은 도서관들이 다양한 고객층을 가지고 있기 때문에 주기적으로 이들 모두를 대상으로 마케팅해야 한다. 대학도서관들은 행정가, 교수(특히 신임 교수), 일반 직원, 학생, 나아가 일반인들에게도 홍보할 수 있다. 협회나 비영리단체 부설 도서관들은 회원이나 직원, 일부 일반인들, 기자, 그리고 다른 사서들에게 홍보할 수 있다. 법률도서관의 이용자들로는 변호사, 조수, 법원 직원, 기자, 다른 사서, 학생(법학 또는 다른 전공)이 있으며 때로는 일반인(카운티나 법원도서관의 경우)이 될 수도 있다. 병원도서관은 의사, 간호사, 직원, 환자, 가끔 일반인들이 사용한다. 정부기관 산하의 도서관들은 해당 기관의 직원, 일반인, 그리고 다른 사서들이 사용한다.

"고객들이 싫어하고 그들에게 필요하지 않은 것을 파악하고 이를 중지하는 일(Bell, 1998, p. 7)"도 중요하다. 이용자들이 원하고 요구하거나 중요하게 생각하는 점이 무엇인지 알아내는 방법은 많다. 조사나 설문은 집합적인 자료만을 제공할 뿐 충분히 깊이 있는 내용을 밝혀내지 못하므로 가장 쓸모가 적지만, 한편으로는 가장 쉽고 간단한 수단이기도 하다. 설문에 포함시킬 만한 내용들을 살펴보자.

직업상 담당 업무들을 나열하십시오. 실제 이용하는 서비스는 무엇이며 얼마나 자주 이용하십니까? 가장 관심 있는 주제는 무엇입니까? (피드백을 얻고 싶은 분야의 주제들을 나열하고 체크하게 하거나 순위를 매기게 할 수도 있다.) 정기적으로 읽는 책은 어떤 것들입니까? 사무실이나 집에서 주기적으로 사용하는 정보 소스는 무엇입니까? 도서관을 다른 사람에게 소개한 적이 있습니까? 그 이유는? 혹은 소개하지 않는 이유는 무엇입니까? 도서관을 이용하지 않을 때는 어디를 이용하십니까? 그 이유는 무엇입니까? 어떤 종류의 정보를, 어떤 목적으로 얻기 위해서 가십니까? 다른 정보 소스에 만족하십니까? 그 이유는? 혹은 만족스럽지 못한 이유는 무엇입니까? 최근에 정보가 필요했던 때를 생각해 보십시오. 필요한 정보는 무엇이었습니까? 그 목적은 무엇이었습니까? 어떻게 찾으셨습니까? 충분한 정보를 얻으셨습니까? 원하는 정보를 잘 찾는 편입니까? 필요한 정보를 찾을 수 없을 것이라든가 찾는 데 시간과 수고가 너무 많이 든다고 생각하여 정보를 찾거나 도서관을 방문하기를 포기한 적이 있습니까? 정보를 찾는 과정에서 시간이 지체되거나 짜증나는 일을 겪으신 적이 있습니까? 귀하를 위해서 도서관이 시행하거나 개선해야 할 점 가운데 가장 중요한 한 가지는 무엇입니까? 도서관의 서비스 평가 방법은 어떤 방식이 좋다고 생각하십니까? 이용자들이 스스로 컴퓨터 도서 검색을 할 수 있도록 이용자 중심의 서비스를 도입하는 일을 어떻게 생각하십니까? 사서가 찾아 준 정보의 분석 자료도 함께 원하십니까? 정보를 찾는 일을 사서에게 맡겼을 때 실제 시간이 절약됩니까?

포커스 그룹 조사도 유용한 방법이지만 상당한 전문성을 요구한다. 게다가 이미 알고 있듯이 상품의 구매자는 포커스 그룹이 아니라 한 명 한 명의 개별 고객이다. 또한 고객 관찰도 고객들이 무엇을 이용하는가를 밝히는 좋은 방법이기는 하지만 정작 고객들의 진정한 수요와 중시하는 가치를 알려 주는 정보는 얻을 수가 없다. 그나마 인터뷰 조사가 유용한 정보를 얻어 내는 최고의 방법이지만 시간이 오래 걸리며 제대로 하려면 경험과 교육이 필요하다. 그러나 서비스 품질 정보는 반드시 필요하며 이를 얻기 위한 최고의 방법이 바로 인터뷰 조사이다. 마지막으로 응답의 실효성을 확인하기 위하여 둘 혹은 그 이상의 방법과 질문을 혼합하는 다각적 검증(triangulation)이라는 기법이 있다. 바람직한 방법은 기관이나 지방자치단체의 주요 관심사를 알아보기 위한 조사를 먼저 실시하는 것이다. 그 다음에 기관의 임직원, 지방자치단체나 위원회에서 선택된 사람들을 대상으로 심층 인터뷰를 실시한다. 이때 도서관 이용자가 아닌 사람들도 꼭 포함시켜야 한다. 그들에게 왜 도서관을 이용하지 않는지 질문하라. 아마도 그들은 도서관이 있는지를 모르거나 도서관에서 무엇을 할 수 있는지를 모를 뿐만 아니라, 자신들이 필요할 때는 도서관 개관시간이 아니거나 도울 직원이 없는 것일 수도 있다. 아니면 단순히 자신들에게 필요한 것이 무엇인지 모르기 때문일 수도 있다. 도서관에는 자신들에게 필요한 것이 없다고 생각하는가? 어떤 이유로 경쟁자들을 선호하는가? 그리고 비용이 너무 높거나 가치가 너무 낮다고 생각하는가? (대부분의 경우에 이용자의 비용은 돈이 아니라 시간 기준으로 평가된다는 사실을 기억해야 한다.) 비이용자들이 도서관으로부터 멀어지게 된 이유가 과거에 경험한 서비스나 직원들 때문인가?

도서관 관련 서적의 상당수가 정보감사(情報監査, information audit)나 정보 요구분석에 관련된 내용을 다룬다. 현재 운영 중이거나 개관 예정인 도서관을 위해 종종 행해지는 요구분석은 간단한 질문들로 구성된 수동적인 조사 기법이다. 이 기법은 명확하고 구체적인 답변을 얻을 수 있으며 또한 내부 직원들에 의해 쉽게 실시할 수 있다. 반면에 정보감사는 현재의 정보 서비스를 평가하기 위하여 실시하며 주관식과 객관식 둘 다를 묻는 적극적인 기법으로서, 이용자와 비이용자들의 경향과 그들이 생각하는 개념 등을 조사한다. 정보감사는 내부 직원의 협력 하에 외부 전문가가 실시하는 것이 바람직하다.

먼저 정보감사에 대해 알아보자. 정보감사는 조직에서 요구하는 정보와 (도서관이나 다른 소스에 의해) 현재 제공되고 있는 정보, 그리고 이 둘 사이의 간극이나 불일치, 중복 등의 여부, 조직 내부의 혹은 외부로부터의 (그리고 외부로 나가는) 정보 흐름을 밝히고, "조직의 정보자산 관리와 공식적인 정보 정책 개발을 위한 전략적인 방향을 제공한다(Henczel, 2001, p. xxii)." "정보감사는 아무도 사용하지 않는 정보자산에 낭비된 시간과 자금을 밝혀 주고 왜 아무도 이 정보를 사용하지 않는지 그 이유를 알게 해 준다(Dobson, 2002, p. 32)." 정보감사에는 7단계가 있다. ① 기획 ② 자료 수집 ③ 자료 분석 ④ 자료 평가 ⑤ 권장사항 전달 ⑥ 권장사항 실행 ⑦ 이전 단계에 대한 지속적인 피드백 수집, 그리고 감사를 통한 변화와 효과의 측정이다(Henczel, 2001, p. 17).

고객정보 요구분석(CINA, Customer Information-Needs Analysis)은 이용자들의 도서관 이용 현황보다는 그들이 도서관을 이용하는 이유를 조사한다. "정보 요구분석을 통해 이용자들이 공통적으로 원하는 바를 이해하는 일은 개별 요구를 알아내는 것만큼 유용하다(Westbrook, 2001, p. 7)." 예산 책정, 예산 순위 결정, 예산 할당, 자원 배분, 변화 기획, 비전 설정 혹은 마케팅 지원 등 다양한 목적을 위해 요구분석을 실시할 수 있다. 이 조사의 숨겨진 혜택은 고객에 대해서 더 많은 정보를 얻을 수 있으므로 신뢰를 바탕으로 한 관계를 만들어

넬 수 있다는 점이다. 이 정보에서 알게 된 특정 고객들의 선택을 참고하면 다른 유사한 성향을 가진 고객들의 요구를 예상할 수 있다. 이 점은 아마존이나 반스앤노블과 같은 인터넷 서점들이 특정 주제의 책을 구매하는 고객에게 관련 도서를 추천하는 데 유용하게 사용되고 있다. 고객 요구 자료를 분석할 때, "모든 요구를 충족시킬 수는 없으며 그럴 필요도 없다(Westbrook, 2001, p. 7)"는 점을 기억해야 한다. 그보다는 도서관의 목표와 일치하는 요구를 알아내기 위해 노력해야 한다.

크리스 돕슨Chris Dobson은 고객정보 요구분석을 통해 정보 관련 문제점들을 조기에 파악할 수 있기 때문에 고객의 정보 요구를 분석하는 것을 '정보 점검(information checkup)'이라고 부르기를 좋아한다. 조사의 첫 번째 단계는 점검의 목적을 정의하는 일이다. 도서관 이용률이 하락하는가? 도서 구매를 위한 배경 자료가 필요한가? 팔리지 않는 상품이나 서비스가 있는가? 운영계획에 관한 의견이 필요한가? 타 부서와의 예산 확보 경쟁이 예상되는가? 다른 도서관을 대상으로 한 벤치마킹 계획이 있는가? "원한다 해도 첫 번째 점검에서 필요한 모든 답을 얻을 수는 없다(Dobson, 2002, p. 33)." 묻고 싶은 모든 사항을 적은 다음 순위를 부여하라. 포괄적인 질문들만 포함시키라. "프로퀘스트(ProQuest, 미국 정보 검색 서비스의 일종—역주)를 도입하기 원하십니까?"라 묻지 말고 "어떤 종류의 정보가 필요하십니까?"라든가 "컴퓨터 데이터베이스를 사용하는 데 어떤 문제가 있습니까?"라 물어야 한다. 그리고 해당 프로젝트를 승인해 줄 경영진의 지지를 얻어 내야 한다. 그러기 위해서는 "경영진이 이해할 수 있는 개념의 목표를 설정해야 한다. '장서개발 지침'보다는 '최대 요구 부문과 잠재적 투자 대비 수익 부문의 효과적 투자 방안 연구'가 낫다(Dobson, 2002, p. 33)." 그 다음, 전문가를 고용하고 예산을 확정하라. "전문가가 이미 알고 있는 사실만을 확정해 준다고 해도 전문가의 의견은 당신의 의견보다 큰 비중을 지닌다. 전문적인 조언과 의견에 대한 투자는 상당한 공신력을 확보해 준다(Dobson, 2002, p. 33)." 마지막 단계는 정보 수집이다. 인터뷰 조사의 이점 중 하나는 이를 통해 도서관에 대하여 가지고 있는 기존의 인식을 바꿀 수 있다는 점이다. 예를 들어, 이전에 필요한 문헌을 너무 늦게 제공받은 고객이 있다고 치자. 하지만 지금은 대부분의 문헌을 24시간 이내에 제공할 수 있다. 인터뷰를 하는 동안에 이러한 개선점을 알려 주면 아마도 그 고객을 다시 불러들일 수 있을는지도 모른다. 끝으로 조사를 실시하는 데 있어서 가능한 한 최고위층의 협력을 얻어 낼 수 있도록 하라.

고객에 맞게 특성화된 서비스를 제공하는 데 고객정보를 활용하라. "정보 제공의 미래는 확실하게 개인화된 정보의 흐름이다(Nicholas, 2000, p. 16)." 도서관장이 직접 손으로 쓴 편지, 도서관 프로그램으로의 개인적인 초대, 혹은 선호하는 작가와 주제에 관련된 새 책을 알리는 편지 등과 같은 인간적인 배려는 고객들이 가장 특별하게 생각하는 서비스이기 때문에 많이 할수록 좋다. 우수 이용자 혹은 우수회원 클럽에 대해 생각해 본 적이 있는가? 10회 이상 검색하거나 일정한 액수의 이용료를 지불한 고객에게 1회의 무료 검색을 제공할 수 있을 것이다. 혹은 일정한 대출량을 기록한 고객을 도서관 프로그램에 무료로 초대하는 방법도 있다. 이외에도 고객을 확보하는 방법은 무수히 많다.

고객과 관련한 다른 주제는 '고객훈련(이전에 서지교육이라고 불렸던)'이다. "우리는 고객들이 모르는 많은 지식을 갖고 있으며 때로 고객들은 우리의 전문적인 도움이 필요하다는 사실조차 모르는 경우가 많다(Shear, 2001, p. 14)." 도서관들은, 대학도서관들은 특히 더, 고객들이 스스로 정보를 찾을 수 있도록 가르쳐야 한다고 생각해 왔다. 그리고 지금은 거꾸로 고객들이 알아서 정보를 찾기 때문에 우리가 필요없게 되었다고 걱정한다. 그러나 아예 처음부터 존재하지 않는 정보들이 있다는 사실을 가르쳐 주어야 할 필요성은 여전히 존재한다. 어떤 고객이 한 시간 동안 인터넷에서 경쟁회사의 가격표를 찾다가 결국 못 찾은 적이 있다. 저자는 애초에 그런 가격표는 없다는 사실을 알고 있었다. 저자는 그에게 그의 회사가 가격표를 인터넷에 올리는지 물었다. 그는 "당연히 아니"라고 대답했다. 그런데 왜 경쟁회사는 올릴 것이라고 기대하는가? 사전에 저자에게 물었으면 아마 한 시간이나 낭비하지 않아도 되었을 것이다. 다행히 모든 고객들이 도서관의 역할에 대해 그렇게 무지하지는 않다. 조앤 시어*Joan Shear*에 따르면 "참고서비스를 가장 많이 이용하는 고객은 대개 검색기술이 매우 뛰어난 연구자들이다. 그 이유가 그 연구자들이 상당히 어려운 연구를 수행하기 때문일 것이라고 생각하기 쉽지만 실은 그 연구자들이 자신이 아직 모르는 많은 종류의 도구와 기법이 존재한다는 사실을 깨닫고 있을 만큼 경험이 많기 때문이다. 그래서 그들은 전문적인 사서들이 많은 도움을 줄 수 있다는 점도 잘 알고 있다(2001, p. 14)."

　　일반 기업의 도서관이든 아니든 간에 간부들과 임원진들의 정보 수요를 만족시키기는 쉽지 않다. 간부들은 시간을 매우 중요시하기 때문에 빠른 응대 능력이 도서관의 강점이 되며, 간부진을 대상으로 한 마케팅에서 이 점을 강조해야 한다. 긴 보고서로 그들의 시간을 낭비하지 말라. 시기적절하고, 잘 정리된(이전의 보고서나 도서관 예산으로 기대할 수 있는 수준에 비해서), 읽기 쉽고 믿을 수 있으며 정확한 보고서를 만들라(McKinnon and Bruns, 1992, p. 132).

　　마케팅 효과를 최대화하려면 시장이 여러 가지로 세분된다는 점을 알아야 한다. 고객은 지역별로(예를 들어 도시 지역 대 농촌 지역, 우편번호별, 부서별로), 인구통계학적으로(성별, 수입, 직업, 인종, 성별, 교육 수준, 종교별로) 혹은 행동에 따라(이용자 혹은 비이용자, 이용목적별로), 아니면 심리적으로(생활양식, 컴퓨터 사용 경험, 사회적 지위, 성격별로) 나눌 수 있다.

마케팅 P6 : 적절한 시기

적절한 상품이라 하더라도 적시에 마케팅을 하지 못하면 시간 낭비에 지나지 않는다. 마케팅은 너무 빠르거나(고객들이 상품의 필요성을 느끼기 전에) 혹은 너무 늦게(이미 다른 곳에서 구매한 후에) 이루어져서는 안 된다.

4. 언제 마케팅하는가

마케팅의 적절한 시기에 대해 의문을 갖고 있다면 그 해답은 간단한다. 그 답은 언제나이다. 현재 고객과 잠재 고객을 만나는 매 순간이 바로 마케팅을 위한 기회이다. "우리는 정보 전문가로서 그냥 참고데스크에 앉아서 다음 고객이 찾아와 질문하기만을 기다리기 십상이다. 이러한 태도는 회사(혹은 다른 모든) 도서관이 문을 닫게 만드는 지름길이다(Swart, 2000)." 고객이 원할 때, 즉 고객이 당신에게 도움을 요청하며 관심을 보일 때 즉시 마케팅을 해야 한다. 이 때 고객은 마케팅 메시지를 더 잘 받아들이게 되어 있다. 이러한 노력은 한 번에 그쳐서는 안 된다. 시장은 계속 바뀌는 경쟁자와 고객들로 인해 변화하게 되어 있다. "모든 판매가 마지막 판매다"라는 말을 들어 본 적이 있는가? 도서관은 고객을 응대하는 매 순간 새롭게 평가된다. 지금 고객이 아무리 만족했다 하더라도 ① 도서관의 존재와 ② 고객의 사업·취미, 그리고 문제를 도서관이 얼마만큼 도울 수 있는지 계속 상기시키지 않으면 곧 잊혀지고 말 것이다. 지속적인 마케팅은 그렇게 하지 않는 경쟁자들에 비해 한층 유리한 위치를 제공한다. 마케팅과 고객들에게 투자한 시간, 돈, 아이디어는 앞으로 펼칠 또 다른 마케팅 활동의 토대가 되기 때문이다.

"마구잡이식 마케팅은 시간낭비, 돈 낭비이다(Apelt, 2001, p. 17)." 마케팅과 서비스는 제로-베이스 예산처럼 운용되어야 한다. 매 캠페인마다 처음 실시하는 캠페인처럼, 서비스와 고객에 대한 시각을 원점에서 점검해야 한다. 과거에 효과가 있었다고 해서 다시 같은 효과를 거둘 수 있다고 속단해서는 안 된다. 상품이나 서비스가 여전히 경쟁력이 있으며 가격은 적절한지 확인해 보아야 한다.

마케팅은 도서관장이나 고객과 대면하는 직원들만의 책임이 아니다. 사서는 물론이거니와 일반 직원까지도 궁극적인 활동의 목표가 고객 만족에 있다는 사실을 명심해야 한다. 마케팅 기법 중에 교차판매(cross-selling)라는 기법이 있다. 교차판매란 고객에게 하나의 상품이나 서비스를 판매할 때 함께 이용할 수 있는 관련 상품이나 서비스를 소개하는 것이다. 예를 들어, 온라인 검색 결과와 함께 도서대출 양식이라든가 원문제공 신청서를 보내거나 책을 전할 때 같은 주제를 다룬 도서목록을 함께 보내는 식이다. 대형 도서관의 경우에는 단순히 "이 책이 마음에 드신다면 아래 분류번호로 검색하시면 비슷한 내용의 책들을 찾아보실 수 있습니다"라는 편지를 동봉할 수도 있다. 이러한 교차판매라는 개념에 대해 조금만 연구를 해 보면 곧 좋은 마케팅 기회들을 찾을 수 있을 것이라고 확신한다. 아니, 어쩌면 당신은 이미 그러한 마케팅 기회를 찾고 있는지도 모른다.

5. 어디에 마케팅하는가

마케팅의 최우선 순위는 소속 조직이나 지역사회 내에 있는 현재 고객과 잠재 고객들이 되어야 한다.

도서관을 후원할 수 있는 사람들을 대상으로 마케팅하라. 그들이 도서관의 서비스를 이용하게 하는 것도 필요하지만 그들의 재정적 후원도 필요하다. 도서관을 이용하지만 도서관을 후원할 수 없는 사람들에게 마케팅하라. 일부 서비스를 무료로 제공할 수 있다면(도서관 규정에 따라 다르겠지만) 이들에게는 도서관과 그 서비스가 필요할 것이다. 언젠가는 이들도 도서관을 후원해 줄 수 있을지 모르기 때문에 이들에게 도서관의 역할을 각인시킬 필요가 있다. 도서관을 후원할 수 있지만 이용하지는 않는 사람들에게도 마케팅하라. 도서관은 그들에게 제공할 자원이 있고 그들은 후원을 제공할 수 있다. 후원도 해 줄 수 없고 이용하지도 않는 사람들에게도 마케팅하라. 그들에게는 도서관이 필요하고 그들이 성공하게 되면 도서관이 준 도움을 기억하고 도서관을 후원할 것이다. _ Hurst, 2001a, p. 6.

영리단체에서는 도서관의 상품과 서비스가 가져다주는 약한 효과(시간 절약, 효율, 협조 등)는 축소하고 강한 효과(비용 절감, 마케팅 소요시간 단축, 인력 감축, 보험 비용 증가 방지, 불필요한 병원 검사와 접수 감소)를 강조해야 한다. 성과를 보고할 때는 그것을 증명하는 확실한 자료를 갖고 있어야 하며 이에 대해 분명히 요구받게 될 것이다. 보고나 보고서는 간략하게 핵심적인 내용만을 정리하되 도서관 관련 전문용어는 사용하지 말아야 한다. 반면에 비즈니스 전문용어는 많이 쓸수록 좋다. 최근 화두가 되고 있는 사업 관련 유행어를 포함시켜서 자신이 관리하는 도서관이 시대에 뒤떨어지지 않았다는 점을 알리라.

일부 전문도서관은 조직 외부의 고객들에게도 마케팅을 펼친다. 이러한 잠재 시장의 하나는 도서관이 소속된 기업의 고객들이다. 내부 고객을 위해 실시한 온라인 검색 자료를 재포장하여 외부 고객들에게 자료 목록이나 정보 패키지로 판매할 수 있다. 요약본이나 분석 자료, 혹은 문헌 사본도 판매할 수 있다. 이때 반드시 검색 서비스나 데이터베이스 작성자를 포함한 저작권자들의 허락을 얻어야 한다. 병원이나 법률도서관의 경우는 온라인 자료나 원문제공 서비스를 외부 의사들이나 변호사들에게 요금을 받고 제공할 수 있다. 서비스를 외부 고객들에게 판매할 때 얻을 수 있는 이점 중의 하나는 도서관이 비용 지출 기관에서 수익 기관으로 바뀔 수 있다는 점이다. 이것만으로도 구조조정이나 불경기 때 도서관을 유지하는 데 도움이 된다. 또한 회사의 고객들에게 뛰어난 서비스를 제공함으로써 회사의 이미지를 개선시키고 이를 통해 도서관 자체의 이미지와 회사 내 도서관의 위상도 높일 수 있다.

6. 어떻게 마케팅하는가

마케팅은 어렵지 않다. 다시 말하는데, 마케팅은 어려운 일이 아니다. 조직과 약간의 좋은 아이디어만 있으면 된다. 조직은 당신의 도서관에서 만들어야 하지만 이 책에서 많은 아이디어를 찾을 수 있다. 도서관마다 다른 특수한 환경 때문에 모두 효과가 있지는 않겠지만 적어도 몇 가지는 시도해 보기를 바란다.

랑가나단과 마케팅

S. R. 랑가나단*S. R. Ranganathan*이 쓴 『사서 업무의 5가지 법칙*Five Laws of Librarianship*』을 도서관 마케팅에 적용해 보자(Jain et al., 1999, p. 6).

> 첫 번째 법칙 _ 책은 이용하기 위한 것이다(책의 이용을 극대화하라).
> 두 번째 법칙 _ 모든 독자에게는 필요한 책이 있다(독자가 근본이며 그들의 요구
> 는 충족되어야 한다).
> 세 번째 법칙 _ 모든 책은 그것이 필요한 독자가 있다(책에 맞는 독자들을 찾으
> 라).
> 네 번째 법칙 _ 독자의 시간을 절약하라(독자가 원하는 정보를 즉시 찾을 수 있도
> 록 정리하라).
> 다섯 번째 법칙 _ 도서관은 성장하는 유기체다(전체적이고 혁신적인 성장에 집
> 중하라).

위의 글에서 '책'을 '도서관의 자원'으로 바꾸고 '독자'를 '고객'으로 바꾸면 곧 기본적인 도서관 마케팅 계획의 기초가 된다.

도서관의 자원은 이용하기 위한 것이다

랑가나단의 첫 번째 법칙에 함축된 의미는 자원이 사용되지 않고 있다면 그것을 없애든지 사용할 수 있도록 마케팅해야 한다는 말이다. 충분히 활용되지 않고 있다고 생각하는 서비스들을 검토해 보자. 이들이 고객에게 정말 필요한가? 그렇지 않다면 폐기해야 한다. 거의 모든 도서관들이 "그저 예전부터 해 왔다"는 이유만으로 하는 일들이 있다. 아무도 읽지 않는 보고서를 만드는

사서들도 있다. 어떤 서비스를 중지했는데 고객들이 이에 대해 불평할 경우에는 언제든지 재개할 수 있다. 반면에 반대하는 사람이 없다면 이것은 원래부터 쓸모없는 서비스였다는 증거이다. 최고라고 생각하는 상품이나 서비스가 이를 지속할 수 있을 정도로 이용되지 않고 있다면 어떻게 해야 하는가? 변화를 주어야 한다. 뭔가를 더하거나 빼고 다시 포장하라. 그런 다음 이들을 고객들의 마음속에 다시 주입시켜야 한다. 바뀐 점에 중점을 두어 새로운 상품으로 마케팅하라. 기존의 서비스를 새로운 고객들에게 확대시키라. 현재의 서비스보다 한 단계 앞선 서비스를 판매하라. 일부 서비스를 해체하고 각각 새로운 서비스로 재포장하라.

혹시 필요할지 몰라서 "만약에 대비하여(just-in-case)" 책을 구비하는 시대는 지났다. 현재 대부분의 도서관은 '적시(適時, just-in-time, 도요타의 재고관리 시스템에서 나온 용어로서, 충분한 재고를 계속해서 쌓아 놓는 대신에 정확한 수요 예측을 바탕으로 필요한 재고만을 즉시 조달하는 시스템－역주)' 구매 방식(대형 연구실 도서관은 다르지만 이들조차도 변화하고 있다)을 채용하고 있다. 이용하는 사람이 없는 책은 없애야 한다. 이미 폐기한 책을 고객이 찾을 경우에는 언제든 다른 도서관으로부터 조달할 수 있다. 필요없는 서비스를 모두 중지해야 한다는 말은 반대로 현재 실시 중인 모든 서비스를 마케팅해야 한다는 사실을 뜻한다. 대개 우리는 당장 눈에 보이는 것만 홍보하는 경향이 있다. 고객에게 인터넷, 상호대차, 타 도서관과의 상호대출 특권, 그리고 다른 도서관 사서와의 네트워킹 등을 통하여 접근할 수 있는 모든 정보원에 대해 알려야 한다. 또 도서관 웹사이트를 통해 요약한 책 내용을 제공할 수도 있다. 다만 이로 인해 고객들에게 도서관에 갈 필요가 없다는 인식을 심어 주는 실수를 저질러서는 안 된다. 적극적인 자세로 임해야 한다. 최근의 미국도서관협회(ALA,

American Library Association) 캠페인, '@ Your Library'는 "기본적으로 수동적인 자세를 취하고 있다. 이 말은 뭔가 좋은 것이 있을지도 모르니 시간이 되면 방문해 달라는 말이다(Sass, 2002, p. 38)." 서비스를 이용하도록 고객들에게 권장하거나 더 나아가 그들을 자극해야 한다. 도서관 서비스 없이는 업무를 효과적으로 할 수 없다는 생각을 심어 주어야 한다.

모든 고객들에게는 필요한 도서관 자원이 있다

고객이 원하는 것들을 갖추고 제공하며 이를 마케팅해야 한다. 단순한 이용자 설문조사만으로는 부족하다.

조직 내의 모든 부서를 출입할 수 있는가? 조직 내의 모든 장소를 출입할 수 있는가? 모든 부서장과 총무담당 직원들에게 도서관의 서비스를 소개하는 이메일을 보낼 수 있는가? 입사기념일이라든가 성과에 대한 축하편지를 보낼 수 있는가? 타부서의 허락 하에 해당 부서의 회의에 참석할 수 있는가? 그렇다면 그 구성원들을 만날 기회를 얻을 수 있을 뿐만 아니라 그 부서의 이슈나 문제, 진행 중인 프로젝트에 대한 정보를 먼저 얻을 수 있다. 신입사원들을 만나거나 그들과 연락할 수 있는가? 신입사원들은 그들이 입사한 회사에 대해 좀 더 알기 위하여 기존의 사원들을 만나고 싶어한다. 당신이 그들을 찾아온 몇 안 되는 기존 사원 중의 한 사람이라면? 당신을 알릴 수 있을 뿐만 아니라 그들에게 당신과 도서관에 대해 긍정적인 인상을 심어 줄 수 있을 것이다. 모든 직원들을 접촉하여 도서관에서 필요한 것이 없는지 물을 수 있는가? 불가능하게 들리지만 먼저 기존 고객들에게 연락해 보면 어떨까? 이들과의 대화 도중에 소속 부서의 다른 사람 중에서 도서관이 필요할 만한 사람이 있는지 알아보고 그와 접촉할 수 있을 것이다. 소개를 받고 연락을 하면 소개한 사람으로 인해 '친근한' 느낌을 줄 수 있으므로 이를 '친근한 전화(warm call, 반대는 낯선 전화 'cold call')라고 부른다. 전 직원에게 사내 메일로 도서관에 대한 판촉물을 보내는 대신에 출근 시간에 회사 입구에서 나누어주는 것은 어떤가? 그렇게 하면 당신은 도서관하면 떠오르는 사람이 될 것이다. _ Hurst, 2001a, p. 7.

고객을 만족시키는 것만으로는 부족하다. 그들을 '즐겁게' 만들어 주어야 한다. 기대 이상의 서비스를 제공하라. 해리 벡위드는 "단순히 시장이 원하거나 요구하는 것을 만들지 말라. 그들이 **사랑하게 될 것을 만들라**(1997, p. 20, 굵은 글씨는 저자 강조)"라고 말한다. 예를 들어보자. 공공도서관은 10대를 위해서 만화책을 구비할 수 있다. 기업도서관은 도시의 지도나 여행 정보를, 법률도서관이나 병원도서관은 최신 법률과 의학 정보를 제공할 수 있다. '서지사항 전체를 원함', '요약본만을 원함', '큰 사이즈로 인쇄해야 함', '미스터리를 좋아함', '프랑스어는 읽지만 독일어는 못함'처럼 이용자의 기호에 대한 파일을 작성하라. 이 고객카드는 수첩이나 컴퓨터 파일로 만들 수 있으며 고객을 응대할 때는 항상 참조해야 한다. 이러한 맞춤 서비스는 고객이 원하는 바를 정확히 알고 이를 제공할 때 이루어진다. "대량 맞춤 서비스는 이러한 과정을 자동적인 업무로 처리하여 모든 고객에게 제공하는 것이다(Peppers and Rogers, 1997)." 도서관에 어떤 변화나 새로운 사항이 생길 때마다 이를 고객들에게 알리라. 소식지와 게시판을 만들고 광고를 하거나 광고지를 발송하라. 그리고 전화 응대 메시지나 이메일 서명란에 이 내용을 포함시키라. 그리고 소문을 내라!

모든 도서관 자원은 그것을 원하는 고객이 있다

도서관의 모든 자원은 고객의 마음에서 일정한 포지션(position)을 차지

한다. 알 리스*Al Ries*와 잭 트라우트*Jack Trout*(1981, pp. 193~200)는 포지셔닝 (positioning)에 대한 몇 가지 질문사항을 제공한다. 여기에 도서관에 해당하는 내용을 덧붙여 보았다(알 리스, 잭 트라우트, 『포지셔닝』, 을유문화사).

1) 어떤 포지션을 갖고 있는가? (책, 오래된, 고리타분한, 시대에 뒤떨어진)

2) 어떤 포지션을 갖기를 원하는가? (최신의, 선견지명의, 리더, 해답, 해결책)

3) 누구를 능가해야 하는가? (정보기술 사원, 인터넷, 동료)

4) 충분한 자금을 가지고 있는가? (경영진이나 이사회가 충분한 지원을 하고 있는가? 직원들은?)

5) 과감하게 나설 수 있는가? (실패할 위험도 감수할 수 있는가? 만일 실패한다면?)

6) 당신은 그 포지션에 부합하는가? (충분히 창조적이고 진취적인가? 고객의 높은 기대감을 충족시킬 수 있는가?)

"포지션은 수동적인 단어이다. 시장이 그것을 결정해 주기 때문이다 (Beckwith, 1997, p. 112)." 스스로 생각하는 자신의 위치가 아니라 고객들이 생각하는 당신의 위치가 중요하다. 마케팅을 통해 이러한 포지션을 변화시킬 수 있다. 업무 중에서 가장 어려운 부분(혹은 고객들이 가장 어려워하는 일)을 선택하고 그 분야에서 전문가로서의 입지를 확보하라. 이를 통해 다른 정보 제공자들(경쟁자들)에 비해 강력한 경쟁력을 가질 수 있다. 모든 것에 대해서 전부 아는 것과 모든 이에게 모든 것을 제공하는 일은 더 이상 불가능하다. "중요 사안에 집중하면 고객들의 마음속에 있는 회사의 위상에 대한 인식을 4가지 다른 방식으로 개선시킬 수 있다."

1. 전문가 효과 : "모든 사람들이 일반의보다 전문의가 특정 영역에 대해 더 잘 안다고 생각한다." 그것이 사실인가 아닌가는 중요하지 않다. 인식이 곧 현실이다.

2. 리더십 효과 : "리더십 자체만으로도 비즈니스에 있어서 가장 강력한 동인(動因)이 된다." 리더는 최고여야 한다. 대개 한번 리더는 계속 리더로 남는다.

3. 가격 효과 : 가격이 비쌀수록 더 좋은 것임에 틀림없다. "비싼 가격이 반드시 부정적이지는 않다."

4. 이름 효과 : "좋은(혹은 나쁜) 이름이 가지는 가장 확연한 특징은 그 소리이다."

_ Ries, 1996, pp. 90~93.

잭 트라우트와 스티브 리브킨*Steve Rivkin*(1996)은 스스로를(혹은 두서관을) 오직 하나의 이미지와 일치하도록 포지셔닝하라고 제안한다. Zerox는 복사를 뜻한다. FedEx는 익일배달이라는 이미지를 **소유**하고 있고 Scotch는 테이프와 동일한 의미를 가진다. 비록 많은 분야에 우수하다 하더라도 한 번에 하나의 분야에만 집중하라. 그렇지 않으면 고객들을 혼동시키거나 마케팅 프로그램의 효과를 희석시킬 위험성이 있다. 다른 상품이나 서비스를 강조하려면 다른 시기에 다른 형태의 마케팅 캠페인을 실시해야 한다. "한 가지를 알렸으면, 계속 반복해서 그것만 알려라(Beckwith, 1997, p. 175)."

강점을 지닌 상품이나 서비스에서 멀어지는 바람에 포커스를 잃어서는 안 된다. 뛰어난 온라인 검색 서비스로 유명하다면 갑자기 고객들이 스스로 검색하게 하는 서비스를 도입한다든가 하는 결정은 하지 말라. 최고의 서비스를 포기해 버리면 고객들이 갖고 있던 당신의 가치에 대한 인식이 약화된다. 포커스를 상실하는 또 다른 요인은 새로운 상품이나 서비스를 너무 많이 추가하는 일이다. 어떤 분야(원문제공 같은)에서 뛰어나지 못하다면 아예 하지 말라. 잘

할 수 있는 일만 실행하라. 감당할 수 있는 지리적 범위를 벗어나도 포커스를 잃을 수 있다. 뛰어난 시립도서관이 뛰어난 국립(혹은 주립)도서관이 될 수 있을까? 힘들 것이다. 다른 지역(혹은 문화)권으로 들어가는 일은 대단히 위험하다. 새로운 문화를 이해할 수 있는가?

작은 도서관이라면 그 크기를 부끄러워하거나 감추려고 할 필요가 없다. 오히려 소규모라는 사실을 강점으로 만들어야 한다. 특히 일인도서관인 경우에는 더 그러하다. 혼자서 모든 일을 처리하기 때문에 고객들의 필요와 기호에 대해 정확하게 알 수 있다. 이를 통해 고객 특성에 맞는 서비스를 제공하고 조직이나 지역사회의 상황 변화에 빠르게 대응할 수 있는 좋은 위치를 확보할 수 있다.

리포지셔닝(repositioning)은 오래된 포지션이나 인식을 새롭게 신세대에 맞는 포지션으로 옮기는 작업이다. 당신의 도서관을 오직 하나의 단어로 표현해야 한다면 어떤 단어를 사용할 것인가? 많은 고객들은 **책**이라고 하겠지만 도서관은 그보다 훨씬 많은 것들을 가지고 있다. 일부 사서들은 **서비스**라고 할지 모르지만 이것도 충분치 않다. **정보**는 어떤가? 이 말이 더 정확하고 폭넓으며 활용 가능한 모든 정보 미디어와 자원을 포괄하고 있다고 할 수 있다. 그러나 불행하게도 컴퓨터 업계가 이미 이 단어를 선택했고 이것이 우리가 차지하고 싶은 위치도 아니다. 개인적으로 도서관을 표현하는 하나의 단어는 **해답**(answers)이나 **해결책**(solutions)이 되어야 한다고 생각한다. 결국 이것이—의문에 대한 해답, 문제에 대한 해결책—고객들이 우리를 찾아오는 진정한 이유다. 그리고 이것이 우리가 고개들의 마음속에서 차지하고자 하는 위상이다. 당신의 도서관이 최고의 비즈니스 서적 관련 도서관으로 알려졌다고 가정해 보자. 곧 당신은 유료 서비스, 인터넷 교육, 그리고 다른 영역으로 서비스를 늘려

갈 것이다. 그러나 이들 영역에서는 크게 성공하기 힘들다. 이제 고객들은 당신의 비즈니스 서적 관련 전문성도 의심하기 시작한다. 다시 당신의 도서관을 바로 그 비즈니스 서적 전문도서관으로 인식시켜야 할 때가 된 것이다. 새로 도입한 서비스와 실패한 서비스들을 중지하거나 유료 서비스 부문 등으로 묶어서 그 분야에서 최고가 되도록 노력해야 한다. 처음부터 새로운 서비스들을 묶는 새 브랜드를 사용했다면 이러한 상황을 피할 수 있었을 것이다. 실제 예를 살펴보자. **리바이스**는 **청바지**를 뜻한다. 그들은 좀 더 고급스러운 제품을 출시하면서 이를 차별화하기 위해 다커스(Dockers)라는 브랜드를 만들었다. 그 결과 두 브랜드 모두 성공적으로 판매가 이루어졌다.

모야 럼*Moya Lum*(2000, p. 12)은 AMP도서관의 리포지셔닝에 대한 이야기를 들려 주고 있다. "1998년 11월부로, AMP의 정보도서관서비스(ILS, Information & Library Service)는 폐지되었다. 그중 일부만이 남아 AMP 기업리서치센터가 되었다." 그리고 지식관리 담당자가 새로 들어왔다. "우리는 이용자들에게 정보와 지식관리, 데이터베이스 기획과 개발의 전문가이자 **해결책 제공자**로 자신을 각인시켰다(굵은 글씨 저자 강조). 기업리서치센터와 그 직원들은 누군가 와서 우리의 가치를 입증하라고 요구하기를 기다리지 않고 밖으로 나가 고위 경영진들을 만날 때마다 지속적으로 우리의 가치를 증명해 보였다." 그들은 끊임없이 개선하고 융통성을 키웠으며 생존을 위해서 "과감하게 낡은 운영방식을 포기"했다. "전문도서관으로서 우리의 핵심 임무는 우리의 모(母)기관의 요구를 충족시키는 것이라는 사실을 결코 잊지 않았다"고 럼은 말한다.

도서관의 자원을 마케팅하는 또 다른 방법은 브랜드화(化)다. 대부분의 도서관은 브랜드, 즉 지속적인 이미지나 스타일을 가지고 있지 않다. 브랜드화는 자신의 이름과 아이덴티티를 고객에게 인식시키는 방법이다. 고객의 마음속에서 브랜드는 가치에 대한 약속이자 보증을 뜻한다. 고객들이 "그 도서관에서 하는 거라면 분명 좋을 것이다"라고 생각하게 해야 한다. (브랜드 '보증'의 잘못된 경우로는 인터넷이 있다. 사람들은 무조건 "인터넷에 나온 거라면 맞을 거야"라고 생각한다.) 브랜드는 그 상품이나 서비스가 나온 근원(도서관)으로써 상품이나 서비스를 식별하게 한다. 도서관에서 제공하는 모든 상품을 비슷한 외양으로 만들면 보기 좋을 뿐만 아니라 "아주 전문적으로 보일 수 있다 (Chochrek, 2000, p. 34)." 도서관에서 나오는 모든 상품에 적어도 이름, 전화번호, 그리고 웹사이트 주소를 명기하라. 모토, 슬로건, 마스코트 혹은 다른 그래픽을 가지고 있다면 그것도 함께 포함시키라.

고객의 시간을 절약하라

사서들이 주장하는 가장 일반적인 도서관의 혜택은 더 좋은 정보를 더 싸게, 그리고 더 빠르게 제공한다는 것이다. 저자는 이것을 사서들의 주문(呪文)이라고 부른다. 더 좋다는 표현은 주관적이므로, 더 싸다는 말은 대개의 도서관들이 (직접적으로는) 요금을 받지 않으므로 의미가 없지만 빠르다는 말은 측정 가능한 혜택이다. "더 빠르다는 말은 이제 충분하지 않다. 즉각적이고 동시에 얻을 수 있는 것들에 대한 추구는 1990년대에 행해지는 원탁의 기사의 성배 탐색에 비유할 수 있을 정도로 중요한 의미가 되었다(McKenna, 1997, p. 1)." 레지스 맥케너*Regis McKenna*는 "리얼타임이라는 말은 생각과 행동, 실행과 결과 사이에 가능한 가장 짧은 순간을 의미하게 되었다. 비즈니스 환경에서 리얼타임은 고객들의 셀프 서비스와 그에 따른 자기만족에서 경험할 수 있다. 고객들은 누군가에게 주문할 필요가 없기 때문에 즉각적으로 원하는 것을 얻을 수 있다"라고 썼다(p. 6). 이것이 바로 고객들이 도서관에 바라고 요구하는 점이다. 다국적 기업에 속한 도서관들에서는 이것이 가능하다. 직원들이 24시간 교대근무로 일하는 공공도서관도 가능한 일이다. 이들보다 규모가 작은 도서관들은 인터넷이나 자동응답 전화 혹은 이메일을 통해 가상의 참고데스크를 만들 수 있다. 이를 통해 즉시 답변을 받을 수는 없을지 모르나 고객들은 묻고 싶은 내용을 바로 전송할 수 있고 사서는 이에 대해 해답을 구하는 대로 회신할 수 있다. 또 다른 실용적인 해결법으로는 웹사이트에 FAQ 메뉴를 만들거나 질문/답변 게시판을 운영하여 고객 스스로 해답을 찾을 수 있게 하는 것이다. 끝으로 온라인 토론 그룹이나 전문가 네트워크를 구성하여 고객들이 같은 조직이나 지역사회에 속한 다른 고객에게 도움을 받을 수 있게 함으로써 도서관의 전문성을 확장시키는 효과를 얻는 것도 생각해 볼 만한 방법이다.

원문제공 서비스에 있어서 시간 절약의 필요성은 자명하다. 검색, 특히 온라인 검색의 경우도 마찬가지다. 정보를 빨리 찾으려면 ① 어디에서 찾아야 하는지 ② 어떻게 찾아야 하는지 ③ 아니면 인터넷을 사용하지 않아도 되는지를 알고 있어야 한다. 시간을 절약시켜 주는 일부 요소는 명확히 드러나지 않지만, 고객들에게 컴퓨터 사용법이나 도서관 자료 검색법을 가르쳐 줌으로써 그들이 해답을 찾는 시간을 줄여 줄 수 있다. 도서관 자산의 이용법과 특정 분야에 더 적당한 수단이 무엇인지와 자료 검색에 도움이 되는 요령들을 고객들에게 알리라. 엔지니어들에게 필요한 공학 부문 색인이라든가 공공도서관에서의 인문학 부문 색인처럼 많이 이용하는 데이터베이스에 대한 안내 프로그램을 제공한다면 얼마나 많은 시간을 절약할 수 있을지 생각해 보라. 대부분의 경우에 이러한 작업은 비용이 들지 않으며 사용자들(그리고 후원자들)의 마음속에 도서관에 대한 이미지를 고양시킬 수 있다. 고객들이 자료를 찾느라 시간을 낭비하고 있는가? 혹은 당신과 다른 직원들이 어떤 자료가 어디 있는지에 관한 질문을 늘 받고 있는가? 그렇다면 도서관 내 안내표지들을 점검해 보아야 한다. 실제 도서관에 안내표지가 얼마나 부족하고 또 잘못된 위치에 있는지 알면 놀랄 것이다. 직원과 고객이 대면하는 장소들—대출데스크, 정보검색대, 참고데스크—을 점검하고 명함과 팸플릿도 확인하라. 이들 모두가 눈에 띄며 읽거나 알아보기 쉬운가? 또 친근한 느낌을 주고 현재 상황에 맞는가? "어떻게 이 모든 부분에서 고객에게 **확실한** 인상을 남길 수 있을까 자문하라. 그리고 보완해야 할 부분이 있다면 **확실하게 개선하라**(Beckwith, 1997, p. 51)."

도서관은 성장하는 유기체다

도서관 운영에 있어서 변하지 않는 하나의 사실은 모든 것은 변화한다는 점이다. 상품과 서비스를 항상 이러한 변화에 맞추어 나가야 한다. "항상 새로운 아이디어를 내고 서비스를 순환시켜서 도서관으로부터 얻는 정보가 언제나 새롭다는 느낌을 주도록 해야 한다. 변하지 않는 서비스는 최소화하라(Chochrek, 2000, p. 33)." 고객의 수요에 어떤 변화가 있는지 주기적으로 조사하라. 고객들이 도서관의 장점과 단점을 평가하기 쉽도록 만들라. 모든(혹은 무작위로) 외부 발송물에 고객 평가 카드를 동봉하라. 이때 고객이 기입해야 하는 사항은 최소화해야 한다. 고객의 이름과 부서, 그리고 날짜는 미리 기입해 놓도록 한다. 카드의 뒷면에 회신 주소를 인쇄하여 고객은 그냥 우편함에 넣기만 하면 되도록 하라. 우편으로 나가는 발송물일 경우 반송 우표도 미리 붙여 놓는다면 회신율이 한층 높아질 것이다. 〈표 2-2〉는 고객에게 발송할 수 있는 고객 평가 카드의 샘플이다. 체크박스를 사용하면 고객이 답변을 써 넣어야 하는 경우보다 더 높은 회신률을 기대할 수 있다. 그리고 '기타 의견' 자리를 항상 넣어서 추가적인 정보나 우호적인 평가 등을 얻을 수 있도록 하자.

성공적인 마케팅을 위한 처방

∾

시드니 리스우드 도서관(Sidney Liswood Library)

마운트 시나이 병원(Mount Sinai Hospital), 토론토, 온타리오, 캐나다

샌드라 켄달*Sandra Kendall*이 병원도서관을 관리한 지 1년이 되었다. "지금이 '연간 평가'를 해 볼 좋은 때라고 생각했다. 우리의 자원, 도서관 서비스, 그리고 직원들의 기술은 소규모 병원도서관으로서는 충분하다고 판단했다. 그러나 어떻게 하면 더 나아질 수 있는가? 어떻게 병원 내에서 도서관이 더 눈에 띄게 할 수 있을까(Kendall and Massarella, 2001, p. 29)?" 그녀는 각 과(課)의 책임자들을 찾아가 그들이 도서관에 바라는 점을 물었다. 그 결과 이용자들이 도서관이 새로 구입한 많은 도서에 대해서 전혀 모르고 있다는 사실을 알고 놀랐다. "이용자들에게 우리의 업데이트된 업무 능력과 서비스를 다시 소개해야 한다는 점을 알게 되었다. 병원도서관으로서의 위상을 성공적으로 재정립하기 위해 우리는 심사숙고하여 전략을 짜냈다(p. 30)." 켄달과 직원들은 고객들에게 편안한 공간이 되도록 도서관의 인테리어를 바꾸는 일부터 시작했다. 다른 부서의 협조를 얻어서 비용을 들이지 않고도 도서관 독서실 한쪽에 컴퓨터실을 만들 수 있었다. 그들은 도서관의 변화에 대해, 그리고 그 변화에 대한 단골 도서관 이용자들의 의견과 함께 병원 소식지의 기사로 알리고 웹사이트에도 별도 메뉴로 이 내용을 올렸다.

사서들은 또한 간호과에서도 도서관을 많이 이용하지만 적절한 지원을 받지 못했다

는 사실을 알게 되었다. 간호업무 관련 질문, 교육 모임 그리고 타 도서관으로부터의 대여 등의 비율이 도서관 전체 이용현황에서 차지하는 비중이 높아져 가고 있었다. 켄달은 간호과 전용 인트라넷 사이트 개발을 포함하여 간호과를 위한 장서개발 계획을 작성했다. 그녀는 간호 관련 자료들을 홍보하고 그 이용법을 교육시킨다는 조건 하에 도서 구입에 필요한 자금을 지원받을 수 있었다. "준비가 다 끝났을 때, 도서관 웹사이트에 'e-nursing'이라는 버튼을 삽입하여 바로 간호과 메뉴로 이동할 수 있도록 하였다(Kendall and Massarella, 2001, p. 30)." 그녀는 간호사 한 명을 대동하고 각 간호현장을 방문하여 새로운 사이트에 대한 홍보와 교육을 실시했다. "간호사들이 일하는 현장으로 직접 찾아감으로써 환자들을 보살피는 그들의 업무를 더 잘 이해하게 되었고 그에 따라 우리의 프레젠테이션 내용도 바꾸어가면서 e-nursing이 간호사들에게 꼭 맞는 도구임을 강조했다(p. 31)."

이러한 리포지셔닝 계획을 시작한 후로 도서관은 직원을 늘리고 50% 증가한 예산도 받게 되었다. "우리는 다른 부서들로부터도 e-nursing처럼 자기 부서에 맞는 사이트를 만들어 달라는 요청을 많이 받았다. 그래서 병원 웹사이트에 고객 중심의 원스톱 메뉴를 추가하는 일련의 작업 절차를 만들기 시작했다." 지금 이들은 직원 연수시에 단순히 도서관만 보이는 데 그치지 않고 자신들의 웹사이트 서비스에 대한 정보를 소개하며 인턴 교육 프로그램에도 참가하게 되었다. "시드니 리스우드 도서관은 이제 물리적인 공간이 아니라 컨텐츠 공급자로서 인식되고 있다(Kendall and Massarella, 2001, p. 32)."

또 하나의 평가 양식은 대출데스크에 놓아 두어도 되고, 더 바람직하게는 도서관을 나가는 고객에게 직접 전달해도 된다. 〈표 2―3〉이 관내 고객 평가 양식의 샘플이다.

기존의 상품이나 서비스가 고객의 호응을 얻지 못한다면, 경쟁자에게 추월당하여 어렵게 얻은 선도적인 이미지가 퇴색되지 않도록 재빠르게 다른 조치를 취해야 할 것이다. 그 다음 완전히 새로운 상품이나 서비스를 선보이라. 위에서 예로 든 검색 서비스가 뛰어난 도서관이라면 가상 답변센터를 만들어 보는 것은 어떤가? 그리고 새로운 서비스에는 새 이름을 붙여야 한다. 예를 들면, 'Answers at Your Fingertips'처럼 말이다.

창조적인 마케팅

모든 종류의 마케팅에는 상상력과 창의성이 필요하다. 자료만 입력하면 정답을 알아낼 수 있는 '마법의 공식'은 존재하지 않는다. 제이 콘래드 레빈슨 *Jay Conrad Levinson*은 마케팅에 있어서 창의성을 높일 수 있는 몇 가지 제안을 했다(1998, pp. 50~52). 먼저 고객이 흥미를 가질 만한 상품이나 서비스를 하나 구상한다. 그 다음, "고객들이 흥미를 가지리라 상상한 부분을 의미 있는 혜택으로 바꾼다. (중략) 제공할 수 있는 혜택을 최대한 신뢰성 있게 기술한다." 긍정적인 부분에만 집중해도 괜찮지만 그렇다고 과장하거나 거짓말을 해서는 안 된다. 아무도 속이려 해서는 안 된다. 다음으로 사람들의 주의를 끌 수 있는 마케팅 자료를 기획한다. 제아무리 아름다운 광고지라 할지라도 읽지 않으면 아무 소용이 없다. 이를 통해 "사람들이 능동적으로 이끌리도록 자극할 수 있어야 한다." 우리는 사람들이 상품이나 서비스에 대해 단순히 알게 되기만을 바라는 것이 아니다. 우리는 그들이 도서관을 찾아오거나, 전화나 이메일

저희를 평가해 주십시오.

저희 도서관의 고객 평가에 참여해 주셔서 감사드립니다. 귀하의 평가는 고객님께 더 나은 서비스를 제공하는 데 귀중한 자료가 될 것입니다.

날짜 : 2005년 11월 15일

이름 : ㅇㅇㅇ　　　　　　　　　　　부서 : 영업부

1. 약속한 시간 안에 정보를 받으셨습니까? ☐ 예 ☐ 아니오
   아닐 경우, 정보의 가치는? ☐ 쓸모 있음 ☐ 늦었지만 아직 쓸모는 있음 ☐ 쓸모없음

2. 원하시던 정보를 얻으셨습니까? ☐ 예 ☐ 아니오
   아닐 경우, 이유는 무엇입니까? (해당하는 경우 모두 표시)
   　　　☐ 분량이 너무 많음 ☐ 분량이 너무 적음 ☐ 구체적이지 못함 ☐ 원하던 내용이 아님
   　　　☐ 너무 오래된 내용임 ☐ 기타

3. 해당 주제에 대한 추가 정보가 필요하십니까? ☐ 예 ☐ 아니오
   그럴 경우, 어떤 도움을 원하십니까?

4. 이 정보의 가치를 평가해 주십시오. 절약된 시간과 절감된 비용도 포함시켜 주십시오.
   ☐ $0~$50 ☐ $50~$100 ☐ $100~$200 ☐ $200~$500 ☐ $500 이상

5. 이 정보를 얻으시는 데 도서관 직원들이 도움이 되었나요? 또 직원들의 태도는 어떠했습니까?
   ☐ 무척 도움이 되었음 ☐ 어느 정도 도움이 되었음 ☐ 그다지 도움이 안 되었음 ☐ 무척 예의바름
   ☐ 어느 정도 예의바름 ☐ 예의바르지 않음

6. '무척 도움이 되었음' 혹은 '무척 예의바름' 항목에 체크하지 않으셨다면 개선할 점을 적어 주십시오.

7. 도서관이 더 도움이 되어 드릴 수 있도록 제안이나 의견을 말씀해 주십시오.

오늘의 서비스를 평가해 주십시오.

평가에 참여해 주셔서 감사합니다. 귀하의 평가는 더 나은 서비스를 고객님께 제공하는 데 귀중한 자료가 될 것입니다.

이름 :
부서 :

1. 도서관을 방문하신 목적은 무엇입니까? 해당사항은 모두 체크해 주십시오.
    □ 잡지를 읽기 위하여 □ 책을 보기 위하여 □ 정보 검색을 위하여 □ 문서를 주문하기 위하여
    □ 질문 사항이 있어서 □ 사서와의 상담을 위하여 □ 기타

2. 오늘 방문하신 목적은 이루셨습니까? □ 예 □ 아니오 □ 모름
   '아니오'나 '모름'을 선택하셨다면 어떤 도움을 원하십니까?

3. 사서의 도움이나 안내가 필요하셨습니까? □ 예 □ 아니오
   '예'를 선택하셨다면 기다린 정도는? □ 기다리지 않았음 □ 잠깐 기다림 □ 오래 기다림
   '예'를 선택하셨다면 직원들은 어땠습니까?
       □ 해당 사항을 매우 잘 알고 있음 □ 어느 정도 잘 알고 있음 □ 그다지 잘 알고 있지 않음
       □ 무척 도움이 되었음 □ 어느 정도 도움이 되었음 □ 그다지 도움이 되지 않음
       □ 무척 예의바름 □ 어느 정도 예의바름 □ 예의바르지 않음
   '무척 도움이 되었음' 혹은 '무척 예의바름' 항목에 체크하지 않으셨다면 개선할 점을 적어 주십시오.

   직원의 도움이나 안내가 필요하지 않으셨다면 그 이유는?
       □ 찾는 방법을 알고 있음 □ 모두 바빴음 □ 시간이 없었음 □ 도움이 안 될 것 같아서 □ 기타

4. 도서관 발전에 도움이 될 수 있는 제안이나 의견을 말씀해 주십시오.

로 연락을 하거나, 웹사이트를 방문하는 등의 행동을 취하기를 원한다. 따라서 "명확한 의사소통을 해야 한다." 전달하는 메시지가 분명한지 미리 테스트를 해 보라. "완성된 광고물, 홍보물, 편지, 혹은 브로서가 원래의 창의적 전략에 부합하는지 비교해 보라." 아무리 기발하고 보기 좋고 멋진 광고라고 해도 원하는 메시지를 전달하지 않으면 아무 소용이 없다.

다른 분야의 사람들과 서로의 전문성을 교환하라. 그래픽 아티스트에게 무료 검색 서비스를 제공하고 광고 캠페인에 필요한 그래픽을 받는다든가, 인쇄업자에게 무료 도서관 카드를 제공하고 광고지 인쇄를 무료로 할 수 있을 것이다. 시간이 허락한다면 비싼 광고회사를 고용하지 않고 마케팅 작업을 직접 할 수도 있다. 이를 통해 많은 비용을 절약할 수 있지만 시간과 관심, 그리고 능력이 받쳐 줄 때만 해야 한다. 광고 캠페인은 이를 보는 사람들에게 전문적인 인상을 심어 주어야 한다. 다른 영역의 마케팅 자료에서 아이디어를 얻으라. 대부분의 전문 직업단체(도서관과 고객들이 속해 있는)는 활용 가능한 아이디어와 이미지 자료를 보유하고 있을 것이다. 신문광고에 사용한 이미지를 재활용하여 광고지나 포스터를 만들 수도 있다.

"한정된 예산 하에서 서비스를 홍보하는 한 가지 방법은 다른 사람으로부터 그 비용을 충당하는 것이다(MacLeod and Ng, n.d.)." 이를 협력 마케팅이라고 한다. 예를 들어 경연대회, 회의, 전시회, 신규 매장 오픈, 병원 건강 세미나 혹은 회사 기념행사 등에 상품이나 경품을 제공함으로써 비용을 들이지 않고 홍보를 할 수 있다. 그 대상으로는 책이 가장 먼저 떠오르지만 무료 검색과 문서 이용권, 무료 도서관 카드, 혹은 무료 복사 이용권 등도 가능하다. 도서관과 거래하는 공급업체들도 자신들의 상품과 관련된 광고에 대해 전액 내지는 일부의 비용을 부담할 수 있을 것이다. 또는 그들이 제작한 광고에 도서관의 이름을 삽입하는 방법도 있다. 카페의 식탁용 매트에 도서관의 마케팅 로고와 메시지를 넣어 보는 아이디어는 어떤가? 아니면 식사시간에 풀 수 있는 단어 퍼즐 밑에 "해답이 필요하십니까? 도서관이 도와드리겠습니다!" 같은 문구를 넣는 아이디어는 어떤가? 대중문화(뮤직 비디오, 영화, 텔레비전, 음악)에서 차용할 수 있는 좋은 문구들을 찾아보라. 재능 있는 신인 감독을 찾아서 도서관에 대한 인포머셜(informercial)을 제작하라. 그리고 그것을 지역 케이블 방송이나 사내 방송에 내보내거나 동영상 파일로 만들어 웹사이트에 올리라.

효과가 좋으면서도 비용이 들지 않는 마케팅 아이디어를 하나 소개한다. "직원들의 시사감각을 키우기 위하여 (한 기업도서관의 사서가) 매주 하나의 잡지 기사를 읽도록 유도했다." 그녀는 매주 열 개에서 열다섯 개의 기사 축약본을 게시했고 고객들은 이중에서(혹은 전체 기사를 직접 보고) 원하는 기사를 고를 수 있었다. "(그녀는) 원문제공 요청의 증가와 많은 직원이 점심시간을 도서관에서 보내는 것을 보고 고객들이 이 프로그램을 적극적으로 받아들이고 있음을 알게 되었다." 조사 결과 이 프로그램을 도입한 첫 해에 도서관 이용률이 25%나 높아진 것으로 나타났다(Swart, 2000).

관종별 도서관 마케팅

법률도서관

일부 법률사서들은 사람들이 이제는 거의 법률 자료 검색을 하지 않고 있다고 말한다. 변호사들과 보조원들이 대형 법률정보 서비스를 이용하여 스스로 검색이 가능하기 때문이다. 이들 사서들은 현재 새로운 기술이 필요한 의학, 비즈니스, 그리고 해외 관련 자료에 대한 조사를 요청받고 있다. 그러므로 먼저 이에 대한 기술을 습득하고 나서 신규 도서관 서비스로서 소속 로펌을 대상으로 마케팅을 해야 할 것이다. 신탁부서와 소송부서가 원하는 자료가 다르듯이 마케팅 활동은 각 조직의 업무에 맞추어 선택적으로 이루어져야 한다.

법률도서관은 고객 개발(마케팅) 과정에서 가장 적절한 마케팅 기회를 찾을 수 있다. 고객 개발 책임자에게 새로운 고객을 끌어들이기 위하여 도서관이 어떤 도움을 줄 수 있는지를 알리라. 제공 가능한 자료를 같이 보내는 방법도 바람직하다. 그리고 회의를 통해 담당자가 현재 원하는 바를 파악하고 그것을 제공하라. 반드시 사후에 그 자료가 효과가 있었는지 확인하고 그렇지 않다면 다른 자료를 준비하라. 이 일에는 비용이 들기 때문에 고객 개발 예산의 일부가 도서관에 할당되도록 해야 한다. 담당 부서의 회의, 그리고 신규 고객과의 첫 미팅에 참석하여 향후 어떤 정보를 제공해야 할지 파악하라.

법률도서관이 제공할 수 있는 (이미 보편화된) 또 다른 부가가치 서비스는 평생 법률교육(CLE, Continual Legal Education) 자료를 기획하는 일이다. 다만 변호사들이 스스로 CLE 기록을 검색할 수 있도록 데이터베이스나 웹사이트를 기획하는 것은 좋으나, 일일이 매 CLE 과정을 기록하는 일은 거절하는 것이 좋다고 생각한다. 로젠*Rosen*(1999, p. 165)에 따르면 CLE 참가자들에게 CLE 교재(책, 테이프)를 도서관에 전달하여 다른 이용자들과 공유하거나 최소한 그에 대한 목록을 작성할 수 있도록 요청하는 것이 바람직하다고 한다.

대학도서관

로버트 H. 후*Robert H. Hu*(2002)에 따르면 대학도서관의 주고객은 교수진이다. 학생들은 졸업과 함께 떠나가지만 교수들은 계속 남기 때문이다. 그들은 또한 도서관 운영, 예산, 인원, 구매 정책 등에도 큰 영향력을 가지고 있다. 교수와의 관계 여부에 따라 도서관이 잘될 수도, 반대로 안 될 수도 있다.

그들은 학생들 사이에 큰 영향력을 가지고 있기 때문에 도서관에 대한 학생들의 의견을 쉽게 좌지우지할 수 있다. 따라서 가장 중요한 일은 그들에게 도서관의 능력을 마케팅하는 것이다.

일반 기업의 고객들에게 필요한 정보는 보통 하루나 이틀 정도의 효용성을 가지지만 교수에게 필요한 정보의 효용성은 무척 길다. 대학사서가 한 시간 내로 급하게 자료를 요청받는 일은 드물 것이다. 따라서 원문제공의 속도보다 다른 도서관들과의 협조를 통해 얻을 수 있는 자료의 방대함을 마케팅하는 것이 바람직하다. 또한 인쇄 자료와 온라인 자료를 효율적으로 검색할 수 있는 방법을 학생들에게 교육하는 데 도서관이 많은 도움을 줄 수 있으리라는 사실을 마케팅할 수 있다 "대부분의 대학도서관들은 이용자들이 스스로 자료를 검색할 수 있도록 하는 데 많은 중점을 두고 있다(Richardson in Forbes, 1998). 교수들에게 도서관 검색이 필요한 프로젝트를 학생들에게 주도록 요청하라. 성공적으로 프로젝트를 진행한 학과의 추천을 받아 다른 학과에 도서관을 홍보하라. '무료'로 시험 프로젝트를 제공하라(Fosmire, 2001).

대학도서관은 고객의 수요와 이용 습관을 지속적으로 관찰하기가 어렵다. 고객 수도 많을 뿐 아니라 이 고객들(학생들과 일부 교수들)이 계속 교체되기 때문이다. 그래서 미시건 경영대학원 도서관은 학과담당사서를 지정했다. 적어도 1년에 한 번, 담당사서는 전 교수진을 대상으로 직접 그들의 요구를 조사한다(Soules, 2001). 전 교수를 개별적으로 만날 인원이 없다면 정기 교수회의에 참가할 수 있도록 요청하라. 도서관이 교수와 학생들에게 어떤 도움을 줄 수 있는지 실례를 보이라. 또한 학생들이 입학 초기에 도서관 견학을 하거나 오리엔테이션을 받게 해 도서관을 찾기 전에 다른 대체 정보 수단을 찾거나 먼저 인터넷부터 검색하는 잘못된 습관을 들이지 못하게 해야 한다.

필요한 모든 정보를 사무실이나 기숙사의 컴퓨터를 통해 얻을 수 있는 환경에서 어떻게 고객들을 불러들일 것인가? 먼저 모든 정보가 인터넷에 있지는 않다는 사실을 알려야 한다. 인터넷에서 찾은 잘못되고 불완전한 정보들이 좋은 증거가 될 것이다. 온라인에 없는 상품과 서비스(지도, 참고서, 안내서, 소설 등)를 마케팅하라. 마지막으로 훌륭한 고객 서비스를 제공하라. 도서관에서 한번 불쾌한 경험을 한 고객은 다시 인터넷으로만 정보를 찾게 될 것이다. 저자의 모교인 벨로이트대학은 중서부에 있는 소규모 교양 대학으로서 완벽한 통신망을 갖추고 다양한 해외 교환학생 프로그램을 제공하는 곳이다. 이 학교의 도서관장인 샬럿 슬로컴*Charlotte Slocum*은 학생들이 기숙사나 교실에서, 혹은 "방학 중 집에서나 해외에서 그리고 외부 실습 중에도" 도서관 자원과 서비스를 이용할 수 있도록 하는 등 기숙사가 있는 대학이 활용 가능한 마케팅 아이디어를 몇 가지 제안했다. 그녀의 말에 따르면 길을 가다가 학생이나 교수를 만나는 일을 포함한 모든 것을 마케팅 기회로 활용해야 한다. 도서관 외부에서 자료를 원하는 사람들을 위해 그들을 위한 정보를 담은 별도의 웹사이트를 개발하라. 도서관 웹검색 신청 양식(상호대차 신청 양식과 같은)을 만들어서 이용자들이 어디서든 사용할 수 있게 하라. 이메일이나 전화를 통한 조회 서비스를 제공하라. 기말시험이 임박한 학생들에게 도서관을 포함하여 밤늦게 공부할 수 있는 캠퍼스 내 장소에 대한 정보를 주라. 교수와 직원들을 위한 도서관 다과회를 개최하라. 슬로컴은 또한 교수들이 담당 학과의 교육 내용에 포함시킬 수 있도록 정보 활용 능력 프로그램을 개발하기도 했다. 그리고 입학사무처와 협의하여 캠퍼스 견학 가이드들이 도서관 안내시에 도서관의 광범위한 서비스와 자원에 대해 학생들에게 정확하게 알리도록 했다. 뿐만 아니라 체육학과와 협의하여 도서관 내에 체육 특기생들의 학습 공간을 배치하기도 했다. 학교 전체(기숙사, 독서실 그리고 교실)에 연결된 통신망으로 인해 학생들이 직접 도서관을 찾지 않아도 되었지만 "많은 학생들이 공용 컴퓨터를 사용하기 위하여 도서관을 찾았다. 도서관의 적극적인 참고사서는 그 순간을 학생들이 갖고 있는 모든 정보 요구를 파악하고, 이를 충족시키는 가장 적절한 방법을 안내하는 기회로 활용했다(Slocum, 2002)."

원격교육은 미국 내에서 점차 더 유행하고 있으며 다른 나라에서도 오랫동안 보편화되어 왔다. 이러한 교수와 학생들에게도 도서관과 자료가 필요하지만 사용할 기회가 많지 않다. 그래서 네브래스카-링컨대학은 데이터베이스, 온라인 잡지, 학과담당사서, 그리고 문서 다운로드 메뉴로 접속할 수 있는 웹사이트를 만들었다. 학생들은 이메일이나 인터넷으로 정보를 신청하고 공급받을 수 있게 되었다. 도서관은 개인별 환영 메일을 보내고 사용하는 학생들의 명단을 관찰하며 참고서비스를 제공했다(Adams, 2002). 이렇게 교수와 학생들에게 도서관이 제공하는 모든 서비스를 알리고 기대 이상의 고객 서비스를 제공해야 한다. 자동응답 전화나 인터넷을 통한 피드백 혹은 참고서비스를 제공하는 것도 도서관에 좋은 기회들을 제공한다. 마케팅은 인터넷으로도 가능하며 학생들에게 나가는 발송물에 안내문을 동봉하는 방법 등으로도 가능하다.

기업도서관

수익을 목적으로 하는 비즈니스 세계의 속성은 그 소속 도서관들에도 도전할 과제를 던진다. 지위가 높은 임원일수록 직접 도서관을 찾지 않고 부하직원을 시켜 자료를 찾아오게 할 가능성이 많다. 이 때문에 오해가 생기거나 업무가 중복되며 정보 제공이 늦어질 수 있다. 그러므로 경영진들에게 필요한 정보가 있으면 직접 사서와 접촉하는 편이 그들에게 도움이 된다는 점을 알려야 한다. 그들을 직접 만나 부하직원을 시킴으로써 낭비되는 예상 시간과 비용을 보이라.

병원도서관

의사들을 대상으로 한 마케팅은 회사 임원들을 대상으로 한 마케팅과 아주 유사하다. 위에서부터 시작해야 한다. 각 과(課)의 책임자들에게 편지를 보내 도서관 서비스에 대한 안내 프로그램을 진행할 시간과 장소를 물으라. 프레젠테이션은 10분에서 15분 사이로 간단하게 해야 한다. 이때 각 과에 맞게 그 내용과 보조 자료를 준비하고 후에 개별 의사들을 개별적으로 만나 반응을 확인해야 한다. 간호사들은 의사들보다 더 시간에 쫓겨 도서관을 방문할 수 없는 경우가 많다. 그럴 때는 켄달과 매사렐라가 했듯이(앞의 〈사례 연구 1〉 참조) 간호사들이 일하는 현장에서 프레젠테이션을 실시하면 된다. "그들의 근무 현장에서, 그들의 근무시간에 맞춰 각 과의 간호사들에게 도서관을 알리면 우리가 그들의 정보 요구에 지대한 관심을 가지고 있다는 사실을 알릴 수 있다(2001, p. 31)."

병원도서관은 환자 간호에 점차 직접적으로 관여하게 될 것이다. 여기에는 환자들에게 직접 전달되는 자료와 정보를 관리하는 일(이들 정보를 의사나 간호사들이 신청하고 그들이 나눠주는 경우도 많지만)이 포함된다. 일부 사서는 의사들과 함께 왕진을 돌기도 하고 의사들의 정례 회의에 참석하여 즉석에서 문서 조회를 해 주거나 필요한 문서 목록을 확인한 후 나중에 이를 전달해 주기도 한다. 때로 병원도서관은 환자들이 자신들의 질환과 치료법에 대해 알아보기 위해 이용하기도 한다.

공공도서관

공공도서관과 관련하여 쉽게 생각하지 못하는 마케팅 기법 중의 하나로
소개판매(referral)가 있다. 도서관의 한 부서에서 유료 서비스를 담당하는 다른
부서를 고객에게 소개할 수도 있고 대출데스크 직원이 참고데스크로 고객을 안
내할 수도 있다.

많은 도서관에서 매력적인 부상(副賞)—이를 위해 음식료권이나 영화
티켓을 확보하는 것이 협력 마케팅의 좋은 예이다—을 주는 대규모의 여름방학
독서 프로그램, 인터넷 접속과 검색 요령 지도, 직접 혹은 온라인을 통한 숙제
지도(그리고 부모들을 위한 숙제 검사 프로그램), 공부하고 친구들을 만나는 멋
진 장소로 도서관을 인식시키는 활동적인 마케팅 프로그램을 기획하여 어린 고
객층을 대상으로 실시하고 있다. 한 걸음 더 나아가 10대 학생들을 대상으로 한
특별 독서 클럽을 만들 수도 있다. 이를 통해 도서관이 가진 단순한 장소로서의
의미를 순화시키고 정보 지향적이고 교육적인 역할을 강조하는 기회를 만들 수
있을 것이다.

마지막으로 함께 나누고 싶은 마케팅에 대한 조언이 하나 있다. "결국
마케팅은 무언가를 행동으로 옮겨야 하는 것이다. 세상의 모든 책을 읽는다 하
더라도 그 내용을 실천에 옮기지 않으면 변하는 것은 아무것도 없을 것이다
(Coote and Batchelor, 1997, p. 1)."

제3장 홍보 : 유형의 자산

도서관들은 지금까지 그들의 빈약한 (홍보) 활동조차 제대로 집중하지 못했다. _ Scilken 1979, p. 11.

도서관(홍보)은 후원자들을 모으는 데 전념하여야 한다. _ Scilken, 1982, p. 2.

홍보는 "어떤 사람, 장소, 상품 혹은 주장을 대중에게 알리는 모든 정보, 광고물 등을 말한다. 넓게 보자면 홍보는 상품, 서비스 혹은 특별 행사 등과 관련하여 누가, 무엇을, 왜, 언제 그리고 어디서 등의 정보를 이야기해 주는, 사업 관련 정보를 쓰거나 말하거나 보여 주거나 들려 주는 거의 모든 것이다 (Banker, 2002, p. 1)." 저자는 활자화되거나 전자문서화된 모든 것이 홍보라고 생각한다.

1. 홍보 계획 작성하기

제한된 자원—시간과 돈—을 최대한 활용하기 위해서는 홍보(PR) 계획을 가지고 있어야 한다. 이 계획은 화려하거나 장황할 필요는 없으나 반드시 작성하여 가지고 있어야 한다. 마케팅 혹은 홍보 계획을 짜는 것이 어렵거나 시간 낭비라고 생각할지 모르지만 간단한 과정을 통해 만들 수 있다. 게다가 백지상태에서 시작할 필요도 없다. 다른 도서관의 계획을 참조하거나 시중의 많은 소프트웨어 중 하나를 활용하면 된다. 아니면 직접 작성하거나 전문가를 고용할 수도 있다. 소속 기관의 직원 가운데 홍보나 마케팅 전문가가 있다면 일을 맡기거나 최소한 협조를 받을 수는 있을 것이다. 홍보 계획을 직접 작성할 시간이나 생각이 없다면 지역 도서관이나 경영대학원의 인턴 또는 학생이 인턴십이나 실습 프로젝트의 일환으로 기꺼이 작성해 줄 것이다. 모든 것을 한꺼번에 계획할 필요도 없고 장기간에 걸친 계획이 필요한 것도 아니다. "결코 일어나지 않을 15개의 프로젝트를 개발하는 것보다 실행 가능한 한두 가지 가장 중요한 (홍보) 프로젝트에 집중하는 것이 더 낫다(Sirkin, 1991, p. 4)."

계획을 작성하는 과정은 완성된 계획 그 자체만큼이나 혹은 그보다 더 중요하다. 계획을 작성하면서 자신의 현재 위치와 목표 그리고 목표 달성 전략을 살펴볼 수 있게 되기 때문이다. 단 계획을 너무 세세하게 작성하는 데 얽매여 실행 시기를 놓쳐서는 안 된다. 쿠테*Coote*와 배츨러*Batchelor*(1997, p. 6)에 의하면 좋은 계획이란 적절한 조사 과정을 거쳐 달성 가능한 목표를 설정하고, 이를 실현하려면 무엇을 해야 하는지 누구나 알 수 있는, 간략하며 읽기 쉽게 표현된 것이다. 또한 좋은 계획을 작성하면 경영진의 지지를 얻어 목표를 실현할 수 있다. 계획을 작성하려면 최소 일주일 정도의 시간이 소요된다.

PR 계획의 여러 구성 부분에 대한 개요는 다음과 같다.

I. 서론

계획을 작성한 이유와 최종 목표를 설명한다. 그 목표는 새로운 서비스나 상품의 소개, 경영진이나 지방자치단체로부터의 추가 재정 지원 확보, 도서관의 이미지 개선 혹은 지역사회 내에서 어린이를 위한 여름방학 독서 프로그램 등을 통한 도서관의 인지도 제고 등이 될 수 있다.

II. 환경 분석

A. 시장 개요

지리적 범위, 인구 구성, 인구 구성별 설명, 그리고 목표 시장이 어떻게 정보를 접하고 새로운 정보 전달 채널을 찾아내는지를 통하여 소속된 기관 혹은 지역사회(시장)를 설명한다. 해당 시장이 왜 도서관의 상품이나 서비스에 적당한지 그 이유와 미래의 예상 트렌드, 성장 기회 등도 포함시켜야 한다.

B. 도서관 현황

도서관의 현재 상황, 상품과 서비스, 조직 문화, 소속 기관 혹은 지방자치단체와의 관계, 그 속에서 도서관이 차지하는 위상, 정보의 흐름, 모든 외부 인가사항, 설치되어 있는 컴퓨터 프로그램(해당하는 경우에), 고용 현황, 특성 등을 설명한다.

C. SWOT 분석

SWOT(Strengths, Weaknesses, Opportunities, Threats : 강점, 약점, 기회, 위협) 분석은 도서관의 현재 또는 미래 운영 환경을 분석하는 매우 일반적인 기법이다. 강점(도서관이 가진 우수한 역량, 경쟁력 혹은 계획이 실행되는 기간 내에 획득 가능한 역량이나 이점), 약점(목표를 달성하는 데 필요하나 가지고 있지 못한 역량이나 예상 결점), 기회(자원 투자시 현재 혹은 가까운 미래에 목표를 달성할 수 있도록 도서관의 역량을 개선시킬 수 있는 외부 상황), 위협(도서관에 위해를 끼칠 수 있으므로 회피, 최소화 내지는 관리가 필요한 외부 상황) 등으로 구성된다. 다른 유용한 평가기법으로는 동종업계 비교(벤치마킹), 부문별 분석(고객 서비스 평가에 자주 사용됨), PEST(Political, Economic, Societal, Technology : 정치, 경제, 사회, 기술) 요인, 서비스 품질 결정지수(신뢰성, 반응성, 전문성, 접근성, 예절, 의사소통, 신용, 안전성, 이해력, 외형성—시설, 장비, 직원들의 외모 등—을 평가한 것이며 시간이 많이 소요될 수 있음) 등이 있다.

D. 현재 고객

당신의 고객은 누구인가? 도서관과 직원들에 대한 고객들의 의견은 어떠한가? 이러한 의견이 최근에 바뀐 점이 있는가? 그 이유는? 고객이 생각하는 가장 훌륭한 서비스는 무엇인가? 불필요한 서비스는? 도서관을 사용하지 않는 사람들은 누구인가? 그 이유는? 사용자들이 원하는 정보는 무엇인가? [인쇄 정보와 전자 정보 둘 다 포함하되 비문자(非文字) 정보도 잊어서는 안 된다.] 정보 네트워크 혹은 정보망은 어떻게 작동하는가? 도서관이 정보 유통 경로 상에 있는가? 정보 수신시 고객들이 선호하는 형태는 무엇인가?

E. 경쟁

경쟁자들은 누구인가? 직접 경쟁 관계에 있는 그들의 상품이나 서비스는 무엇인가? 비이용자들이 정보를 얻는 원천은 무엇인가? 도서관이 생기기 전에 그들이 정보를 얻은 방법은? 도서관 없이도 정보 취득이 가능한가? 소속 기관이나 지역사회 내에서 비교 대상(혹은 혼동)이 될 만한 유사한 형태의 조직이 있는가? 미래의 잠재적인 경쟁자와 그들의 예상 상품과 서비스에 대한 분석도 포함시킨다.

F. 현재의 서비스와 상품

제공하는 상품과 서비스의 구체적인 특징과 혜택, 도서관의 강점, 현재의 가격 정책, 그리고 제공 옵션에 대해 설명하라. 특정 상품이나 서비스를 마케팅하기 위하여 작성하는 경우라면 그에 대해 더 자세히 써야 한다. 이때 다른 서비스에 대한 간략한 설명도 덧붙여서 전체적인 면모가 드러나도록 해야 한다.

G. 현재의 전략

현재 고객과 잠재 고객들에게 상품과 서비스를 어떻게 알리고 있는가? 고객들에게 상품과 서비스를 알릴 때는 중요한 상품과 서비스에 집중하여 설명한다. 특정 상품에 뛰어난 효과를 발휘한 전략은 무엇인가? 효과를 보지 못한 전략은 무엇인가? 전략을 바꾸려는 이유는 무엇인가? 이를 통해 달성하고자 하는 바는 무엇인가?

Ⅲ. 본 계획

A. 비전(vision)과 사명(mission)

비전은 미래의 특정 시점에 도서관이 어떤 모습이기를 원하는지 그 목표를 명시하는 것이다. 여기에는 포부와 핵심 가치, 철학이 포함되어 있어야 한다. 그리고 이를 간략하면서도 인상적인 하나의 문장으로 표현해 내야 한다. 비전은 이상적이고, 영감이 넘치며, 흥미롭고, 도전적이어야 한다. 또한 매우 보편적이면서 가까운 시일 내에 달성하기 어려운 것이어야 한다. 비전의 수명은 최소한 5년은 되어야 하고 이보다 한층 길어질 수도 있다. 내용은 현재형으로 짧게 작성한다. 예를 들어, 영국도서관(British Library)의 비전은 '학문, 연구 그리고 혁신에 있어서 세계를 선도하는 자원'이다.

사명은 도서관이 하는 일과 누구를 위하여, 어떻게, 왜 그 일을 하는지를 표현한다. 한 문장 이상으로 표현할 수도 있으나 전체 1백 단어가 넘지 않도록 짧게 만들어야 한다. 또한 향후 3년에서 5년 사이에 달성해야 할 측정 가능한 목표를 담고 있어야 한다. 도서관의 비전과 사명은 도서관이 소속된 기관과 밀접하게 관련되어 있어야 한다. (도서관의 사명 중 일부는 소속 조직의 명성을 높이는 일이다. 혹은 병원도서관, 법률도서관, 연구 용역회사의 경우에는 직원 채용에 도움을 주는 것일 수도 있다.) 또 비전은 구성원들의 합의에 기반을 두어 작성된 명확하고 이해 가능한 내용으로서 주주들에게 받아들여질 내용이어야 한다. 또한 간명하되 완전한 내용이어야 하고 기억하기 쉬워야 한다. 도서관이 서비스를 제공하는 대상이 하나 이상의 집단일 경우에 사명은 각 집단에 맞는 각기 다른 서비스와 서비스 수준을 반영할 수도 있다.

여기 훌륭한 도서관 사명의 몇 가지 예가 있다. 크레스지 기업경영 도서관(The Kresge Business Administration Library)은 "컨텐츠와 고객을 접근 수단과 서비스로 연결한다(Soules, 2001, p. 345)"이다. 왕립화학학회(The Royal Society of Chemistry)는 "최대한 기업이 추구하는 방식으로 운영하고 높은 품질의 사후 서비스를 유지한다(Hoey, 1999, pp. 47~48)"이다.

B. 목적(objectives)과 목표(goals)

목적은 도서관의 사명에 부합하고 이를 지원하는 짧고, 구체적이며, 측정할 수 있는 내용으로 작성한다. 또한 목적은 달성 가능하고, 유연하며, 사서들에게 동기를 부여하고, 그들이 이해할 수 있도록 설정하여야 한다. 이루고자 하는 바와 성공의 기준 그리고 책임의 주체를 기술하라.

목표는 목적을 적용시킨 내용을 말한다. 이를 보통 SMART로 표현한다. 구체적이고(specific), 측정 가능하며(measurable), 달성 가능하고(achievable), 현실적이며(realistic), 시기적절하여야(timely) 한다는 뜻이다. "6개월 이내에 도서 대출을 10% 이상 늘린다"처럼 최소한 하나의 구체적인 목표를 설정하라. 그리고 우선순위를 정하라.

C. 실행 전략

전략(혹은 실행 계획)은 목표와 우선순위를 일상 활동에 접목시킨다. 전략은 계획 작성의 마지막 단계이다. 도서관이나 그 상품과 서비스의 위상, 구상했던 브랜드 전략,

사용하고자 했던 구체적인 홍보 채널 그리고 목표에 도달하는 데 필요한 구체적인 단계 등을 설명하라.

Ⅳ. 필요 자원

A. 사람

누가 홍보 활동을 펼칠 것인가? 당신인가 아니면 직원들 중의 한 사람인가? 외부 회사에 의뢰할 예정인가? 이 캠페인이 요구하는 충분한 인원을 갖추고 있는가? 그렇지 않다면 어떻게 그 문제를 해결할 것인가? 직원을 추가할 것인가 아니면 서비스를 축소할 것인가? 직원 교육이 필요한가? (해당 프로젝트에 정규 직원을 투입할 경우 인원 재배치나 임시 직원을 고용하는 것을 잊지 말아야 한다.)

B. 시간

외부 회사에 의뢰하지 않을 경우 당신이나 직원들은 언제 홍보 활동을 위한 시간을 낼 것인가? 어떻게 근무시간과 담당업무를 재조정할 것인가?

C. 시설과 소모품

필요한 물품은 무엇인가(용지, 게시판, 컴퓨터 등)? 기존의 자산을 활용할 것인가 아니면 타부서에서 빌릴 것인가 혹은 외부에서 새로 구매할 것인가? 새 컴퓨터를 구매해야 한다면 활동이 끝난 후 어떻게 활용할 것인가?

D. 예산

예산 책정은 계획 작성시 가장 힘든 부분 중의 하나이다. 인원, 소모품, 서비스 등을 포함하여 전체 계획의 비용을 산정해야 하기 때문이다. 모든 비용의 필요성을 점검하고 두 번 혹은 세 번까지 내역이 정확한지 다시 확인하라. 이는 아무리 강조해도 지나치지 않다. 재정 지원자들에게 쓸데없이 당신의 제안을 거절할 구실을 주어서는 안 된다. 예상하지 못한 비용이 발생할 경우에 대비하여 '오차 범위'를 반영하라. 캠페인이 1년 이상 지속될 경우에는 물가인상분을 포함해야 한다. 재원은 어디서 조달할 것인가? 기업도서관, 병원도서관, 법률도서관 혹은 대학도서관이라면 어떤 부서에 예산을 요청할 계획인지 적고 혹은 상품이나 서비스를 유료화하여 일부 비용을 충당할 예정인지도 명기하라. 공공도서관 이용료 징수 캠페인을 지원하기 위한 홍보 계획이라면 납세자들과 지역사회에 가져다줄 혜택에 대한 설명이 포함되어 있어야 한다.

V. 실행

A. 기간별 일정과 이정표

데드라인을 설정할 때는 예상하지 못한 문제를 해결해야 할 경우에 대비하여 여유를 두어야 한다. 그래야 과도한 스트레스를 받는 일 없이 데드라인을 맞출 수 있다. 때로 하나의 단계를 끝내야 다음 단계로 나아갈 수 있는 경우도 있다. 프로젝트를 끝내는 데 필요한 시간을 예상해 보려면 프로젝트를 구성하는 각 과제의 목록을 작성하고 이를 개별적으로 달성하는 데 얼마나 시간이 걸릴지 결정한 후 그 시간을 모두 더한 수의 두 배 정도를 잡는다. 계획의 진행 정도를 지속적으로 관찰하여 목표에 대비한 과제 달성 정도를 평가하는 일은 대단히 중요하다. 프로젝트의 이정표와 전 직원의 중간 점검 날짜를 달력에 표시하거나, 전체 프로젝트를 보여 주는 포스터를 잘 보이는 장소(회의실 벽 같은)에 붙여서 직원들로 하여금 자신들이 책임지고 있는 파트가 전체 프로젝트에서 어떤 부분을 차지하는지 알 수 있게 하라. 모든 직원들이 중간 진행 보고서를 제출하도록 하여 문제가 심각해지기 전에 파악하고 대처할 수 있도록 해야 한다. 일정에 맞추지 못하는 사람이 있으면 즉시 만나 상담을 해야 한다.

B. 전술(tactics)

전술은 단기적인 전략과 일상적인 활동을 말한다. 예컨대 '새로운 서비스에 대한 광고를 일주일에 한 번, 6주 동안 신문에 게재', '9월호 도서관 소식지에 실을 새로운 서비스에 대한 기사 작성' 혹은 '법과대학 신입생들의 오리엔테이션에서 소개할 도서관 안내 자료 준비' 같은 것들이다.

C. 피드백 절차

캠페인의 진행 정도를 관찰하고 평가할 수 있는 방법을 만들어야 한다. 진행이 잘 되는 부분과 안 되는 부분을 가리고 그 원인을 파악해야 한다. 내보내는 메시지가 목표 청중에게 도달하고 있는가? 그들의 반응은 어떠한가? 캠페인 진행 과정 중에 일정한 간격으로 일부 청중을 선정하여 홍보 메시지를 보거나 들었는지, 내용은 이해했는지, 그리고 그로 인해 자신들의 행동을 바꾸었거나 바꾸려고 하는지를 점검하라. 마지막 점검 내용은 매우 중요하다. 많은 고객들이 홍보 메시지를 보고 이해하지만 정작 상품을 구매하지는 않기 때문이다. 고객들이 행동을 취하지 않는 이유를 알아야 한다. 아마 잘못된 대상을 선정하였거나 부적절한 상품을 홍보했기 때문일 것이다. 캠페인을 진행하는 동안 고객에게 피드백을 구하면 그에 따른 조정을 시도할 수 있고 그만큼 성공 가능성을 높일 수 있다.

피드백은 측정 가능한 방식으로 수집하여야 한다. 대출량이 증가하는 것은 좋지만 얼마나 올라갔는지 구체적인 수치로 알고 있어야 한다. 경영진들은 구체적인 성과가 결여된 일반론에 만족하지 않는다.

통계나 관련 서류, 기획팀 명단 혹은 용어와 개념 정리 등이 포함된다.

2. 홍보의 기본

대부분의 홍보는 2가지 유형 중 하나에 속한다. 먼저 소규모 병원도서관의 일일 오픈 하우스(도서관 개관기념일 – 역주)부터 공공도서관의 신규 분관 개관까지 포함하는 직접 홍보가 있다. 다른 하나는 도서관에 대한 우호적인 이미지를 만들어 내기 위해 포지셔닝, 리포지셔닝을 통해 대중의 인식을 개선하고 명성을 쌓아 올리는 간접 홍보이다.

"대부분의 도서관은 얼마가 필요한지 정확한 액수를 구해 보지도 않고 홍보에 사용할 예산이라면 다른 분야를 위해 삭감할 수 있다고 생각하는 것 같다(Hamilton, 1990, p. 7)." 홍보를 위해 시간과 예산을 투자할 필요가 있다는 사실을 경영진에게 알리고 그들을 설득하려면 홍보 활동이 전문적인 도서관 서비스를 제공하는 데 있어서 핵심적인 역할을 하며, 최소한의 필요액만을 사용하여 많은 비용이 들지 않을 것이라는 사실을 이해시켜야 한다. 또 홍보 활동을 위한 시간을 낼 수 있고, 이로 인해 고객을 모시는 데 지장이 없을 것이라는 사실을 확신시켜야 한다. 무엇보다 가장 중요한 점은 당신이 홍보 활동에 대해 잘 알고 있다는 점을 증명해야 한다(p. 53). 홍보 전문가나 홍보 회사를 고용해야 하는가? 이들은 직접 할 수 없는 전문적인 역할을 수행하고, 시간을 절약시켜 주며, 홍보 활동에 필요한 물품들을 다 갖추고 있다. 그러나 사서들이 직접 홍보를 하면 비용을 절감하고, 전체 과정을 관리할 수 있으며, 외부인들이 도서관

고객 조사의 후속 조치

∾

위민스 컬리지 병원(Women's College Hospital)

토론토, 온타리오, 캐나다

토론토 위민스 컬리지 병원도서관의 이용률은 갈수록 줄고 있었다. 효율성은 향상되고 있었지만 이용률은 1년에 1/3씩 줄었다. 그 결과 예산과 인원은 삭감되고 자산이 줄었으며 이용자에게 비용을 청구할 수밖에 없었다. 동시에 고객들의 요구는 늘어나고 복잡해졌지만 반면에 지속적인 이용자는 줄어 갔다. 직원들은 서비스와 이용자들의 이용 패턴 사이의 간극을 찾고 현재의 서비스를 평가하기 위하여 고객 조사를 실시했다. 대부분의 응답자들은 기존의 단골 고객들이었다. 고객들의 답변에 따라 도서관 직원들은 다음과 같은 후속 조치를 취했다.

결론과 적용 사례

1. 핵심 이용자들조차도 시간 부족으로 인하여 도서관을 덜 이용하고 있다.

   _ 직원들은 효율적인 도서관 이용을 위한 고객 지원과 원격 접속 서비스를 늘리기로 했다.

2. 이용자들은 더 많은 정보, 더 많은 새로운 서비스, 더 많은 인터넷 접근 수단 그리고 더 많은 지원을 원한다.

   _ 직원들은 유료 인터넷 접속 서비스와 이용법 안내 프로그램을 도입했고 이를 홍

보했다.

3. 전자화된 서비스가 중요하다.

   _ 직원들은 인터넷을 통해 검색할 수 있는 온라인 카탈로그를 제작했다.

4. 핵심 이용자들은 새로운 유료 서비스를 이용할 용의가 있다.

   _ 이에 따라 인터넷상에 '가상 병원' 프로그램을 만들게 되었다.

5. 이용자들은 인터넷으로 가능한 한 더 많은 서비스를 이용하기를 원한다.

   _ 직원들은 웹사이트에 도서 주문과 배송 기능을 추가했다.

6. 대안으로 활용 가능한 서비스 제공자들에게 관심이 있다.

   _ 직원들은 협력 기관의 웹사이트에 대한 링크를 설치했다.

—Rashid and Burns, 1998.

내부 운영 현황과 운영상의 '비밀'에 접근하는 것을 막을 수 있다.

3. 대(對) 언론 홍보에 관한 9가지 조언

1) 사전 준비를 하라. 언론사별 마감 시간을 파악하고 이에 맞추어 홍보 자료를 준비하여 바로 게재가 되도록 해야 한다.

2) "평범한 내용이 아닌 진정한 기사거리가 들어 있는 이야기를 팔라(Seacord, 1999, p. x)." 대출량의 증가는 기사감이 못 되지만 화제가 되고 있는 뉴스와 관련한 15개의 웹사이트 목록은 좋은 기사거리가 될 수 있다. 예를 들어 2001년 9월 11일에 일어난 세계무역센터 테러 직후에 많은 도서관과 사서들이 벌인 활동에 대한 내용은 다수 언론에 게재되었다.

3) 전문적이어야 한다. 모든 보도자료, 공지, 사진 등을 준비할 때는 이미 확립된 기준을 따라야 한다. 홍보 내용을 잘 정리하고, 깔끔하게 인쇄하며, 철자나 문법상의 오류가 없도록 해야 한다. 사진은 선명하고 구도가 잘 잡혀 있어야 한다. 언론사 사람을 만나러 갈 때는 복장을 갖추고 전문적인 태도를 보이라.

4) 정리할 시간을 가져라. 자료를 내용별로 개별 폴더에 넣어서 해당 자료가 필요할 때 바로 찾을 수 있도록 하라. 기자가 전화를 걸어서 특정 자료를 요청할 때 그 자리에서 답변이 가능하도록 자료들을 가까운 곳에 정리해 두어야 한다.

5) 홍보 내용을 두 번, 세 번 검토하라. 육하원칙(누가, 무엇을, 언제, 왜, 어디서, 어떻게)에 맞는지 확인하라. 모든 연락처는 기재되었는가? 모든 사실이 정확하고, 기재된 발언의 출처가 나와 있으며, 인용한 내용이나 사진의 사용에 대한 허락을 받아야 한다는 점은 말할 필요도 없을 것이다.

6) 간단하게 작성하라. 하나의 홍보 자료에 너무 많은 내용을 넣어서는 안 된다. 하나의 홍보 자료에 빼곡하게 내용을 채우지 말고, 두 개로 나누어 충분한 여백을 두고 작성하는 편이 낫다. 실리지 않은 홍보 자료를 만드는 데 든 예산은 모두 낭비되는 셈이므로 비용을 더 들여서라도 제대로 작성하는 편이 낫다.

7) "청중이 원하는 것은 정보라는 사실을 기억하라(Seacord, 1999, p. vi)." 홍보 내용은 전략적이고, 목표가 분명하며, 읽기 쉬워야 한다. 또한 적절하며, 의미 있고, 흥미를 유발하면서도, 가치 있는 내용이어야 한다. 청중에 따라 홍보 내용을 조절하라.

8) 보도자료와 홍보물을 개성적으로 만들라. 단, 그 개성의 정도가 지나쳐서는 안 된다. 눈에 띄는 회사 편지지와 봉투를 사용하되 전문적인 인상을 주는 것이어야 한다. 우리는 눈길은 끌었지만 정작 아무 인상도 남기지 못하는 홍보물과 광고를 숱하게 보아 왔다.

9) 마지막으로 너무 홍보에 치중하지 말라. 홍보는 물론 중요하지만 고객을 모시는 우리의 주업무를 방해할 정도가 되어서는 안 된다.

홍보 내용을 작성하기 전에 스스로에게 자문하라. 이 홍보 자료의 목적은 무엇인가? 사용되지 않거나 잘못 사용되고 있는 서비스를 홍보하기 위해서인가? 도서관의 존재 이유를 알리고 싶은가? 홍보 대상은 누구인가? '모든 사람'은 답이 될 수 없다. 회사에 새로 들어온 직원들인가? 지역사회의 새 구성원들인가? 올해에 도서관을 한 번도 이용하지 않은 사람들인가? 임원들인가? 행정 직원들인가? 연구원들인가? 의사 결정권자들과 재정 지원자들인가? 목표 청중에 따라 각각 다른 방식으로 접근해야 하며, 따라서 어떤 대상이 목표인지 분명히 파악해야 한다.

캠페인의 내용이 목표한 청중에게 잘 맞는다는 점을 확인하는 한 가지 방법은 작성한 내용을 다른 사람에게 미리 보이는 것이다.

그것을 도서관의 다른 직원들과 홍보 대상 중의 일부에게 보이라. 그들이 이해하는가? 읽고 난 후 무엇을 질문하는가? 그 질문에 잘 대답할 수 있는가? 홍보 대상에게 보일 때 어떤 내용인지 이야기하지 말라. 대신 먼저 읽어 줄 것을 요청하고 어떤 내용인지 설명해 달라고 부탁하라. 읽고 난 후 어떤 행동을 취해야 하는가를 알고 있는지 반드시 확인하라. 예를 들어 도서관에 전화를 한다든가 새 상품을 사용해 본다든가 하는 행동들이 이에 해당한다. 그들이 어떤 행동을 취해야 하는지 모른다면 최종안에는 그 내용이 반드시 들어가도록 해야 한다. 마지막으로, 적절한 매체를 선택했는지를 검토해 보라. 홍보 대상이 그 매체를 보게 될 것인가? 그들의 관심을 끌게 될 것인가? _ Hurst, 2001c, p. 9.

해리 벡위드는 홍보 자료의 내용에 대해 중요한 사실을 지적한다. "도서관을 위한 광고 내용을 작성하는 데 어려움이 있는가? 아마 문제는 당신의 글솜씨가 아니라 도서관에 광고할 만한 특징이 아무것도 없기 때문인지도 모른다(1997, 13)." 이 경우에 해당된다면 광고하기 전 무엇보다 도서관의 상품과 서비스부터 개선해야 한다. 그러면 무언가 광고할 만한 내용이 생길 것이다.

홍보 자료의 겉모습도 중요하지만 진정으로 중요한 것은 그 안에 담겨 있는 내용, 즉 말하고 있는 메시지이다. 이것은 대단히 간단한 문제이다. "청중들을 파악하라. 메시지를 전달하라. 구매 이유를 제시하라. 상품이나 서비스를 쉽게 구매할 수 있는 접근 경로를 제공하라. 메시지가 적절한 사람들에게 노출된다 해도 상품의 특징만 강조한다면 거의 기억되지 않을 것이다(Seacord,

1999, p. 3)." 상품이 주는 혜택에 집중해야 한다. 고객의 시간을 낭비하지 말라. 핵심만을 말하라. 홍보 내용은 간단하고 읽기 쉬워야 한다. 다른 내용이 섞여 있거나 너무 복잡하면 고객들에게 혼란을 줄 뿐이다. "사람들에게 하나의 설득력 있는 문장으로 왜 다른 사람이 아닌 당신에게서 구매해야 하는지를 설명하라(Beckwith, 1997, p. 199)." 부정적인 내용의 광고는 피해야 한다. 무엇을 막아 주는 상품이고 무엇을 하지 않는지를 말하지 말고, 무엇을 위한 상품이고 그 기능은 무엇인지 말하는 긍정적인 메시지를 담아야 한다. 속임수를 쓰려고 해서는 안 된다. "스스로 홍보 아이디어가 형편없고 전문적인 인상을 주지 못한다고 생각했다면 실제로도 그럴 가능성이 많다(p. 180)." 지나치게 내용을 부풀리거나 너무 많은 약속을 해서는 안 된다. 일반적인 내용을 홍보하지 말라. 발신자(도서관)와 수신자(홍보 대상) 양쪽 모두에게 구체적인 내용이어야 한다. 기존의 그래픽 모음 중에서 따온 이미지를 사용할 때는 목적에 맞게 변형시키라. "도서관 업계 바깥의 외부인들이 반복적으로 그것을 인용하는 것을 들을 때 당신은 단순하면서도 강력한 홍보 메시지를 만들어 냈다는 사실을 알 수 있을 것이다(Reed, 2001, 5)."

광고 내용은 짧고 간단하게, 편안한 인상을 주도록 구어체로 작성해야 한다. '최고를 목표로', '미래 지향적인', '비용 효율적인' 같은 진부한 문구는 피하라. 극적이고 감정을 자극하며 호기심을 불러일으키고 놀라움을 주는 독특한 내용을 만들라. "예일대학의 심리학자들이 밝혀 낸 바에 따르면 영어 단어 중에서 가장 설득력이 높은 단어는 당신(you), 돈(money), 절약(save), 결과(results), 사랑(love), 건강(health), 쉬운(easy), 발견(discovery), 증명된(proven), 새로운(new), 안전(safety), 보장(guarantee) 등이다. 여기에 다음 단어들도 포함시켜야 한다고 생각한다. 무료(free), 예(yes), 빠른(fast), 왜(why),

어떻게(how), 비밀(secrets), 할인 판매(sale), 지금(now), 힘(power), 알리는(announcing), 혜택(benefits), 해결(solution) 등이다(Levinson, 1998, p. 144)."

메시지가 눈길을 끌고 기억되기 쉽도록 하는 가장 강력한 2가지 방법은 슬로건과 마스코트다. 슬로건은 도서관이 가진 긍정적인 면을 표현하고 간명하며 기억하기 쉬운 내용이어야 한다. 일단 슬로건이나 마스코트를 정했다면 기회가 다가올 때마다 이를 활용해야 한다. 모든 홍보물—소식지, 포스터, 안내표지, 광고, 배포물—에 이를 넣어야 한다. 가능하다면 도서관에서 발송하는 모든 문서에 포함시켜야 한다. 자신의 이름이 들어간 슬로건을 만드는 사서도 있다. 온라인 검색엔진 애스크 지브스(Ask Jeeves)에 빗대어 어떤 고객이 "지브스에게 묻지 말고(Don't Ask Jeeves), 제나에게 물어요(Ask Jenna)!"라고 한 말을 듣고 이를 슬로건으로 삼은 것이다. 이 말은 기억하기 쉽고, 인터넷과 대비하여 상대적으로 도서관의 우수성을 표현하고 있으며, 고객들의 마음에 강한 인상을 남기는 좋은 슬로건이 되었다. 다시 말해서 제 역할을 다하는 슬로건이 되었다는 뜻이다. 다른 사서도 비슷한 경험을 한 적이 있다. "남이 대신 지어 준 슬로건이지만 이제는 모든 연구 조사 프로젝트를 시작할 때 사람들이 가장 먼저 하는 말이 있다. '그레이스에게 말해요.' 좀 진부하기는 하지만 사람들이 내 이름을 기억하고 새로운 작업에 착수하기 전에 나를 찾게 만들어 준다(McCarthy, 1992, p. 291)." 아이오와 시립 공공도서관은 온라인 카탈로그를 홍보하기 위하여 '영리한 알렉(Smart ALEC, A Library Electronic Connection, 도서관 전산 접속)'이라는 마스코트를 만들어 냈다. 지역 만화가가 그린 알렉은 컴퓨터 박사의 이미지를 갖고 있었으며, 이는 아이오와시가 유수의 공과대학들이 소재한 곳이라는 점을 감안했을 때 적절한 마스코트였다. 알렉은 광고, 게시판, 안내표지, 티셔츠, 배지, 소식지 등에 두루 사용되었다. 심지어 어떤 프로그램을 도입하기 전에 빌드업 광고(신제품 발매 시기 전에 평판을 높이려는 광고—역주)와 티저 광고(궁금증을 유발시키는 광고—역주)용으로도 사용되었다. 알렉은 두 번의 캠페인 후에 잠시 사용을 중지하는 '방학'에 들어갔지만 나중에 다시 부활하여 사용될 것이다(Eckholt, 2001). 이 사례는 하나의 광고 캠페인을 과다하게 사용하지 말아야 한다는 점을 보여 주는 좋은 예이다. 사람들이 그것을 지겨워하기 전에 그만두어야 한다.

추천(testimonials)은 다른 사람과의 협력을 통해 당신의 메시지를 전달한다. 고객들이 존중하는 사람이 도서관에 대해 좋은 말을 하면 고객들은 그 말이 사실이라고 믿게 된다. 추천은 고객이 이미 상품이나 서비스에 대해 고려한 후 결정 단계에 이르렀을 때 가장 큰 효과를 발휘한다. 현재와 과거의 고객들, 주요 인사들(관리자들, 의사들, 변호사들 혹은 정치인들) 혹은 전문가들(작가들, 교수들 혹은 저명한 기자들)이 한 말을 인용하라. 기존의 조사, 감사 편지 혹은 대화 내용에서 찾거나 최고의 고객(더 바람직하게는 그들의 상사)에게 추천의 말을 부탁하라. 강요해서는 안 되지만 구체적인 내용을 요구해야 한다. 어떻게 도움이 되었는지, 얼마나 자주 사용하는지, 왜 이용하는지, 기타 추천사 등 상품이나 서비스에 대한 의견을 물으라. 이때 고객의 추천을 정확히 어떤 내용으로 쓸 것인지 보이고 이에 대해 서면 동의를 반드시 구해야 한다. 만약 이에 동의하지 않을 경우에도 추천하는 내용은 사용할 수 있지만, 이때는 '어떤 고객'처럼 표현하여 누구의 말인지는 드러내지 말아야 한다. 추천사와 함께 사진을 사용하면 "통상 사진이 문자보다 더 큰 효과를 발휘하고", 사람들이 추천인의 이름을 모르는 경우에도 얼굴은 알아보는 경우가 많기 때문에 좋은 결과를 얻을 수 있다. 사진을 찍을 때는 전문 사진가를 고용해야 한다. 연구실이나 사무실처럼 고객들이 상품이나 서비스를 이용하는 현장에서 사진을 찍으라. 이 경우에도 사진사와 모델 양측에 사진 사용에 대한 서면 동의를 구해야 한다. 홍보 내용에 이야기나 일화를 포함시킬 수도 있다. 사람들은 이야기를 좋아하며 흔히 이야기 속에 감정을 이입하는 경향이 있다.

홍보 프로그램의 외양은 상품 그 자체만큼이나 중요하다. 모든 홍보물에 일관된 이미지를 유지하는 일, 그중에서도 색상과 그래픽의 일관성은 대단히 중요하다. 사람이 무언가를 인식하는 데 시각이 중요한 역할을 하기 때문에 모든 홍보물을 동일하게(혹은 유사하게) 만들어서 사람들이 금방 알아볼 수 있게 해야 한다.

4. 유형별 홍보물

브로셔

브로셔를 사용할 예정이라면 정성 들여 만들어야 한다. 고객들이 도서관을 이용함으로써 얻게 되는 혜택을 강조하라. 당신이 아니라 고객들이 중요하다고 생각하는 특징을 홍보하라. 서로 다른 서비스와 청중에게 맞는 메시지를 담은 브로셔 세트를 만드는 것을 검토해 볼 만하다. 이를 통해 집중적인 정보를 전달할 수 있을 뿐만 아니라 개별 브로셔를 더 단순하게 제작할 수도 있다. 시선을 끌고 전문적인 인상을 주는 브로셔를 만들라. 사진이나 그래픽을 사용하되 책이나 컴퓨터처럼 고리타분한 이미지는 피해야 한다. 특이하면서 전달하는 메시지에 잘 부합하는 이미지를 찾으라. 독자의 주의를 끌도록 표지를 디자인하여 안에 담긴 내용을 들여다보게끔 만들어야 한다. 그리고 모든 단어를 잘 살펴보아야 한다. 오자, 탈자는 사서에게는 특히 부끄러운 일이다. 도서관의 완전한 명칭과 주소, 전화번호, 팩스번호, 이메일, 웹사이트가 눈에 잘 띄는 위치에 들어가도록 하는 일은 상당히 중요하다. 브로서의 내용은 짧고 명확한 문장으로 이루어져야 한다. 문답 형식으로 작성하는 것도 괜찮다. A4 용지로 삼절지 형태의 브로서를 만들 수 있다. 마이크로 소프트에 삼절 구성 예제가 있다. 이를 참고하면 접었을 경우 정보를 제 위치에 잘 배열하기 쉽다. 〈http://search.officeupdate.microsoft.com/templategallery/ct88.asp〉를 참조하라. 마지막으로 매우 중요한 한 가지. 홍보물은 도서관 안의 서랍 안이나 책상 위에서는 아무 역할도 하지 못한다. 모든 장소에서, 모든 사람들에게 전달되어야 한다. 구내식당이나 휴게실 같은 곳에 배치하라. 어디를 가든 항상 한두 장의 홍보물을 지니고 다니라.

명함

누군가를 만날 때는 "강하고, 긍정적이며, 개성적인 인상"을 주어야 하고 동시에 지성적이며 전문적인 이미지를 보여야 한다(Hiam, 2000, p. 224). 명함(그리고 당신)을 돋보이게 하고 기억시키려면 인용구를 사용하거나 개성 있는 레이아웃을 쓰거나 특별한 로고를 삽입하거나 나아가 고급 용지의 카드를 사용해야 한다. 그러나 너무 튀어서는 안 된다. 세로 배열은 특이하기는 하지만 명함집에 넣었을 때 읽기 힘들다. 명함은 또한 회사 편지지와 같은 구성으로 만들어야 한다.

소속 기관이 정해진 명함 규격을 가지고 있다면 당연히 그에 따라야 하지만 협회 총회와 같은 특별한 경우를 대비해서 별도로 만들 수도 있을 것이다. 소속 기관에서 명함을 제공하지 않을 경우에도 반드시 자기 명함을 만들어야 한다. 가까운 문구점이나 인쇄소에서 만들거나 컴퓨터를 이용해서 스스로 만들 수도 있으며 인터넷에서 주문할 수도 있다. 소속 기관의 규정에 어긋나지 않는다면 학위도 명함에 기재해 사람들에게 당신이 전문가임을 상기시키라. 주디스 A. 시스 문헌정보학 전공 학사, 석사, 혹은 박사라고 하는 편이 단순히 이름만 적는 것보다 더 인상적이다.

소식지

모든 도서관은 소식지를 발행해야 한다. 소식지는 비교적 쉽고 저렴한 방법으로 도서관의 개성과 가치를 표현하고, 다양한 형태로 제작할 수 있으며, 고객과의 관계를 형성하는 데 많은 도움이 된다. 또한 현재 고객과 잠재 고객에게 도서관의 달라진 점, 중요한 사항 혹은 관심 분야를 보여 주고, 상품이나 서비스를 광고하며, 도서관의 이미지를 구축시켜 줄 뿐만 아니라 고객들에게 도서관의 존재를 상기시켜 준다. 소식지에 포함할 내용은 무엇인가? 새로운 서비스, 이용률이 저조한 서비스에 대한 추가 정보, 최근의 수서목록(책, 잡지 또는 규정집이나 사진집까지), 사서들의 전문적인 활동, 전문 잡지에서 발췌한 기사, 만족한 고객으로부터의 추천 같은 내용을 실으면 된다. 최근에 고객이 질문한 내용을 보기로 설명하는 것도 좋은 아이디어이다. "소식지를 보내고 나면 항상 그에 대한 질문을 받게 되어 사람들이 소식지를 읽는다는 사실을 알게 되었다. 또한 '도서관에서 그런 정보도 제공한다는 사실을 몰랐다'는 이야기도 듣고 있으며, 이 점은 지금 많은 홍보 활동을 하고 있다고 해도 더 열심히 해야 한다는 사실을 말해 준다(Edwards in La Rosa, 1992, p. 58)."

브로셔에 적용한 기준과 마찬가지로 소식지는 간명하고 읽기 쉽게 만들어야 한다. 소식지의 포맷은 다른 홍보물과 유사해야 하지만 각 발행본 모두 일관성을 가지고 있어야 한다. 시작 면에는 발행인란을 두어 소식지의 이름, 도서관명, 날짜, 발행 회수, 발행 번호를 기재해야 한다. 슬로건이나 마스코트가 있다면 이들도 발행인란에 넣을 수 있으며 또한 슬로건은 전체 페이지 하단에 넣고 작은 그래픽(마스코트나 다른 이미지)으로 꾸밀 수도 있다. 긴 내용과 짧은 내용을 적절히 조합하라. 재미있는 이야기, 유머, 퍼즐 혹은 만화(저작권 규정을 지킬 것) 등을 넣어도 좋지만 너무 많은 부분을 차지해서는 안 된다. 헤드라인은 내용을 잘 간추려 구체적인 현재형 문장으로 작성한다. 내용이 길 경우에는 읽기 좋게 문단을 나누고 여백도 잘 활용해야 한다.

소식지는 시기마다 일정하게 발행해야 하며, 월별로 내는 것이 좋지만 최소한 분기별로라도 내야 한다. 계속 발행할 여건이 안 되거나 소식지로 인해 추가로 발생할 서비스 수요를 만족시킬 수 없는 경우에는 아예 처음부터 만들지 않는 편이 낫다.

이메일 소식지는 바로 전달이 되기 때문에 상호작용이 가능하고, 항상 최근의 일들을 알릴 수 있으며, 비용이 적게 들고, 만들기도 쉽다. 전달 방법은 수신자 목록을 저장한 후 이들을 대상으로 구독 서비스를 제공하거나 도서관 웹사이트에 올리는 것이다. 서로 다른 목표 고객에 맞춰 여러 가지 소식지를 만드는 일을 검토해 볼 수도 있다. 한 집단에게는 흥미롭고 중요한 내용이 다른 집단에게는 따분한 내용일 수도 있으며 이로 인해 구독을 중단할 수도 있기 때문이다. 최대 5가지에서 6가지의 짧은 기사를 게재하고 그중 일부는 고정 코너로 만들되 전체가 4페이지 이상이 되지 않도록 해야 한다. 각 기사는 독자들에게 주는 혜택을 알리는 결론부터 먼저 적는다. 헤드라인은 명확하고 그 자체로 핵심 파악이 되도록 써야 한다. 같은 문단에는 한 가지 주제만 다루도록 한다.

보도자료

기자들이 알기 전에는 기사거리가 아니다. _ Hiam, 2000, p. 161.

보도자료는 기자들에게 도서관이 하고 있는 훌륭한 일들에 대해서 알려 준다. 언론에 보도자료를 보낼 때는 적절한 기존의 포맷을 따르는 것이 매우 중요하다. 보도자료는 5가지 부분으로 구성된다.

1) 헤드라인(headline). 헤드라인은 읽는 사람의 주의를 끌기 위한 일종의 '미끼'다. 매력적인 헤드라인을 만들 필요가 없다고 하는 이들도 있기는 하다. 그 일은 기자나 편집자의 몫이기 때문이다. 헤드라인은 대문자로, 정중앙에 보도자료의 주제를 적어 주면 된다.

2) 바이라인(byline). 여기에는 보도자료가 발행된 지역명과 기사화 가능한 날짜(혹은 즉시 게재 가능)만 적으면 된다.

3) 리드(lead). 6하원칙(누가, 무엇을, 언제, 왜, 어디서, 어떻게의 순서대로)에 맞추고 40단어에서 1백 단어로 표현해야 한다.

4) 본문과 이미지. 도입 문장에 나온 정보를 반복하지 말라. 전달하는 내용의 배경과 주변 정황을 설명하라. 사람 이름과 날짜만 지겹게 나열하지 말고 흥미로운 내용으로 작성하라. 인용어구와 사진을 넣으라. '우리' 대신에 '도서관'이나 구체적인 이름을 사용하라. 간단하게, 짧은 문장으로 구성하라. 사진을 같이 보낼 경우(좋은 아이디어임), 약 20×25센티미터의 사진을 넣고 별도 용지에 사진 설명(캡션)을 적어 주어야 한다. 사진에 나오는 모든 사람들에게 (고객의 경우는 특히 더) 사진 배포에 대한 동의를 얻어야 한다. 그리고 이 사실을 캡션에 적어 넣

으라. 보도자료의 분량은 한 장으로 하고 불가피할 경우에만 두 장으로 작성한
다. 전체 250단어가 넘지 않게 작성해야 한다.

5) 연락처. 도서관이나 소속 기관의 이름, 작성자, 주소, 전화번호, 팩스번호, 이메
일 주소, (가능하면) 웹사이트 URL을 모두 적는다.

보도자료에는 "기자들에게 왜 당신의 회사에 대한 기사를 써야 하는지
를 설명하는(Hiam, 2000, p. 171)" 짧고 명확하며 독특한 표지가 있어야 한다.
목표가 분명한 보도자료를 만들라. 해당 언론사가 관심을 가질 만한 내용인지
확인하라. (예를 들어서, 성인 대상 잡지에 도서관이 새로운 어린이 대상 동화구연
프로그램을 실시한다는 보도자료를 보내서는 안 된다.) 소규모 지역 신문은 항상
지역 소식을 찾고 있으며, 많은 지역 주민들이 읽기 때문에 도서관 소식을 알리
기에 좋다.

보도자료의 수신인을 그냥 '편집자'라고 쓰면 안 된다. 편집자나 기자의
이름을 알아내 정확하게 적으라. 해당 언론의 마감시간을 파악하고 홍보하고
자 하는 이벤트 날짜나 기사가 실리기를 원하는 날짜보다 최소한 10일 전에 정
보를 제공해야 한다. 많은 기자들이 기업도서관, 병원도서관, 법률도서관, 기타
비(非) 공공도서관들(그리고 전문사서)이 있다는 사실을 모르고 있다는 점을 참
고해야 한다. 이 사실을 알게 되면 대개 그들은 놀라면서 그와 관련된 이야기를
쓰는 데 관심을 갖는다. 필요할 때만 연락하지 말고 기자들, 편집자들과 자주
이야기를 나누라. 보도자료가 기사화되지 않더라도 편집자를 귀찮게 해서는
안 된다. 보도자료를 받았는지 한 번 정도만 간단하게 확인하라. 기사화를 거절
하더라도 흥분할 필요는 없다. "사실 대개는 당신을 전혀 모르는 기자보다 과
거에 한 번쯤 기사화를 거절한 기자에 의해 취재되는 경우가 더 많다(Hiam,

2000, p. 171)." 보도자료를 보낸 후에 후속 조치를 취하라. 기자에게 전화할 만한 구실(예를 들어서 새로 추가할 만한 내용)을 만들라. 언제, 누구에게, 어떤 내용을 보냈는지를 정확하게 기록해 두라. 만약 기사화가 된 경우에는 이를 최대한 활용해야 한다. 웹사이트나 포스터에 기사 내용을 올리고 고객들, 그리고 무엇보다 당신의 상사에게 기사의 사본을 보내라.

〈http://www.businesswire.com〉이나 〈http://www.prnewswire.com〉을 방문하면 다양한 조직에서 보낸 보도자료의 사례를 참조할 수 있다. 마이크로소프트 워드 프로그램을 위한 보도자료의 예제도 다음 링크에서 찾을 수 있다. 〈http://www.search.officeupdate.microsoft.com/templategallery/ct93.asp〉

또한 프레스 키트(press kit)를 만들 수도 있다. 프레스 키트란 펼친 양면에 포켓을 만들어 놓은 폴더로서 각각의 포켓에 하나 혹은 그 이상의 보도자료, 사진, 배경 정보를 포함한 각종 통계 자료, 그리고 담당자 이름(명함 등)을 넣어 놓은 것이다. 표지에는 도서관의 이름이 씌어진 멋지고 고급스러운 스티커를 붙이라. 스테파니 시코드*Stephanie Seacord*의 책, 『홍보 마케팅 : 적은 비용으로 큰 효과 내기*Public Relations Marketing : Making a Splash without Much Cash*』를 보면 프레스 키트를 만드는 데 필요한 세부 사항을 알 수 있다.

다이렉트 메일(DM)

포스터, 게시판, 광고처럼 폭넓은 청중에게 '전파하는' 것들과 달리 개별 고객에게 직접 보내는 모든 광고물을 다이렉트 메일(이하 DM)이라고 한다. DM은 보통 그것에 흥미를 가질 것으로 예상되는 선택된 집단에게 보낸다. DM에 관련된 몇 가지 오해와 편견들이 있다. 그것을 한번 살펴보자.

편견 1: "DM은 스팸메일이다." 믿어지지 않겠지만 대부분의 사람들은 DM을 최소한 열어서 훑어본다. DM을 보낼 때는 발송 수단, 메시지, 양식 그리고 수신 대상 등을 통제할 수 있다. 또한 "라이벌 관계의 광고 메시지와 나란히 경쟁할 필요가 없다. 그리고 맞은편 페이지에 실린 광고와 다툴 일이 없다. 게다가 전달하는 메시지가 두 개의 다른 광고 사이에 끼게 되는 경우도 없다(Bacon, 1992, p. 6)." 소규모 도서관도 우수한 인쇄 품질과 정성만 있으면 얼마든지 대형 도서관에서 만든 것 같은 DM을 제작할 수 있다.

DM에는 판매하고자 하는 상품과 서비스에 대한 설명, 그 특징과 소비자에 대한 혜택, 모든 유료 품목의 가격, 그리고 가장 중요한 것으로 행동에 대한 요구가 남겨 있어야 한다. 고객들에게 이렇게 반응해야 하는지["도서관을 방문하여 질문해 주십시오", "이 쿠폰을 가지고 오시면 무료 도서관 관람(혹은 검색)을 하실 수 있습니다", "자세한 사항은 전화로 문의해 주십시오" 등 고객이 취했으면 하고 바라는 모든 행동]를 분명하게 알리라. 반응하는 방법은 쉽고, 가능하면 돈이 들지 않아야 하며, 고객이 여러 가지 옵션(예를 들어 전화, 이메일, 팩스, 인터넷) 중에서 선택할 수 있도록 해야 한다. DM은 꼭 한 장으로 국한시킬 필요없다. 세 장짜리 DM이 한 장으로 된 것보다 더 많은 신뢰감을 준다. 수신자의 이름을 적어서 보내면 응답률이 두 배로 높아진다. 주소(특히 이름 부분)를 큰 글자체로 작성하면 받는 사람에게 더 호감을 준다. 아마존닷컴이 구매독자들에게 다른 책을 추천하듯이 고객에게 보내는 송장이나 다른 발송물에 자신과 고객의 이름, 직접 쓴 편지, 추가 서비스 아이디어에 대한 제안과 설명 등을 삽입하면 직접 대면하지 않고도 친근한 느낌을 줄 수 있다.

DM은 너무 격식을 차려서 딱딱하게 쓸 필요는 없다. 여백을 많이 사용하고 가장 중요한 문장을 컬러로 강조하라. 다른 좋은 기법으로는 '무료상품

재중(在中)'처럼 봉투에 '티저' 문구를 넣거나 내용의 마지막에 '추신(손으로 쓰면 더 좋음)'을 덧붙여 메시지를 한 번 더 강조하는 것이 있다. 쿠폰과 반송엽서도 좋은 홍보 수단이다. 뒷면에 주소 스티커를 붙여서 당신이 보냈다는 사실을 쉽게 알 수 있도록 하라. 나아가 발송물별로 주소 표기법을 바꾸는 등의 방법으로 특정한 코드를 부여한 후 발송하면 고객들이 어떤 홍보물에 반응하는지 알 수 있을 것이다. 미리 반송용 봉투에 도서관의 주소를 기재하여 회신률을 높이도록 하라. 물론 반송용 봉투에 우표까지 첨부하여 보내면 회신률을 더욱 높일 수 있는데, 이 경우에는 비용도 같이 증가할 것이다. DM에 대한 아이디어와 제안을 찾을 수 있는 최고의 장소는 어디인가? 바로 당신의 우편함이다. 당신의 주의를 끄는 DM을 참조하라(Bacon, 1992, p. 11). 끝으로 발송물을 보내고 난 다음에는 그 후속 조치로 전화를 걸어 간단히 수신 여부를 확인하고 혹시 질문이 있으면 답변을 하라. 단순히 편지를 보내는 것만으로는 충분하지 않다.

DM을 보내는 데 있어서 "가장 중요한 요소는 정확한 주소록을 구하는 것이다(Levinson, 1998, p. 213)." 목표 대상은 신중하게 선택해야 한다. 그 주소록은 옳든지 틀리든지 둘 중 하나이다. 최고 조건의 제안, 멋진 편지와 브로셔, 무척 중요한 메시지를 담고 있다고 해도 잘못된 대상에게 보낸다면 원하는 결과를 얻을 수 없을 것이다. 발송 목록은 DM 성공 여부의 50%에서 60%를 결정한다. 창조적인 메시지나 겉모양은 겨우 5%에서 20%를 결정할 뿐이다(Tolman, 1998, p. 36). 직접 마케팅 데이터베이스를 축적하려면 시간도 많이 걸리고 그만큼 많은 대가를 치러야 하지만 외부에서 구매한 목록보다 더 나은 결과를 얻을 수 있다. 항상 고객의 데이터베이스를 업데이트하라. 매년 10% 정도의 고객의 주소가 바뀌는 것으로 알려져 있다.

편견 2: 평균 반응률. "평균 (DM) 반응률 같은 것은 없다. 이것은 애초에 존재할 수가 없는 것이다. 성공 여부를 가늠할 수 있는 유일한 비교 대상은 얼마나 수익(혹은 통계치)을 올렸느냐 하는 것뿐이다(Bacon, 1992, p. viii)." DM에 대한 반응률이 낮다고 생각되면 다른 홍보 수단(텔레비전, 라디오, 신문 등)과 투입 비용 대비 반응률을 비교하라. DM은 비용이 많이 들지 않으므로 반응률이 낮아도 어느 정도는 감수해야 한다.

경우에 따라서 DM을 외부로 발주하는 편이 더 나을 때도 있다. 충분히 신경을 쓸 만한 시간이 없거나, 발송물에 대한 반응률이 대체로 낮거나, 창조적인 재능이 부족할 때는 전문업체를 이용할 수도 있다. "어떤 DM은 90%까지 수신자에 의해 개봉되기노 한나(Bacon, 1992, p. vi)." 삐른 우편은 일반우편보다 더 많이 개봉된다. 일반우편을 사용해야 할 경우에는 대량발송 우편으로 처리하거나 가능하면 일일이 우표를 붙여서 발송하라.

가능하다면 6주 1회 정도로 자주 우편물을 발송하라. 이미 고객이 된 사람이라 해도 계속 도서관의 존재를 상기시키지 않으면 경쟁자의 선전에 넘어갈지도 모르기 때문이다.

보고서와 이메일

연례 보고서는 특히 유용한 홍보 수단이다. 분량이 많다면 요약본만이라도 널리 배포해야 한다. 대출데스크나 참고데스크에도 몇 권씩 놓아 두라. 연례 보고서는 관리자들의 관심을 끌기 위하여 좋은 이미지와 양식을 사용하고 세심하게 내용을 작성하므로, 고객들도 쉽게 읽을 수 있을 것이다.

이메일은 긍정적으로, 전문적인 양식에 맞추어 쓰는 것이 중요하다. 이메일을 수신한 사람이 그 이메일을 누구에게 전달할지 알 수 없기 때문이다. 영성하거나 나쁜 내용을 써서 보내면 틀림없이 그로 인해 손해를 보게 될 것이다.

게시판과 진열대

게시판은 상품과 서비스를 손쉽게 홍보할 수 있는 수단이며 대개는 비용도 거의 들지 않는다. 고정 게시판을 사용할 수 없다면 옮길 수 있는 게시대를 사용해도 좋다. 진열대를 최고의 게시판으로 꾸미라. 입체적인 디스플레이가 가능하다는 장점을 십분 활용하라. 게시판과 진열대는 모두 사람들이 많이 지나다니는 장소에 놓아야 한다. 휴게소 근처는 언제나 이들을 위한 좋은 장소이다. 또 다른 곳으로는 자판기 근처나 건물의 주요 출입구 등이 있고 화장실 근처도 나쁘지 않다. 또한 지역 내에 비어 있는 가게의 유리창에 전시물을 붙일 수도 있다. 외부에 전시물을 설치하면 도서관의 존재를 확장시키는 효과를 얻을 수 있다.

게시판에는 쉽고 간단하며 사람들이 관심을 가지는 내용을 싣는 것이 중요하다. 이야기나 재치 있는 어휘, 유머 등을 적절히 사용하라. 지나가면서 한번 쳐다보는 간판과 달리, 게시판은 보는 사람들(고객들)이 시간을 들여서 읽도록 만들어야 한다. 이를 위해서는 게시판에 여러 가지 다양한 내용이나 목록을 넣는 것이 도움이 된다. 하루에 한 단어씩 설명하는 내용[워크맨 퍼블리싱(Workman Publishing)의 『메리엄 웹스터 365 새 단어 달력*Merriam Webster's 365 New Words Calendar*』 같은]을 크게 확대해 붙이라. 흥미로우면서도 교육적인 내용을 담고 있다. 도서관이나 컴퓨터를 소재로 한 만화는 항상 게시판의 좋은 소재가 된다. 딜버트(Dilvert, 직장인을 주인공으로 한 미국의 인기 만화—역주)는 기업도서관의 고객들에게는 최고의 구경거리이다. 이때 항상 저작권법을 지켜야 한다. 복사본을 만들지 말고 원본을 사용하라. (저자의 경우는 딜버트

일일 달력을 사서 매일 한 장씩 붙였다. 어떤 사람들은 딜버트를 보기 위해 매일 도서관에 들렀고, 온 김에 가끔 책도 빌려서 나가곤 했다.) 도서관 이용자들에 대한 이야기를 보이고 그들의 사진과 도서관 이용 소감도 함께 올리라. 경영진의 이야기를 게시판에 실을 수 있다면 더욱 좋다. 도서관 직원이나 자원봉사자 중 한 명을 선정해서 그에 관한 이야기도 올릴 수 있다. 소속 기관이 통계치를 중요시 여긴다면 컬러로 성과 분석 그래프를 게시하라. 대부분의 도서관협회나 공급업자로부터 게시판에 붙일 포스터를 구입할 수 있으며 참석한 도서관 총회에서 가져올 수도 있다. 미국도서관협회(ALA)의 '독서합시다(Read)' 포스터는 매우 인상적이며 다양한 종류로 제작되어 게시판에 붙이기도 좋다. 최근의 도서관 오픈 하우스나 다른 행사의 사진도 붙일 수 있다. 사람들은 자신의 사진을 보는 것을 좋아하는 법이다.

뉴스의 내용을 매일 혹은 일주일 단위로 정리하여 서비스하고 있다면 이 내용을 게시판에 붙여서 뉴스 서비스의 대상이 아닌 사람도 볼 수 있도록 하라. 그리고 고객이 썼거나 고객과 관련된 책이나 기사의 사본을 게시하라. 좋은 그래픽을 함께 쓸 수 있다면 새로 나온 책의 목록도 좋은 대상이다. 하지만 좋은 그래픽이 없다면 재미없는 내용이 될 수도 있다. 출판사들은 표지를 돋보이게 하기 위해 엄청난 정성을 들인다. 이러한 노력을, 게시판을 흥미롭게 만드는데 빌려 쓰라.

게시물은 자주 바꿔 주어야 한다. 정기적으로 바꾸지 않으면 사람들은 흥미를 잃게 된다. 작은 생명공학 회사의 도서관에서 일할 때, 저자는 매주 새로운 화학공식을 사용한 재미있는 질문을 게시판에 올리고 그 다음 주에 답을 보여 주었다. 예를 들어 NaCl(염화나트륨) + DieHard = assault and battery(폭행구타) 이런 식이었다[소금(salt)의 주성분이 염화나트륨임과 assault와의 발음의 유사성을 이용해 만든 유머—역주]. 사람들은 이것을 보려고 매일같이 게시판을 찾았다. 다가올 행사나 국경일에 맞추어 게시물을 만들 수도 있다. 갖가지 행사와 일정이 담겨 있는 『체이스 이벤트 캘린더*Chase's Calendar of Events*』나 기타 다양한 웹사이트를 참조하여 아이디어를 얻으라.

「처치 앤 시나고그 라이브러리즈*Church and Synagogue Libraries*」지 (紙)의 칼럼니스트이자 미시건주의 위안도트에 위치한 제일연합감리교회(First United Methodist Church)와 위안도트 가톨릭연합학교(Wyandotte Catholic Consolidated Schools) 도서관의 자원봉사자인 돈나 맥러플린-슈렙*Donna McLaughlin-Shuereb*은 하나의 컨셉트(과일 전시대, 카메라, 옷 등)를 정하고 그와 관련된 모든 단어를 떠올린 뒤 그 단어들을 도서관에 연관시켜 볼 것을 제안한다(1998). 예를 들어, 동물원의 동물들을 주제로 삼았다면, 이렇게 문장을 구성하는 것이다. [You otter(ought to) read a book. I'd be lion(lying) if I didn't tell you that our books are great.] 이외에도 소속 기관에 바로 관련되는 단어 (수술실, 열람실, 법정 등)나 내부에서 통용되는 농담 등을 그러한 주제에 맞추어 사용할 수도 있다. 원한다면 잡지나 광고에 나온 이미지를 오려서 사용할 수도 있다. 좋은 사진을 볼 때마다 오려서 '게시판' 폴더에 따로 모아두는 습관을 가지도록 하라.

판촉물, 배포물, 그리고 기타 아이디어

사람들은 집에 무언가를 가지고 가기를 좋아한다. 판촉물은 저렴한 비용으로 도서관을 홍보하는 수단이 될 수 있지만 적절한 메시지를 담고 있어야 한다. 기존에 사용하던 색상과 마스코트 혹은 슬로건을 사용하라. 도서관의 이름, 주소, 전화번호, 팩스번호, 이메일, 웹사이트 주소가 모든 판촉물에 들어가도록 해야 한다. 자석은 언제나 많이 쓰이고 싸게 대량 구매 가능한 아이템이다. 직각 형태가 아닌 요즘 나오는 다양한 모양의 자석을 선택하라. 자석은 단순히 연락처만 적거나 특정 상품이나 서비스를 홍보하기 위해서 사용할 수도 있다. 포스트잇도 많이 사용하지만 한번 떨어지면 당신의 메시지도 같이 버려진다. 이것을 당신의 메시지가 적힌 플라스틱 케이스에 넣어 보면 어떨까? 이 케이스는 언제나 리필이 가능하므로 메시지는 항상 고객의 눈앞에 남게 된다. 대부분의 사람들은 배지를 좋아하지만 비용이 많이 들 수도 있다. 배지를 자주 사용할 예정이라면 제작 키트를 구입하는 방안도 검토해 볼 수 있다. 이를 통해 비용을 많이 줄일 수 있을 것이다. 티셔츠는 상대적으로 비싼 아이템이기는 하지만 독서 경연대회의 부상(副賞), 자원봉사자나 캠페인 봉사자에 대한 선물 혹은 특별 행사시에 입을 직원의 복장 등으로 사용할 수 있다. 또 후원금을 모금하기 위하여 판매할 수도 있다. 미국도서관협회(ALA)는 많은 책갈피를 판매하고 있는데 이중에서 내가 가장 좋아하는 것은 담당사서의 사진과 필요한 정보를 넣을 수 있는 책갈피이다. 전국 도서관 주간(National Library Week)을 위하여 한 법률도서관은 "소송서류의 교정과 법조문 검토 때문에 시간이 없어 종종 책상에 앉아 점심을 먹는" 직원들과 보조원들을 위해서, 한 면에는 교정부호를 넣고 다른 한 면에는 법조문 수정 예제를 넣은 책상용 매트를 배포했다(Curci-Gonzalez, 2000, p. 16). 이러한 아이디어들은 당신의 도서관에도 쉽게 적용할 수 있다. 다른 사서는 휴게실의 게시대를 통해 도서관에 대한 퀴즈를 배포하기도 했다. 그녀는 동시에 퀴즈의 정답이 담겨 있는 광고지도 함께 배포했다. 그리고 응모지를 추첨하여 책을 나눠주었다. 이렇게 이전에는 미처 발견하지 못했던 많은 장소를 활용하여 도서관을 홍보할 수 있다는 점을 이제는 깨달았을 것이다.

　　도서관과 도서관이 제공할 수 있는 상품과 서비스를 홍보하는 검색물 표지와 원문제공 신청용 표지를 만들라. 거기에 슬로건이나 마스코트를 삽입하라. 일부 검색 서비스업체로부터 표지를 무료로 구할 수도 있을 것이다. 범퍼 스티커도 이미지 형성이나 이용료 징수 캠페인과 같은 특정한 목적을 위해서 사용하기에 좋은 아이템이다. 범퍼 스티커는 홍보 메시지를 지역사회 내에 최대한 멀리 퍼뜨려 주기 때문에 공공도서관이나 비영리 자선단체 도서관에 더 적합하다.

　　우리는 글의 힘을 종종 잊곤 한다. 언론의 편집자에게 편지 쓰는 일을 고려해 보라. "도서관의 발전에 기여할 수 있는 한 가지 방법은 도서관의 서비스에 대해서 언론에 일주일에 1회 편지를 보내는 것이다. 우리는 지역 주민들에게 도서관이 어떤 곳이고, 사서들이 어떤 일을 하는지를 알리고, 이렇게 홍보한 내용들을 그대로 실행해야 한다(Scilken in Deitch, 2002, p. 56)." 이를 실행하는 방법은 이메일, 엽서, 편지가 있다. 무엇보다 잡지에 보내는 글은 해당 잡지의 성격에 맞아야 한다는 점을 잊어서는 안 된다. 그리고 잡지의 수준이 당신의 메시지에도 영향을 끼치므로 좋은 잡지를 선택해야 한다.

　　텔레비전과 라디오는 뉴스, 공공 서비스 공지(Public Service Announcements, PSAs), 인터뷰를 위해 활용할 수 있다. 텔레비전은 시각적인 미디어이므로 무언가를 보일 필요가 있을 때 퍽 유용하다. 케이블 TV도 여기에 포함된다. 또 다른 좋은 홍보 아이디어는 만족한 고객들로부터의 추천 편지, 도서관에 있는 정보를 참고할 것을 권하는 의사들의 '처방전' 혹은 고객들의 관심영역을 다루는 상위 열 개의 웹사이트 등을 모아 '명예의 벽'을 꾸미는 것 등이 있다.

5. 도서관 홈페이지와 이메일 : e마케팅 활용

컴퓨터는 우리가 상품과 서비스를 마케팅하는 방식을 바꾸었다. 고객들의 도서관 방문 빈도는 감소하고 있으며 이에 따라 도서관 내 홍보, 도서목록 안내, 고객과 관계를 형성할 수 있는 기회도 함께 줄어들고 있다. 따라서 우리는 인터넷을 통해 고객들에게 마케팅할 수 있는 길을 찾아야 한다. 인터넷 마케팅의 주요 수단은 이메일과 도서관 웹사이트이며 이외에도 뉴스 그룹, 채팅방, 인터넷 게시판, 인터넷 토론 그룹 등을 이용해 고객들에게 도서관을 홍보할 수 있다. 우리는 고객들에게 인터넷 활용을 극대화시켜 주는 검색 전문가로서 우리를 포지셔닝해야 한다. 인터넷의 양방향 의사소통이라는 장점을 최대한 활용하여 고객들에게 상품과 서비스에 관한 정보를 전해 주고 고객들의 불평, 기호, 요구 등에 대응하며 그들의 제안에 따라 상품과 서비스를 개선하여야 한다.

이메일

오늘날에는 거의 모든 사람이 이메일을 이용한다. 도서관에서 인터넷이나 이메일 접속이 가능하다면 이를 고객들에게 홍보하라. 이메일을 확인하러 온 직원이 나중에는 다른 도서관 자원을 이용하러 다시 방문할 수도 있다. 가능하다면 도서관 컴퓨터 모니터에 배너 광고를 띄워서 인터넷 서비스에 중점을 둔 상품과 서비스를 광고할 수도 있다. 대다수 인터넷 토론 그룹이 광고를 금지하고 있지만 자기소개란에 들어가는 메시지가 짧고 간단하며 올바른 내용이라면 허용할 것이다. 예를 들어 저자의 자기소개란은 이렇게 되어 있다.

주디스 A. 시스

인포메이션 브리지스 인터내셔널사(Information Bridges International, Inc.) /I\B/I\

「원퍼슨 라이브러리: 뉴스레터 포 라이브리언스 앤 매니지먼트*The One-Person Library: A Newsletter for Librarians and Management*」 발행인

저서: 『눈에 띄는 도서관 마케팅: 마케팅과 후원 확보 활동을 통한 가치 창조*The Visible Librarian: Asserting Your Value with Marketing and Advocacy*』 미국도서관협회(ALA) 출간.

[연락처] ___________

내가 보내는 모든 이메일의 하단에 있는 이 짧은 광고 문구를 보고 얼마나 많은 사람들이 연락을 하는지 알면 아마 깜짝 놀랄 것이다.

웹사이트

"인터넷 전달 수단의 발달로 정보들을 관련 직원의 컴퓨터로 바로 보낼 수 있게 되어 회사가 기업 활동을 하는 과정에서 이용하는 정보는 더 이상 도서관이나 정보부서의 전유물이 아니게 되었다(Henczel, 2001, p. xxi)." 이제는 지사, 소규모 의원, 협력 병원, 기숙사, 교실, 도서관 분관, 집에 있는 고객들도 도서관을 방문하는 고객들만큼 자유롭게 거의 모든 자료에 접근할 수 있다.

웹사이트의 핵심 판매 포인트는 보유하고 있는 컨텐츠이다. 우리 사서들은 컨텐츠 수집, 분류 그리고 검색의 전문가들이다. IT 부서(컴퓨터 기술자들)가 컨텐츠와 컨텐츠 분류 업무를 최고 우선순위에 두지는 않을 것이다. 사서들은 프로그래밍과 그래픽보다 웹사이트의 성공에 절대적으로 더 큰 영향을 미치는 이 2가지에 집중해야 한다. IT 부서와 함께 프로젝트를 진행하다 보면 도서

관에 대한 해당 부서의 인식을 높일 수 있다. 사서들은 기획자, 마케터, 리더(비전 제시자), 위기관리 책임자, 고객과 공급자들의 파트너로서 프로젝트에 참여할 수 있고 또 참여해야 한다.

인터넷이 제공하는 또 다른 기회는 도서관 이용자들의 온라인 커뮤니티를 만들 수 있다는 점이다. 사서는 이러한 내부 인터넷 토론 그룹이나 게시판을 만들어 조직 내부의 의사소통을 활성화하고 외부인들을 의사소통에 참여시킬 수 있는 최적의 위치에 있는 이들이다. 저자는 그러한 의사소통이 불필요한 회의를 현저히 줄일 수 있다고 오랫동안 생각해 왔다. 왜 검토할 주제를 올리고 온라인상에서 토론을 비동시적으로(모두 동시에 일어나지는 않는다) 벌일 수 있도록 하지 않을까? 그렇게 한다면 정해진 인원을 모으기 위해 시간을 낭비하지 않아도 되고, 이동 시간도 필요없으며, 소모적인 논쟁도 일어나지 않을 것이다. 규정이 허락한다면 온라인 투표를 통한 의사 결정도 가능하다. 21세기의 회의는 이러한 양상으로 이루어져야 하며 사서가 그러한 변화를 선도할 수 있다.

인터넷에 대한 개론은 이쯤에서 마치기로 하고 웹사이트를 더 나은 홍보 수단으로 만들 수 있는 핵심 내용을 다뤄 보기로 하자. 가장 먼저 웹사이트의 목적을 정의해야 한다. 내부 고객들, 집에 있는 사람들 혹은 조직 외부에 있는 사람들 중에서 누구에게 도서관을 홍보하려고 하는가? 웹사이트를 도서관의 소장 정보로 인도하는 관문으로 사용할 것인가 아니면 단순히 도서관의 서비스를 개괄적으로 안내하는 데 사용할 것인가? 다음으로 내용을 결정해야 한다. 내용은 짧고 간단해야 한다. 화려한 그래픽과 화면 구성은 보기 좋을지는 모르나 화면 로드 시간을 길게 하고 모든 컴퓨터에서 잘 구현되지도 않는다. 대부분의 고객은 우리와 마찬가지로 정보를 원하는 것이지 화려한 그래픽을 원하는 것이 아니다. 프레임을 사용할 경우에도 첫 페이지에는 프레임 옵션을 주지 않는 편이 바람직하다. 웹사이트에 외국어 버전도 함께 제공한다면 그것이 스페인어든 프랑스어든 베트남어든 간에 언어 선택이 간편하도록 해야 한다.

도서관 웹사이트가 갖추어야 할 기본 요소는 다음과 같다.

- 지역사회나 소속 기관에 대한 간단한 설명.
- 모든 연락처(주소, 전화번호, 팩스번호, 이메일 주소, URL)가 포함된 도서관에 대한 간단한 설명.
- 도서관 직원(전문사서 외 일반 직원 포함)들의 이름, 자격증 그리고 전문 분야. 가능하다면 사진도 넣는다.
- 도서관 운영 시간과 위치(건물이나, 캠퍼스 혹은 지역에서 찾기 힘들 경우에는 지도를 첨부한다).
- 전문 소장 도서를 비롯한 주요 도서관 서비스. 첫 페이지에서 새로운 아이템이나 서비스를 강조한다.
- 대출 및 이용 규정 요약. '모든 XYZ 시민'보다 '주거 여부 확인이 가능한 XYZ시의 모든 시민'이라고 표현하는 것이 더 좋다. 마찬가지로 '사용 권한이 있는 모든 의사, 간호사, 기술자, 보조 직원, 환자 그리고 의사의 추천장을 소지한 지역 주민'이 '병원 직원과 일반인'이라고 하는 것보다 더 명확하다.
- 상품과 서비스의 목록. 유료 서비스의 경우에는 요금을 명기한다.
- 접속조건에 대한 정보. 웹사이트를 이용하는 데 특정 프로그램이 필요하거나 이들로 인해 더 효율적인 이용이 가능하다면 첫 페이지에서 이를 명확하게 알려 주어야 한다. 그 프로그램을 인터넷에서 다운받을 수 있으면 해당 사이트에 대한 링크를 제공하라. 암호의 경우도 마찬가지다. 고객에게 암호가 필요한 경우 이를 얻는 방법을 알려 주라. 이메일을 이용하는 편이 바람직하다.

- 일반 정보와 그에 대한 접근 경로. 모든 페이지에는 마지막으로 업데이트된 날짜, 소속기관명, 도서관명, 웹마스터의 이름과 이메일 주소 그리고 '이전 페이지로' 가는 버튼이 나와 있어야 한다.

이용자들이 관심을 가지고 있는 사이트들의 링크를 제공하라. 자신에게 필요한 링크로 인해 이용자들이 인터넷을 시작할 때 도서관 웹사이트를 먼저 방문하는 습관을 들일 수 있다. 고객들이 새로운 사이트 정보, 제안, 질문 그리고 요구사항을 쉽게 전달할 수 있게 해야 한다. 접수 게시판을 운영하되 이메일 주소, 전화번호, 팩스번호를 함께 올리라. 고객별 도서목록 제공, 과거 검색 유형과 잡지 이용 등에 따른 책과 잡지 추천, 기존 대출 도서나 현재 신청 도서목록 검색 혹은 온라인 대출 신청이나 보류 신청까지 가능한 맞춤형 도서관 포탈을 만들 수도 있다. 또 도서관 사진이나 도서관 행사 사진을 올려서 멀리 떨어진 고객들도 친근감을 느낄 수 있도록 하라.

보니 슈카*Bonnie Shucha*가 지적한 대로 "미적 측면도 중요하다(2002, p. 12)." 사이트의 디자인이 뒤떨어지면 이용자들은 보유하고 있는 컨텐츠도 뒤떨어질 것이라고 생각하기 쉽다. 잘 디자인된 웹사이트를 만들되, 사용하기 쉽고 문제없이 작동하게 만드는 일이 더 중요하다. 고객들의 입장에서 생각하라. 그들은 어떻게 정보를 찾는가? 고객들에게 가장 필요할 것으로 예상되는 정보를 첫 페이지에 올리고 기타 중요한 페이지로 연결해 주는 버튼 메뉴를 제공하라. 각 페이지는 보기 편하도록 여백을 남겨 두라. 또 사이트 전체가 일관성을 유지해야 한다. '뒤로' 혹은 '앞으로' 버튼처럼 유사한 정보는 비슷한 디자인을 사용하고 전체 페이지에 걸쳐서 같은 위치에 배치되도록 해야 한다. 인터넷을 검색하면서 마음에 들지 않거나 원활하게 작동하지 않는 사이트들을 눈여겨보고 같은 실수를 반복하지 않도록 하는 자세가 필요하다.

가능하다면 웹사이트에 임시 주소를 부여하고 일부 고객(오프라인 상태에서)에게 테스트를 부탁하라. 그들에게 최대한의 요구를 하도록 요청하고 이 제안들을 모두 수용하도록 노력하라. 고객들이 사용하는 다양한 웹 브라우저 프로그램(모든 고객이 익스플로러나 넷스케이프를 사용하지는 않는다)으로 웹사이트를 열어 보고 모두 이상 없이 검색이 되는지도 확인해야 한다. 각 페이지의 내용을 주의 깊게 교정한 다음 다른 사람들에게도 검토하게 하라. 웹사이트에 오자나 탈자가 있으면 고객에게 좋지 않은 이미지를 주게 된다.

끝으로 이용자들에게 웹사이트를 알릴 캠페인을 기획하라. 웹사이트 개설을 홍보하는 이메일과 메모를 보내라. 사보 등에 기사나 인터뷰를 게재하라. 전체 회의나 부서별 회의 시간에 이를 공지하라. 당신의 참석 하에 고객들이 웹사이트를 구경할 수 있도록 시범 서비스를 하거나 오픈 하우스를 열어서 고객의 질문에 바로 대답해 주도록 하라. 웹사이트 주소를 모든 외부 발송물에 기재하라. 유사한 다른 단체나 조직 내 부서 웹사이트에 배너를 교환하라. 회사 정책에 따라서 인터넷에 직접 새 웹사이트를 광고할 수도 있다. 목표 청중들이 볼 만한 인터넷 뉴스 그룹, 목록 사이트 그리고 인쇄 잡지에 홍보 자료를 보내고 소속 기관이나 지역사회에 광고지를 배포하라.

고객들이 검색엔진을 통해 당신의 웹사이트를 찾을 수 있도록 해야 한다. 웹사이트명을 정할 때는 그 내용(검색엔진에 맞게)과 길이(즐겨찾기 메뉴에 맞게)를 감안해야 한다. 웹사이트명 밑에만 밑줄을 그어 고객들이 웹사이트 주소를 기억하고 검색창에 쓰기 쉽게 하라. 또한 웹사이트명은 띄우지 말고 문자와 숫자로만 구성하되 관사(a, an, the)는 쓸 필요 없다. 하지만 도서관명은 포함하고 있어야 한다. 파일명은 줄여서 쓰지 말아야 한다. (예: cat.html로 하지 말고 librarycatalog.html로 해야 한다.) 이용자들이 당신의 웹사이트를 찾기 위해 검색할 만한 단어에 대한 문서 헤더(html 프로그래밍시 각 데이터의 머리에 붙이는 표제 정보－역주)에 메타태그(검색 로봇이 정보를 검색할 때 웹페이지 관련 정보를 전달하는 명령어－역주)를 첨가하라. 일부 검색엔진에서 보여 주는 사이트 설명 문구에는 도서관 이름과 함께 보유 컨텐츠를 잘 묘사한 내용을 넣는다. 메타태그에 주요 검색어를 반복한다고 해도 대부분의 검색엔진에서 사이트 순위가 올라가지는 않는다. 대부분의 유명 검색엔진에 사이트를 등록하려면 Submit It!〈http://www.submit-it.com〉, Register It!〈http://www.register-it.com〉 그리고 Internet Promotions〈http://www. websitepromote.com〉 등의 서비스를 이용하면 된다. 주기적으로 웹사이트를 검색해 보라 적절한 검색어를 넣었는데도 검색되지 않는다면 메타태그를 수정해야 한다. 끝으로 웹사이트를 도서관에 있는 모든 컴퓨터의 시작 사이트로 설정해 두라.

이 모든 것을 할 시간이 없다고 생각하는가? 인터넷상에 효과적인 도서관의 이미지를 구축하려면 이를 위한 시간을 만들어야 한다. 예산에 비해 비용이 너무 많이 든다면 이를 충당할 수 있는 추가 예산을 조달해야 한다. 웹사이트의 디자인과 유지 관리를 외부 업체에 아웃소싱할 수도 있다. 이때는 충분한 시간을 두고 업체를 선정하고 디자인 작업에 참여해야 한다. 웹사이트를 개발하고 유지하려면 상당한 작업을 해야 하지만 점점 더 많은 고객들이 도서관의 웹사이트를 당연한 것으로 생각하고 있다. 좋은 웹사이트를 만들 수만 있다면 당신이 정보 기술에 밝고 사용자 중심의 사고를 하며 시대에 뒤떨어지지 않았다는 사실을 증명할 수 있다. 갈수록 인터넷의 영향력이 커지고 있는 오늘날, 신선한 사고를 유지하면서 활기찬 태도로 당신과 도서관을 세상에 선보이는 일은 새로운 도전이다. 그것은 두려운 일이 아니라 즐기면서 해야 할 일이다.

제4장 PR(Public Relations) : 인간적 접촉

정보 관련 직종은 사람에 대한 비즈니스라는 점을 기억할 필요가 있다. 우리는 고객에게 서비스하는 것이 아니라 고객을 위해 서비스해야 한다. _ Infield, 2002, p. 12.

1. 걸어다니며 홍보하기: 도서관에서 나오라

대(對)언론 홍보 활동에는 한계가 있다. 그러므로 언젠가는 고객을 직접 만나야 한다. 고객이 도서관을 찾아 주기만을 기다릴 수 없기 때문에 당신이 도서관을 나와 그들을 찾아가야 한다. 이용자를 그들의 근무 현장에서 만나는 데는 많은 장점이 있다. 먼저 실재하든 아니든 간에 고객과 당신 사이에 존재하는 물리적 장벽을 걷어 낼 수 있다. 비서, 서기, 인턴 혹은 동료 등과 같은 중개인을 통하지 않고 고객에게 직접 말할 수도 있다. 대개의 사람들은 자신의 장소에서 편안함을 느끼기 때문에 오랜 시간 대화를 나눌 수 있고 이는 당면한 문제뿐만 아니라 다른 정보 수요나 기회를 탐색할 수 있는 기회가 된다. 때로는 이메일이나 전화로만 알고 있던 고객의 얼굴을 처음 보는 일도 있을 것이다. 고객을 직접 방문하기 위해 시간과 수고를 들임으로써 당신이 도서관에서 하고 있는 일들보다 고객을 더 중요시한다는 점을 보여 줄 수도 있다.

가능한 한 모든 기회를 살려서 상품을 직접 고객에게 전달하라. 그러면 "원하시는 상품이 맞습니까? 더 필요하신 것은 없는지요?" 하고 물을 수 있는 기회를 얻을 수 있다. 도서관에 고객이 별로 없거나 육체적, 정신적인 휴식이 필요할 때 도서관 주위를 산책하라. 처음 보는 사람과 이야기하는 도중에 그 사람이 흥미를 가질 만한 기사나 뉴스를 알게 되어 나중에 이를 도서관에 들러 달라는 초청장과 함께 보내는 경우도 적지 않다. 이렇게 새로운 고객 한 명을 확보하는 것이다. 또한 소속 기관 내에서 눈에 띄는 것만으로도 현재 고객과 잠재 고객들에게 자신들을 도울 사서의 존재를 상기시키는 홍보(PR) 효과를 거둘 수 있다. 도서관에 오거나 이메일을 보내거나 전화할 가능성이 거의 없는 사람들도 복도에서 당신을 보면 질문을 할지도 모른다. 항상 필기구와 종이(포스트잇이나 메모지)를 가지고 다니며 누가 어떤 질문을 했는지를 적으라.

고객들이 거의 없는, 잘 모르는 부서나 지역을 방문하라. 질문을 하고 사람들의 이름을 묻고 카탈로그와 명함을 배포하며 서비스를 홍보하라. 이 모두를 격의 없이 편안하게 해야 한다. 방문 후에는 감사 편지나 메모를 전하라. 매달 돌아가며 각 부서의 책임자들이나 다른 지역의 주민을 직접 만나라. 오픈 하우스 행사나 다른 부서의 내부 교육에도 참석하라. 위원회에 참가하고 공간이 허락한다면 도서관으로 이들을 초대하라.

한 기업체 도서관에 있을 때 저자는 대부분의 지사 직원들이 도서관은 본사 직원들만 이용하는 것으로 잘못 생각하고 있음을 알게 되었다. 저자는 즉시 주요 지사들을 방문할 계획을 세웠다. 지사에 도착하면 도서관의 상품과 서비스에 대한 짧은 프레젠테이션을 한 후 각 부서를 방문했다. 이때 카탈로그와 명함을 모든 부서에 전달하고 개인별 상담 시간을 정했다. 결국 나중에 다시 도서관에 돌아왔을 때 지사로부터 요청이 상당히 늘어나 있는 것을 보게 되었다.

공공도서관과 비영리단체 도서관은 마을 축제, 지역 품평회 혹은 주민 파티에서 연설하거나 도서관 부스를 개설함으로써 많은 고객과 접촉할 수 있고 그에 따라 인지도를 높일 수 있다. 소비자 건강 정보 도서관을 갖춘 병원이나 무료 법률 상담 혹은 유료 상담을 하는 로펌도 같은 일을 할 수 있다. 키와니스(Kiwanis), 로터리(Rotary), 라이온스(Lions) 같은 사회봉사 단체는 항상 무료 연설자를 찾고 있으며 잠재적인 고객인 사업가들과 지역사회의 영향력 있는 리더들을 회원으로 두고 있다. 학교에서 열리는 직업 소개 시간에도 참가하여 미래의 사서들에게 영향을 줄 수 있는 기회를 찾으라. 회사 도서관들도 얼마든지 이런 행사에 참여할 수 있다. 회사 내에 도서관이 있다는 사실조차 모르는 일반인들이 많다. 외부에서 연설을 하게 되었을 경우에 시간을 잘 맞추고 청중(청중이 한 명이라고 해도)에 대해 미리 조사하는 일은 당연히 해야 할 기본적인 사항이다. 사람들의 이름을 자주 부르되 정확하게 발음해야 한다. 적극적으로 주의를 기울여 경청하고 대화할 때는 상대방의 눈을 바라보라. "요령은 아무 상관 없는 이야기는 하지 말고 적절한 시기에 적절한 화제를 꺼내는 것이다. 그리고 정보센터에서 그에 대한 한층 많은 내용을 찾을 수 있다고 이야기하면 된다(Dempsey, 2002, p. 78)."

돌아다니거나 더 많은 고객을 모실 시간이 없다고 할지도 모르겠다. "정말 이용자들이 많고 일이 바빠서 더 이상 이용자들을 모으고 싶지 않다면, 그 점은 나도 이해한다. 또한 밖에서 사람들을 만나고 다니는 일이 말만큼 쉽지 않다는 사실도 알고 있다. 그러나 잠깐의 사회 활동도 도서관과 그 이미지를 개선하는 데 많은 도움이 된다. 사교적이고 적극적인 사서가 되는 것은 결코 나쁜 일이 아니다. 한번 시도해 보라(McClellan, 2001, pp. 8~9)."

2. 교육을 통한 PR

도서관은 이용하기 위해 만들어진 기관이다. 이용하게 하려면 도서관은 이용자 집단에게 친근해져야 한다. _ Buchanan in Karp, 1995, p. ix.

도서관의 시스템과 서비스가 고객들에게 낯설 수 있고 안내문도 이용자들에게는 외국어처럼 이해가 안 되는 경우가 많다. 동료들 앞에서 무식하거나 멍청하게 보이기 싫어서, 그들은 모르는 내용에 대해서 질문하기를 주저한다. 도서관 시스템과 서비스에 대한 교육은 고객들에게는 의무 사항이 아니기 때문에 귀담아 듣지도 않는다. 그러나 모든 교육 대상—회사 중역에서 학생들에 이르기까지—이 도서관 교육을 진지하게 받아들이게 만들고 동시에 이를 도서관에 대한 PR로 활용하는 방법이 있다.

프레젠테이션 기술

프레젠테이션은 자료를 잘 정리하고, 충분히 준비하여 편안한 자세로 임해야 한다. "무엇을 말할 것인지를 먼저 알려 주고, 그 내용을 설명하고, 말한 내용을 다시 정리해 주라"라는 오랜 공식은 여전히 유효하다. 다만 첫 부분을 '교육 목적' 혹은 '목표'라고 하는 편이 더 나을 것이다. 논리적인 순서로 내용을 정리하라. 주요 내용을 요약하고, 재미있고 기억할 만한 내용이나 청중이 즉시 이용할 수 있는 내용으로 프레젠테이션을 끝내라.

"대중 연설을 편안하게 할 수 있는 단 하나의 가장 효과적인 방법은 연습이다(McMillen, 2001)." 큰 목소리로 프레젠테이션을 연습하라. 말하는 일은 글쓰는 일과 다르므로 편안하고 자신에게 맞는 스타일의 단어, 문장 그리고 타

이밍을 찾아야 한다. 목소리가 작은 편이라면 소리치지 않고도 크게 말하는 연습을 해야 한다. 지역의 연설 클럽이나 다른 연설자 모임, 지역 연극단에 참가하거나 지역대학, 평생교육 프로그램의 연설, 의사소통 강좌를 들으면서 실제 연설 경험을 쌓아야 한다.

성인교육 기술

교육이라고 하면 우리 중 대다수는 고등학교나 대학을 떠올린다. 성인교육은 다르다. 의무적으로 참가할 필요가 없기 때문에 학생들의 흥미를 유지하면서도 현실적인 가치를 지니는 뛰어난 강의를 요구한다. 연설식으로 하지 말고 대화하듯이 해야 한다. 가르치는 사람마다 스타일이 다 다르듯이 배우는 사람도 마찬가지다. 조별 편성, 롤 플레이, 필기 연습 문제 등 다양한 청중 참가 활동을 시도하라. 질문을 던지고 그 대답을 주의 깊게 들으라. 소극적인 학생은 발언하게 하고 시끄러운 학생은 통제해야 한다. 교육 내용의 한 단락이 끝날 때마다 메시지를 이해했는지 확인하는 시간을 가지라. 강의를 다 끝내거나 강의 평가지를 보고서야 수업의 대부분을 청중들이 이해하지 못했다는 사실을 알게 되어서는 안 된다.

교육 내용

아무리 뛰어난 강의 기술을 가지고 있다고 해도 강의할 내용을 모르면 아무 소용이 없다. 참가자들이 직장이나 가정에서 응용할 수 있는 흥미로운 강의가 되도록 이론과 실제를 조화시키라. 핵심적인 내용을 잘 반영하는 사례나 이야기를 들려 주고 실생활을 강의에 끌어들이라. 학생들에게 직접 경험한 실제 사례를 이야기하도록 유도하라. 그리고 한 번의 강의에 너무 많은 내용을 다루어서는 안 된다. 도서관이 제공하는 상품과 서비스의 전체 목록을 일일이 말하는 것보다 하나의 샘플을 제시하는 편이 낫다. 또 유인물을 통해 학생들에게 추가 정보를 제공하라.

강의 도구

파워포인트, 프로젝터, 슬라이드 등 강의에 활용할 수 있는 많은 도구들이 있다. 그러나 저자는 이들을 사용하지 않는다. 프로젝터는 당신의 시선을 청중으로부터 멀어지게 하고 주의를 분산시킨다. 슬라이드는 작동이 안 되는 경우도 적지 않다. 컴퓨터도 고장날 수 있다. 파워포인트 자료는 이미 이메일로 다 전해졌을 수 있다. 강의 도중에 인터넷 접속이 끊어지는 경우도 있다. 원시적인 방법도 그만의 장점이 있는 법이다. 유인물은 고장나거나 할 일이 없다. 저자는 워크숍을 시작할 때 필기할 수 있는 여백이 있는 유인물에 강의의 요점을 적어 나누어준다. 마지막에는 강의 노트, 추가 정보, 참고 자료를 적은 또 다른 유인물을 배포한다. 기계 장비의 사용을 최소화하면 교재에 얽매이지 않고 그때그때 유연한 내용의 강의를 할 수 있다. 워크숍 참가자들이 내용을 빨리 이해했다고 생각되면 바로 다음 주제로 넘어가거나 중요한 부분에 더 많은 시간을 할당할 수 있다. 스크린을 보이게 하기 위해 조명을 낮출 필요가 없기 때문에 슬라이드나 프로젝터가 아니라 당신과 학생들에게 집중할 수 있다. 칠판이나 화이트보드 혹은 차트를 준비하여 요점이나 설명이 더 필요한 내용 혹은 추가 정보를 적을 수 있도록 하라.

전자 정보를 교육하는 데는 또 다른 문제점이 존재한다. 먼저 당신이 도서관 자원의 모든 면에 대한 전문가가 아니라는 사실을 분명히 알리고, 그러나 발생하는 문제점에 대한 해답을 찾겠다고 말하라. 그들이 배우고자 하는 이상을 가르치려고 하지 말라. 도서관 자원의 활용 가능성에 대해 전반적인 아이디어를 제공하라. 구체적인 사항은 차후의 개별 교육시간에 전달하거나 강의가 끝난 뒤 나눠주는 유인물에 자세한 내용을 적어서 주면 된다. 자유로운 형식으로 실제 시범을 보이되 미리 정해진 시범 내용도 준비해 두어야 한다. 일정한 결과가 나오는 예제를 몇 가지 준비하고 청중의 질문을 받아서 추가적인 활용법도 자연스럽게 알 수 있도록 해야 한다. 크리스 토벨*Chris Tovell*(2001)이 말하듯이 "실패한 검색은 학생들이 흥미를 가지고 참가할 수 있는 좋은 기회를 주고, 더 경험 많은 동료가 자신의 지식을 나누어줄 수 있는 계기를 제공한다." 수업 중이나 보충수업 중에 당신의 감독 하에 학생들이 도서관의 정보를 자유롭게 검색할 수 있는 기회를 주라.

　　"정보 전문가들이 처하게 되는 더욱 곤란한 상황 중의 하나는 자신들보다 지위가 높은 사람을 제대로 교육하는 일이다. 우리의 상사는 모두 한때 전문가들이었기 때문에 자신들이 모르는 점이 있다는 사실을 인정하기가 쉽지 않다. 게다가 자신보다 지위가 낮은 사람에게 배우기는 더욱 힘들다(Block, 2000c)." 그들이 가진 전공 분야와 상품에 대한 전문성을 잘 알고 있다는 사실을 말하고 당신은 단지 정보를 얻고, 조직하며, 이를 전파하는 방법을 가르친다는 점을 강조하라. 이를 통해 개인과 조직의 목표를 달성하는 데 필요한 파트너십을 형성할 수 있다. 이 문제를 해결하는 다른 방법은 당신이 그들을 가르치는 게 아니라 조언할 뿐이라고 말하는 것이다. 당신은 항상 도서관의 상품과 서비스를 접하기 때문에 그들이 아직 알지 못하는 팁과 요령을 발견했을 수도 있고, 새로운 유용한 자원을 찾아 낼 시간도 가질 수 있다. 더 짧은 시간에 더 많은 일을 하고, 더 빨리, 더 저렴하게, 더 많은 정보를 얻는 방법을 보이라. 실제 나왔던 검색 관련 질문의 사례를 들거나 현재 갖고 있는 문제가 있는지 그들에게 물으라. 예상하지 못한 질문이 나올 경우에 대비하고 이에 따라 유연하게 교육 내용을 바꿀 수 있어야 한다. 강의하는 내용의 논리적 배경을 설명하라. 이런 종류의 사람들은 기계적인 암기가 아니라 이해를 통해 학습하기 때문이다. 끝으로 강의 내용 메모, 검색 샘플 혹은 웹사이트 목록 등 그들이 돌아가 직접 해 볼 수 있는 내용을 제공하고, 당신이 문제 해결과 조언을 위해 항상 준비하고 있음을 강조하라.

3. 구체적으로 베풀라, 그들이 올 것이다 : 오픈 하우스와 전시회

오픈 하우스는 강력한 PR 수단이 될 수 있다. 그중에서도 먹을거리는 오픈 하우스를 여는 데 있어서 가장 중요한 요소이다. 반드시 먹을거리를, 그것도 충분히 준비하도록 하라. 초콜릿, 특히 초콜릿 쿠키는 항상 오픈 하우스 행사에 적합한 음식이다. 모든 음식을 한 군데에 모아 놓아서는 안 된다. 참가자들이 도서관 전체를 돌아볼 수 있도록 분산시켜 놓아야 한다.

오픈 하우스 행사를 열기 훨씬 전부터 계획을 세워 나가라. 같은 날짜에 소속 기관이나 지역사회에 다른 행사가 잡혀 있지 않는지 확인할 필요가 있다. 오픈 하우스나 다른 행사를 개최하는 데 이유가 필요하지는 않지만 달력을 살펴보면 행사를 열 만한 좋은 계기들을 쉽게 찾을 수 있다. 많은 나라의 도서관협회는 전국 도서관 주간을 후원한다. 미국의 경우에는 보통 4월에 행사가 열린다. 전문도서관협회는 이 기간 동안에 국제 전문사서의 날을 별도로 기념하고 있다. 그러나 도서관이 아니라 고객에게 의미 있는 시기에 오픈 하우스를 개최하는 편이 한층 바람직하다. 병원도서관들은 병원도서관의 달(10월)에 오픈 하우스를 할 수도 있지만, 그보다 의사 주간에 의사들을 위해, 간호사 주간에 간호사들을 위해, 연구원들의 달에 연구원들을 위해, 고객에게 의미 있는 시기를 중심으로 행사를 가지는 편이 더 나을 것이다. 오픈 하우스의 목적 자체가 그 초점이 도서관이 아니라 고객들에게 맞춰져 있기 때문이다.

오픈 하우스를 열 만한 다른 계기들로는 도서관이나 지역사회의 기념일이나 의미 있는 날짜, 지역 내지는 소속 기관 출신의 작가를 초빙하는 사인회 혹은 도서관이 소장하고 있는 특별 장서(藏書)의 내용에 관련된 지역의 유적지를 돌아보는 버스 투어 등이 있다. 오픈 하우스에서는 주로 상품 실연(實演)을 많이 하게 된다. 데이터베이스, 뉴스, 도서, 그리고 다른 도서관 서비스의 공급자들을 초대해 자신들의 상품과 서비스를 고객들 앞에서 실연해 보이도록 하라. 통상 참가하는 업체로 하여금 점심이나 간식 등의 비용을 지불하도록 할 수 있으며 이렇게 하면 비용을 들이지 않고도 좋은 음식을 준비할 수 있을 것이다.

소속 기관이나 지역사회의 구성원 모두에게 오픈 하우스 행사에 대해 알려야 한다. 제3장에 나와 있는 모든 방법들을 활용하라. 게시판, 휴게소, 화장실 근처 그리고 정수기 근처에 포스터를 붙이라. 저자는 커피 자판기 위에 "오늘 아침에는 도서관에서 무료 커피 제공"이라고 써 붙인 적도 있다. 고위 경영진, 이사 혹은 지역 공무원들처럼 특별히 참석해 주었으면 하는 사람들에게 통지문이나 초대장을 보내라. 참석을 독려하려면 테이프 커팅이나 간단한 연설을 부탁하거나, 상이나 조그만 선물을 증정하는 것이 좋다. '주요 인사'가 참석하겠다는 약속을 하면 반드시 이를 홍보하라. 자신의 상사가 참석한다는 사실을 알면 중간 관리자들도 올 것이고 마찬가지로 그 밑의 직원들도 따라올 것이다.

참석자 전원에게 나눠줄 수 있도록 유인물과 배포물을 충분히 준비해야 한다. 제비뽑기나 추첨행사를 가지라. 그 상으로는 책이 좋고, 음식바구니나 무료 검색권 혹은 고객이 좋아할 만한 다른 물품들도 가능하다. 도서관 입구에 방명록을 배치하여 행사 후속 조치에 필요한 참가자들의 명단을 확보한다. 저자의 경우는 '오늘 ○○도서관을 방문했습니다'라는 스티커를 나눠주었다. 행사 후에 자신의 책상에 이를 붙여 두면 근처에 있는 사람들에게 오픈 하우스 행사를 상기시켜 줄 수 있기 때문이다. 반드시 혼자서 모든 일을 처리할 필요는 없다. 직원들에게 업무를 할당하라. 다른 부서가 도울 수 있는 부분에 대해서는 협조를 구하는 것이 좋다. 그래픽 제작부서나 마케팅 자료 제작부서에 홍보 작업이나 배포물 선정 등을 도와달라고 부탁하라. 행사 사진을 대신 찍어 줄 사람을 찾아서 당신은 참가자들과 사진을 찍는 등 주최자 역할에 충실하도록 하고, 스스로 행사를 즐길 수 있도록 하라. 또 행사 시작 너덧 시간 전에 컴퓨터를 테스트해 혹시 문제가 생기면 행사 전에 고쳐야 한다.

행사가 끝나면 후속 조치를 취해야 한다. 모든 참가자들에게 브로셔나 광고지를 보내고, 참가하지 않은 부서나 지역을 방문하여 행사 결과를 알리고, 일부 참가자를 선정하여 다음에 더 나은 오픈 하우스 행사를 열 수 있도록 아이디어를 구하라. 그리고 도서관 게시판과 웹사이트에 행사 사진을 올리라.

4. PR을 위한 물리적 공간으로서의 도서관

도서관은 일반인이 접근할 수 있는 공공기관 중에서 가장 복잡하고 혼란스러운 곳이다. 도서관에 익숙하지 않은 사람들은 물론 다른 도서관을 이용해 본 사람조차도 도서관 건물 자체, 공간 구성, 장서 배열, (특히) 서지목록, 다양한 서비스, 직원(점원

고객의 필요를 충족시킬 수 있는 파티 열기

턴시스 지방대학(Tunxis Community College)

파밍턴, 코네티컷

2001년에 코네티컷, 파밍턴에 있는 턴시스 지방대학의 사서들은 '당신의 생활을 더 편하게'라는 도서관의 사명과 매슬로의 욕구단계론을 참고하여 파티를 열었다. 파티의 주제는 흰색, 병원 분위기 그리고 '모든 욕구를 충족시켜 주는 장소'로서의 도서관이었다. 그들은 겉에 '당신을 위한 장소!'라는 말이 씌어진 삼각형의 하얀 약봉투 안에 도서관의 사명이 적혀 있는 스트레스 해소용 하얀 고무공, 도서관에 대한 문구가 적혀 있는 하얀 행운 과자, 하얀 사탕, 하얀 볼펜, 하얀 책갈피를 넣었다. 그리고 행정직원, 교직원, 일반직원, 건물 관리직원, 수위 그리고 식당 종업원 가릴 것 없이 250명의 전체 직원에게 이를 직접 전달했다. 파티 초청장 형태로 꾸민 포스터를 학교 내외에 붙여서 학생들도 참여할 수 있도록 알렸다. 도서관 내부는 하얀 풍선, 반짝이는 소형 전구, 하얀 테이블보와 냅킨, 하얀 초콜릿, 하얀 크림이 들어간 커피, 하얀 청량음료 음수대(飮水臺), 하얀 케이크("턴시스 도서관에는 케이크도 있고 그 케이크를 먹을 수도 있습니다!") 그리고 기타 하얀색의 음식들로 꾸몄다. 도서관 직원들은 하얀 의사 가운을 걸쳤다. 그리고 매슬로의 욕구단계론을 다룬 책들은 따로 특별히 전시되었다. "욕구와 관련된 주제로 열린 파티였기 때문에, 우리는 고객의 욕구를 충족시켜 주는 내용에 집중했고 누구도(힘들기는 했지만) 처음부터 끝까지 그 주제를 벗어나지 않았

다." 파티는 고객의 욕구를 충족시켜 줌과 동시에 다른 효과도 가져다주었다. "우리
의 독특한 행사는 많은 사람을 불러모았을 뿐만 아니라 도서관에 대한 몇 가지 오래
된 고정관념을 깨는 계기가 되었다. 사람들은 도서관에서 대화하고 떠들고 먹고 마시
며 버튼다운 스웨터에 기능성 신발을 신고 있지 않은 사서를 처음 보게 된 것이다
(Lavoie, 2002, p. 2)."

결과: 초정자들과 더불어 일부 학생들도 참가했다. 행사 중에 그리고 행사 후 수주에
걸쳐 도서 대출량, 신규 회원, 이용자 수가 증가했다(Lavoie, 2002, p. 2).

이나 철도원들처럼 유니폼으로 구별이 되지 않는)들로 인해 당황할 수 있다. _ Line, 2002, pp. 338~339.

당신의 도서관을 처음으로 찾는 사람이, 친절하고 따뜻하게 맞아 주는 직원이나 편리한 안내표지, 논리적으로 구성된 실내를 볼 수 있는가? 도움을 청하지 않고도 정보를 찾을 수 있는가? 도움이 필요할 경우에 많이 헤매지 않고도 쉽게 사서(혹은 도울 수 있는 일반직원)를 찾을 수 있는가? 다시 방문하고 싶을 만한 경험을 제공하는가? 이러한 질문에 객관적으로 대답할 수 없다면 도서관을 잘 모르는 사람(가족이나 신입사원)에게 도서관을 방문하여 시설을 이용해 보도록 권유하라. 나아가 참고 CD롬 데이터베이스를 사용하거나 특정 주소를 찾는 등의 숙제를 주어도 된다. 그 다음 이용 중에 겪은 불편한 점이나 기타 제안 사항을 듣고 이를 고치거나 실행하라.

전화

어떤 고객들은 전혀 도서관을 방문하지 않는다. 그들은 도서관으로 전화를 한다. 당신이 근무하는 도서관에 마지막으로 전화를 걸어 본 때가 언제인가? 전화 응대가 친근하고 정확하며 목소리는 잘 들리는가? 직원이 직접 응답하는 것이 좋으나 녹음된 메시지를 사용한다면, 사용하기 쉽고 직접 직원과 통화할 수 있는 기능이 있는지 확인하라. 통화 중에 고객을 대기하게 할 경우에는 미리 양해를 구하고 고객의 반응을 기다려야 한다. 다시 통화하는 데 시간이 걸릴 경우에는 잠깐 다시 연결하여 고객에게 그 사실을 알려야 한다. 고객에게 기다릴 것인지, 아니면 당신이 다시 전화할 수 있도록 전화번호를 남길 것인지 물으라. 점검을 위해 근무하는 도서관에 전화하는 경우라면 질문을 하라. 전화를 받은 직원이 대답을 할 수 있는가? 그렇지 않다면 대답을 아는 사람을 연결해 주는 데 얼마나 오래 걸리는가? 한 번 이상 다른 사람에게로 연결되었는가? 녹음 메시지일 경우 짧고 정확한가 아니면 '녹음 메시지 미로'에 갇히게 되는가? 직접 직원과 통화할 수 있는 옵션 없이 이 메뉴에서 저 메뉴로 옮겨다녀야 하는가? 녹음 메시지는 전문적이면서도 친근하게 들리는가? "현재 다른 고객을 모시고 있습니다. 잠시만 기다려 주시면 곧 모시도록 하겠습니다"가 "전 직원 업무 중입니다. 잠시만 기다리십시오"보다 낫다. 회의 참석차 도서관을 비울 경우에는 다음과 같은 메시지를 남기라. "오늘은 고객분들께 정보를 잘 전달하는 방법을 배우기 위해 워크숍에 참석합니다. 궁금한 사항을 자세하게 말씀해 주시면 돌아오는 대로 도와드리겠습니다." 이러한 메시지가 "외출 중입니다. 메시지를 남겨 주세요"보다 더 좋은 이미지를 줄 수 있다. 또 전화를 돌릴 사람이 자리에 있고 그 사람이 실제로 문제를 처리할 수 있다는 점을 알지 않는 한, 절대로 고객의 전화를 돌리지 말라. 무엇보다 전화가 해당 고객이 도서관을 접촉하는 유일한 수단일 수 있으며 따라서 긍정적인 체험이 되어야 한다는 사실을 잊지 말라.

　　동료 사서들이 행한 다른 PR 아이디어도 살펴보자. 먼저 지역사회 내에서 책이나 기사를 썼거나 상을 받은 사람을 초대하는 방법이 있다. 호주 도서관 주간에 퍼스 도서관(Perth Library)은 중앙역 전체에 인터넷 전시를 하고 일반인들에게 브로셔를 배포했다. 도서관을 방문할 생각이 없던 많은 행인들도 이에 흥미를 느끼고 인터넷으로 도서관을 접하게 되었다. 휴렛-팩커드 도서관(Hewlett-Packard Library)은 매달 첫 번째 월요일에 고급 커피 카트를 이용하여 '커피 이야기' 시간을 마련했다. 또한 오후에는 '차 토론' 시간을 만들고 뛰어난 연설자들을 초빙하여 저작권, 뉴스 검색, 특허, 알려지지 않은 지식, 벤처

캐피탈, 기술의 파급 효과 등의 주제에 대한 토론회를 개최했다. 뿐만 아니라 관련 책들을 전시하고 도서목록을 참가자들에게 나누어주었다. 이러한 토론회는 "사람들의 지적 욕구를 자극하고 재충전하는 장소로 도서관의 이미지를 상승시켰다(Dworkin, 2001, p. 53)."

5. 구전(口傳) PR

> 사서들에게 무척 중요하고 신경 써야 할 다른 부분은 바로 구전 PR이다. _ Scilken in Deitch, 2002, p. 56.
> 소문은 관리할 수 있다. 단순히 사람들의 이야기를 듣고만 있어서는 안 된다. 이러한 이야기를 관리하고 이용하여, 스스로 구전 (PR) 프로그램을 만들어 낼 수 있다. _ Wilson, 1991, p. ix.

개인적인 평가—혹은 구전—는 매우 강력한 효과를 가지며, 사람들은 대개 좋은 경험보다 나쁜 경험에 대해 이야기한다. 긍정적인 소문은 "경쟁자들보다 앞서기 위해 끊임없이 노력해 온 결과"이다(Wilson, 1991, p. viii). 불행한 일이지만 한 번의 나쁜 경험이 고객으로 하여금 지금껏 잘해 온 모든 긍정적인 면들을 잊게 만들 수도 있다. 따라서 사람들이 당신, 도서관, 직원, 상품과 서비스에 대해서 좋은 말을 하게 하려면 엄청난 노력을 기울여야 한다. "구전 (PR) 전략을 이용하려면 훌륭한 상품과 서비스를 갖추어야 한다. 그렇지 않으면 고객들은 단지 나쁜 뉴스를 퍼뜨릴 뿐이다(p. 14)." 나쁜 서비스는 부정적인 이야기를 만들고, 좋거나 혹은 적당한 서비스는 아무 이야기도 만들지 못하며, 오직 홀륭한 서비스만이 긍정적인 이야기를 만든다. 당신의 서비스에 대해 고객들이 긍정적인 말을 할 수밖에 없도록 만들어야 한다. 새로운 상품이나 서비스를 도입할 때는 사전에 긍정적인 소문이 나도록 구전 (PR) 캠페인을 기획하라. 그렇게 함으로써 실제 상품이나 서비스를 시행할 때 일어날 수도 있는 부정적인 경험을 어느 정도 희석시킬 수 있다.

6. 기타 대면(對面) PR 방법

엘리베이터 연설과 30초 광고

아무 준비 없이 도서관을 마케팅해야 하는 일도 종종 생길 것이다. 엘리베이터에서 도서관에 대해 좋은 인상을 주고 싶은 사람을 만나는 것이 그런 경우이다. 시작(자기소개), 중간(홍보) 그리고 끝(회의 혹은 방문 등 행동 요청)으로 이루어진 '엘리베이터 연설'을 미리 준비해 두라. "임원들이 40%의 시간을 정보를 찾는 데 쓴다는 사실을 아십니까?"처럼 호기심을 유발하는 내용이나 질문으로 시작하라. 시간이 제한되어 있다 해도 지나치게 빨리 말하지 말라. 그리고 계속 연습하라.

'30초 광고'는 '엘리베이터 연설'과 비슷하며 모르는 사람에게 자신을 소개하고 어떤 도움을 전할 수 있는지를 말하기 위한 수단이다. 예를 들어, "저는 인포메이션 브리지스 인터내셔널의 주디스 A. 시스입니다. 저는 소규모 도서관이나 일인도서관을 위한 정보 관리 전문가입니다. 때문에 일인도서관 소식지를 발행하고 있으며 전세계에서 열리는 워크숍에 참가하고 있습니다. 그리고 얼마 전에 네 번째 책을 출간했습니다." 보통 사람들은 '일인도서관'과

'네 번째 책'이라는 말에 질문을 하거나 자신의 의견을 말할 것이다. 그러면 우리는 이를 통해 자신과 도서관에 대해 더 많은 것을 말할 수 있는 기회를 얻을 수 있다.

협력과 팀워크

도서관은 보수적이며 위계질서가 엄격한 조직이 되기 쉽다. 또한 많은 사서들은 혼자 일하는 것을 좋아한다. 그러나 21세기에 이르러 위계질서는 사라지고 팀과 인간관계가 부상하고 있다. 팀으로 일하면 도서관과 직원들에 대한 이미지를 개선시킬 수 있다. 마릴린 J. 플러드*Marilyn J. Flood*는 성공하는 팀을 위한 10가지 사항을 제안한다. "다른 플레이어를 존중하라. 모두의 의견을 경청하라. 모든 사람과 모든 일에 대해 인내심을 가지라. 솔직하고 직접적인 의사소통을 권장하라. 외교적 수완을 발휘하라. 팀원들과 그들의 업무 절차를 믿으라. 팀에 충직하라. 유머 감각을 유지하라. 나쁜 소식과 문제를 즉시 공유하라. 좋은 뉴스와 칭찬을 즉시 공유하라(1999, pp. 225~226)."

도서관의 입장에서 다른 그룹과 협력할 수 있는 일에는 어떤 것들이 있는가? 박물관에 근무하는 사서들은 큐레이터, 소장품 구매담당, 연구원, 안내원들과 긴밀히 협력하여 박물관의 전시물과 소장품을 기획하고 문서화하며 방문자들을 교육한다. 기업도서관 사서들은 프로젝트 기획회의에 참석하여 도움이 될 만한 자료를 제안하거나 유사한 프로젝트에 대한 예를 찾아 줄 수 있다. 병원도서관은 공공도서관과 공동으로 소비자 건강 정보를 제공하거나 건강 관련 지역위원회에 참여할 수 있다. 공공도서관은 지역 상공인들의 상품을 이용한 전시회를 개최하고, 지역 서점과 함께 사인회를 후원하거나, 지역 병원에서 열리는 건강 박람회를 지원할 수도 있다.

관종별 도서관 PR

대학도서관

당신의 목표 청중은 교수, 학생, 직원, 동창회원, 미래의 학생, 그리고 때로는 주변 지역사회로 구성된다. 신임 교수가 캠퍼스에 도착하기 전에 축하와 환영 메시지를 담은 편지, 도서관 상품과 서비스의 목록, 주요 도서관 연락처, 부가 서비스로 지역 지도와 이사 서비스 정보 등을 담은 환영 소포를 보내라. 그들이 캠퍼스에 도착하고 나면 편하게 만나 도서관 회원과 이메일 서비스에 가입시키고 도서관 안내를 하라. 신기술에 대해 점심을 곁들인 세미나를 제공하라. 검색 방법에 대한 교육과 독서 클럽을 만들어 학생들을 참여시키라. 학생회관, 기숙사 혹은 체육관 등 도서관 외부에서 전시회를 여는 것도 좋다. 일리노이대학은 전문사서를 둔 위성 도서관을 일부 기숙사에 설치하여 검색 지원 서비스를 제공한다. 어떤 대학에서는 참고담당 사서들이 요청받은 신입생 세미나의 각 클래스에 들어가 검색 수단, 서지목록 사용, 정기 간행물 데이터베이스의 기사 검색 등에 대하여 학생들을 교육시킨다. 또한 도서관 이용의 기본적인 내용들을 개별 코스의 주제와 결합시키고, 각 클래스 별로 선택된 인터넷 정보와 자료 이용법을 담은 웹사이트를 만들었다(Gaynor, 2002). 동창회와 지역사회를 돕는 것도 도서관의 평판에 도움이 된다. 인터넷으로 이용 가능한 유료 서비스들을 지역사회에 제공하라. 또 지역사업가 모임에 유료로 '준회원' 카드를 제공하라.

기업도서관

신입사원 오리엔테이션 때 나누어줄 자료에 반드시 도서관이 들어가 있어야 하고 적어도 교재에는 그에 관한 소개가 포함되도록 해야 한다. 최소한 도서관의 웹사이트 주소, 위치, 이용 시간, 전화번호, 이메일 주소 정도는 모든 신입사원들이 알도록 해야 한다. 신입사원들의 명단을 구해서 이들에게 도서관 투어 초대장과 함께 환영 이메일이나 정보 패킷을 보내라. 부서별, 기능별로 유인물을 만들라. 그리고 회사 전산망에 가상 도서관 투어를 올리라.

병원도서관

새로 온 직원들에게 환영 편지를 보내 도서관에 초대하라. 병례검토회나 의사의 평생교육(CME, Continuing Medical Education) 수업 등에 참가하고 질문하라. 외부 의사들에게 도서관을 홍보하라. 의료진들이 읽는 소식지나 병원 웹사이트의 의사 전용 메뉴에 글을 기고하라. 모든 CME 활동에 도서관 광고지를 배포하라.

제5장 후원 확보 활동 : 전체 활동 종합하기

사람들은 오늘날의 사서들이 모든 이를 위한 정보와 자유의 전제(前提)를 지키며 악과 싸우는 기술적인 영웅들이라고 생각할까? 아니다. 확실히 그렇게 생각하지 않는다. 그러므로 마음의 준비를 단단히 해야 한다. _ Dempsey, 2002, p. 77.

"(미네소타) 어린이·가족·교육부(部)(CFL, Children, Families, and Learning)는 2002년 6월 4일자로 도서관 개발 서비스부(LDS, Library Development and Services)를 폐지하고 주요 기능을 이관했으며 (중략) 주(州) 도서관의 도서 구매 활동은 중단되었다." "아칸소 교육위원회는 공공도서관에 대한 주정부 지원금을 2년 전 지원금의 10%를 약간 상회하는 수준으로 삭감했다. 상황은 더 나빠질 수도 있었다. 원래 교육부는 공공도서관에 대한 주정부 지원을 완전히 중지할 것을 제안했었다." 또 콜로라도 주지사는 개별 조항 거부권을 행사하여 주 전체에 있던 덴버 공공도서관의 정보센터 분관에 대한 모든 지원을 없애고 2백만 달러 규모의 작은 지방도서관들에 대한 보조 프로그램을 폐지함으로써 전체 예산 삭감액인 4천6백만 달러 중 약 4백만 달러에 달하는 도서관 지원금을 삭감했다(Oder, 2002, pp. 14~15). 이들은 현재 거의 모든 주(州)의 공공도서관과 주립도서관에서 일어나고 있는 일의 일부분일 뿐이다. 지방에서 도서관 후원금을 꾸준하게 내는 사람은 거의 없다. 국립야생동물협회가 새 본부를 지을 때 도서관은 그 계획에 들어 있지도 않았다. (운 좋게도 사서는 직업을 계속 유지할 수 있었지만 거의 눈에 보이지 않는 존재가 되었다.) 로펌들은 사무실 공간을 늘리기 위해서 도서관 공간을 줄이고 있다. 이에 더하여 기업도서관의 지속적인 축소, 폐관과 병원도서관의 합병으로 인해 한 명의 사서가 여러 도서관을 관리하는 일이 일어나고 있으며, 결국 이는 사서의 실종을 뜻한다.

1. 왜 이러한 어려움에 처하게 되었는가

대부분의 사람들은 어떻게 사서가 되고, 그들은 어떤 일을 하며, 그들이 도울 수 있는 일은 무엇인지 전혀 모르고 있다. 우리를 보이지 않는 존재로 만드는 것은 과연 무엇인가? "우리 업무의 약 20%만이 다른 사람들의 눈에 띈다(Garcia, 2000. p. 1)." 우리의 고객들은 우리가 책을 다루고 고객과 대화하며 도서관 규정을 고객들에게 설명하는 모습을 본다. 그러나 우리가 구매 도서를 결정하기 위해 최근 출판된 책들에 대한 리뷰를 읽는 모습은 아무도 보지 않는다. 우리가 새로운 소프트웨어에 대한 매뉴얼을 읽고 어떤 데이터베이스나 검색엔진이 특정 질문에 가장 적합한지를 논의하는 모습은 아무도 보지 않는다. 어느 카테고리에도 정확하게 해당되지 않는 어려운 책이나 CD 때문에 고민하는 목록 담당의 모습은 아무도 보지 않는다. 찾기 어려운 기사를 찾아 헤매는 상호대차 담당자의 모습은 아무도 보지 않는다. 알기 힘든 정보를 찾기 위하여 다섯 개의 다른 데이터베이스를 검색하는 참고데스크 담당자의 모습은 아무도 보지 않는다. 도서관 예산을 조금이라도 더 얻어 내기 위해 예산 회의에서 정치인들이나 경영진들을 붙잡고 설득하는 사서의 모습은 아무도 보지 않는다.

이용자들에게 정보 검색의 권한을 부여하기 위한 우리의 노력 덕분에 정보 조달에 있어서 우리의 역할은 사라져 갔다. 우리는 점점 더 많은 자원을 웹사이트나 인트라넷에 올리면서도 이러한 작업이 어떤 노력을 요구하는지 고객들에게 알리지 않는다. 고객들은 정보 선택, 이용 권리에 관한 협상, 이용자 중심의 인터페이스 제작 혹은 온라인 카탈로그와 다른 자원의 관리를 포함한 모든 작업들이 이루어지는 과정을 보지 않는다. 게다가 "우리는 도서관이 인터넷을 통해 고객에게 제공하는 데이터베이스가 그들에게는 무료일지 모르지만 실은 오직 도서관만이 구입할 수 있는 상당히 비싼 자원이라는 사실을 고객들에게 알리지 못함으로써 우리 스스로의 입지를 파괴해 왔다. 도서관의 데이터베이스가 무료인 이유는 우리가 그에 대한 비용을 지불했기 때문이라는 사실을 강조하지 않는다면, 결국 모든 쓸모 있는 데이터베이스를 인터넷에서 공짜로 얻을 수 있기 때문에 도서관은 필요없다는 일반적인 인식의 희생양이 될 수 있다(Block, 2002c)." 늘어나는 원격 서비스로 인해 도서관을 이용하는 사람은 줄고 고객들은 사서가 하는 일을 잊게 된다. 무엇보다, 모든 일을 스스로 할 수 있다면 왜 '비싼' 사서가 필요한가?

우리의 태도도 우리 스스로에게 피해를 입혔다. 우리는 고객들에 대하여 몹시 잘못된 가정을 한다. "대개의 공공도서관들은 (다른 종류의 도서관들도) 현재 대부분의 이용자들에 대하여 이런 가정을 한다. 이용자들은 자신들이 찾는 자료가 무엇인지 알고 있다. 찾지 못할 경우에는 도움을 요청할 것이다. 이번에 못 찾아도 다시 오면 되니까 크게 문제되지 않는다. 그리고 도서관을 찾는 사람들은 시간이 많다(Van Riel, 2002, p. 38)." 혼자 일하는 사서들은 가끔 일하는 중간중간에 신경 쓸 일이 많아서 일을 제대로 할 수 없다고 불평하곤 하지만, 만약 신경 쓸 일이 전혀 없다면 직업을 잃게 될 것이다. 사서들은 대개 너무 소극적이다. 우리는 불평꾼이나 성질 나쁜 사람으로 보이기 싫어서 목소리를 높이거나 불평하기를 꺼린다. 에드워드 B. 스티어*Edward B. Stear*는 "IRC(Information Resource Center, 정보자원센터—도서관을 뜻하는 또 하나의 표현)는 오직 정보에 대한 요청을 받았을 때만 이를 제공하기 때문에 (중략) 비즈니스에 있어서 전략 기능 같은 핵심 부문이 아니라 '보조 부문'으로 받아들여질 것이다(1997, p. 26)"라고 말한다. 사서라는 직업은 도서관이라는 건물의 이름에서 따온 것이다. 따라서 우리는 "도서관 건물 안에서 일어나는 일과 그 컨텐츠에 대해 마케팅해야 하며 그렇게 하면 나머지(이미지)는 자연스럽게 해결될 것이다(Pace, 2000, p. 64)." 우리의 직업과 관련된 단체들조차 개념상의 문제를 안고 있다. "미국도서관협회[그리고 SLA(Special Libraries Association: 특수도서관협회), AALL(American Association of Law Libraries: 미국법률도서관협회), MLA(Medical Library Association: 의학도서관협회) 등]는 도서관을 후원하지 사서를 후원하지 않는다고 한다. 외과의사 협회가 아닌 수술실 협회라는 말을 들어본 적이 있는가(Graham, 2000)?"

끝으로, 경영 기술과 정치적인 수완을 가진 사서들이 너무도 적다. 오랫동안 우리는 도서관이 당연히 있어야 할 공공의 선(善)으로서 영원히 존재할 것으로 생각해 왔다. 그러나 인수합병과 구조조정이 일상화된 지금 사서의 자리는 그 안전을 위협받고 있다.

또한 우리는 비용을 줄이는 데 너무 집중하는 경향이 있다. "비용절감이 당신의 임무가 아니다. 정보 운영(당신과 회사 내 다른 사람들이 행하는)에 있어서 쓸모없는 지출을 피하는 일이 당신의 임무이다(White, 1984, p. 361)." 허버트 S. 화이트는 "모든 사서들은 그들의 사정을 반드시 이해하거나 신경 쓴다고는 볼 수 없는 사람들에 의해 궁극적으로 평가, 보상받거나 처벌받는다(1984, p. 33)"고 말한다. 법률도서관에 있는 사서들은 "변호사들이 자료 조사가 필요한 대부분의 경우에 우리를 찾아 줄 것으로 믿었다. 우리는 우리의 가치를 보이는 데 무관심했다(Ellis, 1999, pp. 28~29)"고 말한다. 그러다가 세계 최대의 로펌인 베이커 앤 맥켄지가 도서관 문을 닫고 서비스를 아웃소싱하는 일이 생겼다. "우리는 고용주들이 우리의 가치를 인식하지 못할 수도 있다는 사실을 깨달았다(p. 29)." 대부분의 사서들은 도서관에 대해 잘 모르고 대개는 알려고 하지도 않는 비(非)사서 밑에서 일한다. 필요성을 논리적으로 납득시킨 경우에도 필요한 자금을 지원받지 못하는 일이 있다. 경영진이나 지방자치단체로부터의 후원은 반드시 재정 지원이 뒤따라야 하며 그렇지 않으면 의미가 없다.

2. 할 수 있는 일은 무엇인가

우리가 처한 상황에 대한 비관(사서들이 너무나 자주, 너무나 잘하는 일인)은 이것으로 충분하다. 우리는 상황을 인정하고 넘어가야 한다. 이를 개선시키기 위한 노력을 하지 말자는 이야기는 아니다. 그러나 현실은 이렇다. "지금 너무나 명백하게 드러난 대로, 경영진과의 관계에서 가장 큰 문제는 반대가 아니라 무관심이다(White, 1984, p. 104)." 우리는 경영진이 도서관에 신경을 쓰고 도서관과 사서의 가치를 인식하게 만들어야 한다. 이를 위해 달성해야 할 첫 번째 임무는 도서관의 운영과 그 목표를 소속 기관이나 지방자치단체의 전략전인 목표에 맞게 조정하는 일이다. 그 다음에 도서관이 고객들에게 어떤 가치를 제공할지를 결정하고 이를 경영진들이 이해할 수 있는 언어로 설명해야 한다. 세 번째로 소속 기관이나 지방자치단체의 자원 중에서 우리에게 필요한 부분을 얻기 위하여 가능한 모든 조치를 취해야 한다. 끝으로 이러한 목표를 이루기 위한 유용한 수단으로서 마케팅과 후원 확보 활동을 효과적으로 이용하는 방법을 배워야 한다.

고객의 전략적인 목표에 도서관을 맞추라

"도서관이 왜 중요한가?"라는 질문에 대한 답은 때로는 고객에게 주는 경제적 가치가 될 수도 있고, 때로는 이용자의 삶의 질을 향상시키는 것처럼 추상적인 내용이 될 수도 있다. 도서관의 목표는 소속 기관(그리고 그 직원들)이나 지방자치단체가 목표를 달성할 수 있도록 적극적으로 돕는 것이다. 경영진이 새로운 프로젝트에 착수하기 전에 필요한 내용을 도서관에서 찾는가? 도서관장이 회사의 정책이나 기획과정에 참여하여 의견을 낼 수 있는가? 지방자치단체의 의사 결정권자들이 주기적으로 도서관을 찾는가? "정보 전문가에게 주어진 과제는 명확하다. 역동적인 지식 메커니즘에 접근할 수 있는 환경을 제공하여 고객들이 현명한 전략적, 전술적 결정을 내리도록 돕는 일이다(Kennedy 1996, p. 120)."

우리의 가치를 알리라

대부분의 관리자들은 그들의 조직이나 지방자치단체에 속해 있는 도서관의 비용과 가치에 대해 모르고 있다. "조직들(혹은 지방자치단체들)은 지원 분야, 특히 도서관에 얼마를 써야 하는지 모른다. 따라서 가장 안전한 방법으로 일단 줄이고 본다(White, 1984, p. 359)." 도서관에 대해 경영진에게 보고할 때는 그들이 이해하는 기법과 개념을 사용해야 한다. 통계 수치와 상대적으로 간단한 몇 가지 계산을 이용하여 도서관 운영의 가치가 도서관에 투입된 비용(임금과 복지비용, 도서 구매 비용, 잡지 구독료, 온라인 서비스 비용, 시설과 설비 유지비용을 모두 포함한)을 쉽게 만회하거나 상회한다는 사실을 보이라. 한 법률 도서관에 근무하는 사서는 단순히 법률서적 출판사들이 회사에 발행한 청구서를 검토하는 일만으로도 회사가 그녀에게 지불하는 임금과 복지비용을 충분히 만회하고 있음을 증명했다. 청구서를 검토함으로써 회사가 그때까지 중복되거나 잘못 청구된 것까지 모두 지불하고 있었다는 사실이 밝혀졌기 때문이다. 조앤 시어는 다음과 같은 일화를 들려 준다. "한 법원 행정관이 비서에게 유료 온라인 서비스의 비밀번호를 가르쳐 주면서 필요한 문서들을 찾아 달라고 부탁했다. 한참을 헤매던 비서가 결국 도서관에 도움을 요청했을 때는, 이미 그 비용이 3만2천 달러를 넘어가고 있었다. 게다가 도움을 요청받은 사서는 비용을 하나도 들이지 않고 같은 정보를 얻는 방법을 알고 있었다. 사서는 온라인 정보 벤더와 협의하여 향후에 서로에게 도움이 되는 계약을 체결하는 조건으로 이 엄청난 요금을 면제받을 수 있었다(2001, p. 30)."

자금 문제에 대해서는 경영진 앞에서 확고한 모습을 보여야 한다. 예산 삭감에 따른 결과를 설명하기 전에는 절대로 예산 삭감을 받아들이지 말라. 자금이 없으면 서비스도 없다는 것은 자명한 사실이다. 시청각(AV) 서비스와 한 명의 AV 담당 정직원을 관리하는 사서가 있었다. AV 담당 업무가 반나절만 근무하는 임시직으로 바뀌면서 서비스도 줄어들게 되었다. 약 6개월 후에 이에 대한 불평이 너무 많아지자, AV 담당 업무는 다시 정규직으로 복원되었다. 이 이야기가 주는 교훈은 무엇인가? 어쩔 수 없이 서비스를 축소할 때는 그 서비스가 필요한 것일 수 있으며 이로 인해 누군가가 '피해를 입게' 될 것이라고 분명하게 말해야 한다. 사무 서비스의 축소는 이미 업무량이 많은 사서 말고는 피해를 줄 사람이 없다. 당신이 예산과 인원 삭감을 감수하고 나서 아무 부작용도 일어나지 않으면 경영진은 당연히 이전에는 예산과 인원이 초과되어 있었다고 생각할 것이다. 만약 개별 예산이 아니라 프로그램별 예산을 배정받는 경우라면 일부 예산을 삭감하기 위해 어쩔 수 없이 전체 프로그램 예산을 모두 폐지하는 일도 있을 수 있다.

　　조직 내에서 대개 도서관 예산은 일반경비로 취급된다. 이는 그다지 안정적인 상황이 아니다. 경기가 좋지 않을 때 경영진은 가장 먼저 일반경비부터 줄이려고 하기 때문이다. 수익원이 될 필요는 없지만 적어도 손익분기 정도만 맞추어도 도서관 유지에 큰 도움이 된다. "도서관 예산이 아무리 충분하다고 해도 어차피 도서관에 들어가는 비용은 조금이라도 회사의 수익률을 개선시키거나 순이익을 증가시키는 데 영향을 줄 정도로 많지 않다(White, 1984, p. 344)." "사람들은 보통 도서관이 실제로 받는 것보다 많은 지원을 받고 있다고 생각한다. (중략) 공공도서관은 지방자치단체 전체 세수익 중 약 2% 정도의 예산만으로 운영된다. 누구도 지역 도서관 예산에 손을 대 전체 수지 균형을 맞추려고 하지는 않으며 (중략) 예산을 절감하기 위해 도서관 서비스를 없애지는 않는다(Scilken in Deitch, 2002, p. 55)." 따라서 비용 절감에만 집중하는 것은 충분치 않다. "비용이 아무리 적게 들어도 전혀 비용이 안 들어가는 것이 아닌 이상 안전할 수 없다. 우리의 안전은 꼭 필요한 존재가 됨으로써 보장받을 수 있다(White, 1996b, p. 59)." 도서관의 가치를 강화하는 한 가지 중요한 방법은 조직이나 지방자치단체의 지적 자산(지식, 업무 절차, 정보망, 경험 등)을 늘리거나 활용하는 능력을 키우는 것이다. 만족한 고객이 도서관을 이용함으로써 절약할 수 있었던 구체적인 비용과 시간을 언급하며 도서관을 추천하는 것도 도서관이 유지되는 데 긍정적인 영향을 준다. 이때 추천인은 조직이나 지방자치단체 내에서 비중 있는 영향력을 가진 사람이어야 한다.

　　지금까지의 내용을 통해 중요한 사실을 한 가지 알 수 있다. 도서관의 경제적인 가치와 지식 자산으로서의 가치를 원하는 대로 계산할 수 있다고 하더라도 경영진이 이를 인식하지 못하면 아무 소용이 없다는 점이다. "오직 정보센터 내에 그리고 조직의 여러 부문에 강력한 협력자들을 가져야만 생존하고 발전해 나갈 수 있다. 의회에서 어떤 제휴단체나 이익단체가 가장 설득력 있는 이유를 제시했느냐에 따라 자원 할당 결정이 이루어지듯이 직장(혹은 지방자치단체)의 경우도 마찬가지다. 가장 힘있는 목소리만이 설득력을 얻는다(Jones in St. Clare, 1994, p. xiv)."

　　경영진이나 도서관 이사들에게 보일 보고서를 작성할 때는 "경영진이 이해하지 못하거나 관심이 없는 내용은 넣지 말라(White, 1984, pp. 100~101)." 보고서는 짧고 읽기 쉬워야 한다. "보고서의 주요 내용은 성과와 문제점에 대한 정보여야 한다. 성과는 도서관의 내부적인 일이 아니라 각 부서에 도서관이 도움을 준 부분에 대해 설명해야 한다. (중략) 관내 대출량이라든가 참고면담 건수와 같은 전통적인 도서관 서비스에 내한 핀단 기준은 보통의 경우 회사 이사진(혹은 시의회나 도서관 이사회)에게는 별 의미가 없다. (중략) 가치를 효과적으로 인식시키려면 이를 다른 개념으로 전환시켜야 한다." 끝으로, "피터 드러커가 자주 말하듯이 경영 커뮤니케이션의 본질은 이미 일어나고 있는 좋은 일들이 아니라 아직 일어나지 않고 있는 좋은 일들에 중점을 둔 반대보고(exception reporting)이다(White, 1997, p. 117)."

우리가 원하는 최고의 협력자는 지역의 권력자들이다. 그들(CEO, 회장)이 관심을 가지는 프로젝트가 무엇인지 사서들은 알고 있는가? 이에 대한 책과 기사, 그리고 다른 지역은 어떻게 그 일을 처리하고 있는지에 대한 정보를 꾸준히 제공하고 있는가? 정기적으로 시장, 경찰서장, 시의원, 지역 신문 편집장, 지역 상공회의소 소장에게 정보를 전달하는가? 그렇지 않다면 이유는 무엇인가? 그들이 미처 필요성을 인식하기도 전에 미리 사람들의 정보 수요를 충족시켜 주는 것보다 그들로 하여금 정보가 필요할 때 찾아야 할 사람은 바로 사서—서점, 인터넷, 혹은 도서관과 같은 서

필요하고 얻을 수 있는 자원을 획득하라

추가 예산이나 인원 배정 없이 서비스를 확대하도록 요구받은 일이 있는가? 공공도서관들은 마치 법규상 반드시 설치해야 하는 진입로나 엘리베이터처럼 이러한 '무예산 임무'를 당연하게 받아들인다. 그러나 공공도서관이 아닌 다른 도서관들도 실행에 필요한 자원이 주어지지 않은 채 새로운 서비스를 실시하라는 요구(때로는 지시)를 받는다. 이때가 모든 경영진의 지원을 얻어 내야 할 시기이다. 스티어(1997)는 경영진의 지원을 얻어 내기 위한 10가지 방법을 제시한다.

1) 예상되는 성과를 사람들이 이해하고 판단할 수 있는 개념으로 표현하라.
2) 프로젝트의 사업적 측면을 이해하고 그에 준하여 표현하라.
3) 전체 양상을 이해하고 그것을 표현하라. 대상 프로젝트가 기업 전체에 가져올 영향을 예측하고 설명하라.
4) 요구하는 자원이 조직과 지방자치단체의 경쟁력을 높이는 수단이 되도록 계획하라.
5) 조직(혹은 지방자치단체)의 목적에 맞도록 프로젝트를 계획하라.
6) 구조조정, 직원 이직, 지역 내 일자리나 노동자의 감소 등 내부 사정에 따라 프

로젝트를 조정하라.

7) 영향을 받는 외부 사정에 맞추어 프로젝트를 조정하라.

8) 고객의 요구사항을 철저히 파악하라.

9) 적어도 두 명의 중요한 혹은 선호하는 공급자에게 시험운영에 필요한 설비, 소프트웨어, 기타 물품을 무료로 지원해 주도록 요청하라.

10) 상사를 잘 설득하는 사람이 누군지 동료에게 물으라.

도서관의 조력자(Library Champion)라는 존재의 중요성을 알 때가 되었다. "조직 내에서 영향력이 큰 유력자, 가능하면 경영진 중에서 최소한 한 사람의 조력을 얻으라(Williamson, 1996, p. 3)." 그러나 힌 사람만으로는 부족하다. 당신은 높은 직위의 사람들로부터 최대한 얻어 낼 수 있는 모든 지원을 받아야 한다. 도서관을 계속 지원함으로써 얻는 효과와 도서관의 직원, 상품, 서비스의 경쟁력에 대한 문제 제기가 있을 때 조력자는 이에 맞서 당신과 도서관을 위해 싸워 줄 것이다. 예산을 편성하는 시기가 되면 그들을 찾아가 "지금까지 열심히 잘해 왔지만 예산을 조금 더 지원해 주시면 정말 좋은 서비스를 제공해 드리겠습니다(Evans, Ward and Ruggas, 2000, p. 443)!"라고 말하라. 그리고 당신이 그것을 얻을 수 있도록 도움을 요청하라. 교수진(그리고 영향력은 적지만 학생들)은 대개 대학도서관의 지원금 또는 기금을 모집하는 데 적극적이다. 이러한 조력자들을 어떻게 모집할까? 조력자들은 단순한 단골 이용자 이상의 의미를 지닌다. 그들은 당신을 기꺼이 도울 뿐만 아니라 고위 경영진에게 영향을 줄 수 있다. 도서관이 회사에게 지속적으로 도움을 주는 데 그들의 지원이 중요하다는 사실을 알게 하라. 그들이 당신을 쉽게 도울 수 있도록 정확히 누구에게 어떤 말을 해 줄지를 제안하라. 사적인 자리나 공적인 자리에서 그들의 도움에 대해 깊은 감사의 뜻을 전하라. 조력자들을 찾을 수 있는 다른 원천으로는 도서관 위원회, 도서관 프렌즈 그룹, 이사회 등이 있다. 원래부터 당신의 편에 서 있는 사람들에게 도움을 구하라. 그들을 참여시키고 동의를 구하며, 구두 약속을 얻어 내는 데 그들의 영향력을 이용하고, 당신을 위해 로비활동을 하도록 하라. 조직 내에서 기획 분야나 지식 활동의 감독을 담당하는 사람, 고객(로펌에서는 특히 유용함)이나 벤더와 같은 외부 사람들, 능력 있는 동료들까지 끌어들이라. 공공도서관은 지역에 거주하는 작가들과 기타 지역사회 내의 명망 높은 지식인들을 끌어들일 수 있다.

여기에 도서관 조력자들이 해 줄 수 있는 지원 발언의 좋은 예가 있다. 한 소도시의 시의원은 이렇게 말했다. "공공도서관은 우리 지역의 R&D 부서이다. 이는 우리가 절대 무시할 수 없는 투자이다(in Berry and Wilson, 2001, p. 6)." 혹은 컴퓨터 컨설턴트가 한 이런 말도 있다. "사서들은 200년 이상이나 복잡한 정보들을 다루어 왔다. 우리가 현명했다면 마땅히 사서들이 인터넷을 관리하도록 했을 것이다(Schneiderman, 1997, pp. 34~35)." 사서들은 더 나은 인터넷 정보의 색인, 식별, 분류를 시행했을 것이다. 이용자들은 주로 키워드를 이용하여 인터넷 검색을 하지만 원하는 정보를 찾지 못할 때가 많다. 사서라면 "적어도 모든 문서를 작성자, 제목, 날짜, 주제에 따라 분류했을 것이다." 또한 사서들이 인터넷을 관리한다면 "우리가 진정으로 필요한 정보를 찾을 수 있도록 해 줄 것이다. (중략) 따라서 인터넷이 가진 진정한 잠재력을 활용하기 위해서는 인터넷의 미래를 결정할 논의에서 중요한 위치를 사서들에게 주어야 한다. 동시에 우리는 도서관이 새로운 정보화 시대에도 살아남고 나아가 발전할 수 있도록 힘써야 하고, 사서들에게 그들이 마땅히 누려야 할 존경심을 보여야 한다."

마케팅과 후원 확보 활동을 효율적으로 이용하라

후원 확보 활동은 (중략) 도서관 서비스의 전달에 영향을 끼칠 수 있는 이용자들, 경영자들, 감시자들을 도서관의 후원자로 바꾸는 일련의 작업으로 정의할 수 있다.

_ St. Clair and Williamson, 1992, p. 66.

많은 사서들은 자신의 입지를 공개적으로 주장하는 것을 불편하게 생각한다. 사서 단체에서 이를 대신해 주리라고 생각하는 이들도 있다. 그러나 미국 도서관협회(ALA)를 비롯한 많은 도서관협회는 그들의 마케팅을 **도서관**에 집중한다. 도서관 전문 직종에 더 중점을 두는 단체들도 대부분이 마케팅 활동을 도서관 내에서 혹은 정보 관련 미디어에서 전개할 뿐, 비즈니스나 경영 미디어에서 전개하지는 않는다. 우리는 정보 전문가들의 가치를 보이는 기사나 광고가 「타임*Time*」, 「포춘*Fortune*」, 「비즈니스 위크*Business Week*」, 「하버드 비즈니스 리뷰*Harvard Business Review*」에 실리도록 해야 하고 사서와 도서관 후원자들의 인터뷰가 「월 스트리트 위크*Wall Street Week*」나 저녁 뉴스에 나가도록 해야 한다.

우리는 더 이상 우리가 관리하는 정보의 미래를 다른 사람들이 결정하도록 방관해서는 안 된다. 우리는 우리가 원하는 미래를 결정하고 그것이 우리가 원하는 방향으로 진행하도록 노력해야 한다. "도서관의 지지기반을 쌓을 시간이 없다고 말하는 모든 사서는 일종의 '정치적인 자살' 행위를 저지르고 있는 것이다(Finch in Kirchner, 1999, p. 844)." 만약 필요한 자원이 당신에게 주어지지 않는다면 많은 사람들이 다른 도서관으로 가 버리고 말 것이다. 당신의 임무는 의사 결정자들이 다른 대안을 생각하지 못할 정도로 설득력 있게 도서관에 자원을 할당하도록 요청하는 일이다.

지식은 힘이라는 말을 흔히 듣게 된다. 사서들은 이미 지식을 보유하고 있다. 이제 우리는 그것을 힘으로 전환해야 한다. "사서들은 대개 권력을 조율하거나 행사하려고 하지 않는다. 그들은 스스로 판단하기에 명확한 가치를 지닌 서비스를 전달하면 다른 이들이 저절로 그 가치를 알아 줄 것으로 기대한다 (White, 1984, p. 85)." 권력은 영향력과는 다른 것이다. "영향력은 사례를 보여주거나 행동을 통해 다른 사람들이 행동을 바꾸도록 하는 능력이다. 권력은 어떤 일을 직접 할 수 있는 능력이다. 권위는 어떤 일을 할 수 있는 권리이다 (Evans, Ward, and Ruggas, 2000, p. 194)."

당신의 도서관을 정치적으로 강력하게 호소할 수 있는 홍보 기회를 모두 이용하고 있는가? 도서관 서비스에 대한 정보를 일반인들에게 전달할 때 서비스의 중요성도 함께 인식시키는가? 그리고 전체 지역사회에(도서관을 이용하지 않는 사람들까지 포함하여) 도서관의 추상적인 중요성(예: 도서관은 좋은 곳이다)이 아닌 그 진정한 의미를 알리는가? 도서관을 위해 능력 있는 변호인이 되는 것이 현대의 사서들에게 있어서 가장 중요한 역할 가운데 하나이다. 이것은 더 이상 1년에 한 번, 예산 편성 시기에만 유용하게 쓸 수 있는 능력이 아니다. 우리가 하는 전체 업무, 우리가 보내는 전체 메시지의 일부분이 되어야 한다. 이 일을 하기가 부담스럽고 두려울 때도 있겠지만 당신이 진정한 변화를 가져오는 사서라면 지금보다 더 좋은 변화의 기회는 없다. _ Reed, 2001, p. xiii ~ xvii.

선입견을 갖고 있을지도 모르지만, **정치**와 **로비**는 지저분한 단어가 아니라 모든 조직에 있어서 반드시 필요한 단어이다. 단 정치적인 활동은 효과적으로 진행해야 한다. 당신과 도서관이 의사 결정권자들의 신임을 얻도록 하라. 도서관의 활동에 반대하는 부정적인 태도를 예상하고 그에 대한 대응책을 미리 준비하라. 의사소통 채널을 항상 열어 두라. 의사 결정권자들을 우대하라. 1년 내내 꾸준히 새로운 정보를 그들에게 전달하라. 당신의 편에 서 있는 사람과 아닌 사람 모두를 파악하라. 의사 결정권자들을 보좌하는 직원들을 잊지 말라.

때로는 모든 노력이 다 허사가 되는 경우도 있다. 이럴 때 우리는 극적인 행동을 취해야 할까? 우리는 부족한 임금과 낮은 지위에 대해 불평한다. 만약 "모든 사서가 적절한 임금, 복지 혜택, 지위를 요구한다면(Adams, 2002)" 어떻게 될까? 이론상으로는 매력적이지만 실현될 가능성은 몹시 낮다. 누군가는 항상 기꺼이 희생을 감수할 것이고 성발 더 이상의 비용을 감당할 수 없는 조직도 있다. 여기 더 극단적인 의견도 있다.

전국 도서관 주간을 맞이하여 도서관 문을 닫으라. 도서관 직원들을 파업에 내보내라. 더 많은 지원을 받아 내기 위하여 지역의 권위자들에게 로비활동을 펼치는 데 아낌없는 시간을 쏟아부으라. 우리는 학생들이 숙제를 끝낼 수 없을 때, 비즈니스맨들이 필요한 정보를 얻을 수 없을 때(그렇다. 인터넷에 모든 것이 있는 것은 아니다), 투자가들이 「모닝스타*Morningstar*」나 「밸류라인*ValueLine*」지(紙)의 최근호를 찾을 수 없을 때, 사람들이 세금신고 기간에 세금 신고 양식을 찾을 수 없을 때 후원금 모금 캠페인을 펼치고 재정 확보 광고를 찍는 데 드는 비용을 지원할 사람을 찾을 수 있을지도 모른다. _ Kamm, 2002.

이전에 도서관장이었던 허버트 S. 화이트도 과격한 해결 방법을 제시한 적이 있다. "예산 삭감 때문에 서비스가 축소될 때는 문의건수가 쌓이도록 하고 이용객들은 줄을 서도록 만들어야 한다. 그리고 언론에 이러한 일이 노출되어서 재정 지원자들을 곤란하게 만들어야 한다. 그렇게 하면 우리가 해고되든지 아니면 그들이 문제를 해결하기 위한 조치를 취할 것이다(1997)."

3. 관중별 후원 확보 아이디어들

병원도서관

병원도서관은 최신 의학정보의 빠른 전달을 통해 환자들에게 일어나는 부정적인 결과와 그에 따른 의료비용을 줄임으로써 병원의 비용 절감에 기여할 수 있다. 또한 잡지, 비디오, 웹사이트와 같은 내부 자료를 통해 의사의 평생교육(CME)의 비용을 절감시킬 수 있고, 도서관 연합에 가입함으로써 연구와 의사결정에 필요한 정보를 조달하는 비용을 줄일 수 있다. 의료직 지원자들(훌륭한 인터넷 도서관 서비스를 기대하는)을 끌어들이고 유지하거나 구매 업무를 집중화하여 중복 구매를 없애고 정보 구매 비용을 줄임으로써 병원에 기여할 수 있다. 이외에도 정보를 검색하거나 문서를 조달할 때 낭비되는 시간 때문에 발생하는 보이지 않는 비용을 줄이는 것도 병원에 기여하는 방법이다(Hammond and Priddy, 2001).

법률도서관

법률도서관에서 수익을 내는 업무가 없다는 문제가 제기되면 변호사들이 정보를 찾기 위해 소비하는 시간을 파악하고 이렇게 고객들에게 청구할 수 없는 시간을 사서가 얼마나 줄여 줄 수 있는지를 이야기하라. 판례 검색에 사용

성공적인 주민 투표 캠페인

인디언 트레일스 공공도서관(Indian Trails Public Library) 운영위원회

일리노이주, 휠링

일리노이주 휠링에 있는 인디언 트레일스 공공도서관 운영위원회는 도서관을 위한 세금 인상에 대한 주민투표를 한 번만에 통과시켰다. 어떻게 그럴 수 있었을까? 먼저 그들은 총괄 책임자를 고용하여 모두가 "임무를 나누고 같은 목표를 공유하도록" 하였다. 둘째로 그들은 직원들이 전화를 하거나 가정 방문을 하도록 하지 않고 "도서관 서비스의 수준을 유지하는 데 전념하도록" 하였다. 그 다음으로 모든 운영위원들은 "똑같은 목소리로 똑같은 메시지를 전달했다. 우리는 1975년 이후로 도서관 운영 자금을 위한 세금 인상을 한 번도 하지 않았다. 주민들은 더 많은 것들을 원하고 우리는 그것을 제공하기를 원한다." 사람들은 세부사항을 듣고 싶어하지 않는다. 다만 "가장 간단한 방법으로 어떤 비용을 치러야 하는지를 알고 싶어할 뿐이다. 운영위원회는 가장 간단하고도 직접적으로 주민들에게 말했고 그들은 이를 믿어 주었다." 운영위원회는 지역신문과 주민 위원회 위원장의 지원을 받았다. 운영위원들은 직접 시민의 가정을 방문하는 등 기회가 있을 때마다 홍보활동에 나섰다. "몇 달 동안 주말이 되면 두 명의 운영위원이 세련된 폴로셔츠를 입고 도서관 로비에 서서 들어오는 모든 이용자들에게 전단지를 나눠주었다. 단 한 명의 이용자도 빠뜨리지 않았다. 그들은 테이블에 앉아서 이용자들이 올 때까지 기다리지 않았다. 그들은 재치 있게 캔디가 가득 든

큰 통을 테이블 위에 놓아 두고 아이들이 이를 보고 부모의 손을 끌고 오도록 만들었다. 부모들은 당연히 운영위원들이 홍보하는 말을 듣고 전단지도 받게 되었다.” 그들은 또한 도서관 행사를 시작할 때마다 앞에 나와 홍보를 했고 외부로 전화를 하기도 했다. _ Smith, 2002, p. 14.

하는 시간을 기록하라. 경영진에게 당신의 일이 다른 사람들로 하여금 수익을 내도록 돕는다는 사실을 상기시키라.

톰슨 앤 나이트(Tompson and Knight) LLP에 근무하는 테리 로렌스*Terri Lawrence*는 '경험 많고 성공적인 로펌 레인메이커(rainmaker, 소송 일감을 찾아내는 사람—역주)'로 알려져 있다. 로펌의 생존 여부는 새로운 일감을 계속 찾아내는 데 달려 있기 때문에 그녀는 고객의 법률과 비즈니스 활동을 관찰하고, 현재 고객과 잠재 고객이 관련된 법원 소송사건 일람표를 확인하며, 선택된 고객들을 위해 미리 서류를 준비했다. 또한 교차마케팅의 가능성을 파악한 후 변호사들에게 경쟁력 있는 정보들을 제공했다. 뿐만 아니라 고객개발 부서를 도와 조사 활동을 쉽게 만들고 이를 통해 찾은 사업 기회를 임원들에게 바로 제안할 수 있는 방법을 만들기도 했다. 고객개발 담당이사는 "이것은 보기 드물고 믿을 수 없을 정도로 가치 있는 활동"이라고 말했다(Schuck, 2002, pp. 4~5).

4. 조직에 꼭 필요한 존재 되기: 폐관 방지에 대하여

매달 어떤 도서관이 문을 닫는다는 이야기를 듣게 된다. 조직과 지방자치단체들이 비용을 줄이기 위하여 구조조정을 계속하고 있는 상황에서 이러한 일이 지속되지 않을 것이라고 기대하기는 힘들다. 사서들은 "모든 정보는 인터넷에 있고 전부 무료로 얻을 수 있다"는 팽배해 있는 잘못된 인식을 바꾸는 데 실패해 왔다.

이제는 적극적으로 나서야 한다. "누가 요청할 때까지 기다리기만 해서는 안 된다. 고객을 연구하고 고객의 업무에 필요한 정보가 무엇인지 찾아내야

도서관 부흥시키기

∿

리치먼드 하이츠(Richmond Heights) 병원

리치먼드 하이츠, 오하이오

캐럴 M. 시슬러*Carol M. Shisler*는 사기가 저하되고 예산이 낮게 책정된 시기에 일인 사서(OPL, one-person librarian)가 되었다. "도서관이 생존하기 위해서는 도서관을 조직 내에서 꼭 필요한 부분으로 보이게 할 필요가 있었다(2000, p. 251)." 그녀는 이를 위한 실행 계획을 작성했다. 먼저 새로운 도서관의 이미지를 구축했다. 그녀는 새로운 로고를 고안하여 도서관에 있는 모든 문서에 이를 넣었다. 그 다음 그녀는 잠재 이용자들, 핵심 이용자들과 소식지, 연례 보고서, 조사 활동, 회의 참석 등을 통하여 열린 커뮤니케이션을 시도했다. 그녀는 의사, 간호사, 조무사, 행정 직원, 환자, 그 가족들과도 대화했다.

의사가 도서관의 주고객이었기 때문에 그녀는 의사들에 대한 마케팅에 집중해 도서관을 의사들의 도서관으로 만들었다. "가장 신경 쓰이는 부분은 도서관 운영상에 조그만 변화만 주어도 의사들은 이를 서비스의 축소로 본다는 것이었다." 그녀는 서비스 소요 시간을 줄일 뿐만 아니라 의사들을 안심시킬 필요가 있었다. "아침 보고 시간에 참석하는 레지던트들을 대상으로 임상 자료 서비스가 시행되었다. 모든 학생과 레지던트들에게 아침 보고와 관련된 추가 자료를 제공했으며 의료부문장에게도 그 사본을 전달했다(p. 252)."

그녀는 간호사와 다른 직원들을 대상으로도 마케팅을 실시했다. 간호과 직원들에게 필요한 것이 없는지 물은 결과 많은 간호사들이 도서관에 갈 형편이 안 된다는 것을 파악한 시슬러는 일부 중요한 간호 관련 서적들을 간호사 휴게실로 옮겨 놓았다. 그녀는 또한 환자 교육 자료들을 도서관으로 집중시키고 이를 관리했다. 뿐만 아니라 주간 간호 회진에도 참석하여 그 과정에서 필요할 것으로 파악된 자료들을 갖추었다. 시슬러는 또한 환자, 환자 가족들, 병원 방문자, 지역사회를 대상으로 마케팅을 전개했다. 이러한 노력의 결과 그녀는 응급실에 있는 환자 교육 자료를 평가해 달라고 부탁받기도 했다. 도서관은 병원 내에 있는 모든 환자의 자료가 구비된 물류센터가 되었다. 그녀는 자료 목록을 만들어 이를 초대장과 함께 모든 의사들과 부서에 배포했다. 또한 공공도서관과 접촉하여 지역 도서관 모임에서 병원도서관 운영에 대한 프레젠테이션을 하기도 했다. 시슬러는 간호과장으로부터 환자와 환자 가족 교육 자문위원회의 회장을 맡아 달라는 부탁을 받고 이를 수락하면서 의료부문장이 아닌 병원장에게 보고하게 해 달라고 요청했다. "이를 통해 도서관의 위치를 병원의 핵심 부문으로 격상시킬 수 있었다(p. 252)." 여기서 멈추지 않고 그녀는 행정직원들의 필요사항도 조사하여 이를 즉시 충족시켜 주었다.

그녀의 노력은 어떤 결과로 나타났을까? 도서 대출은 증가했고 검색량도 세 배나 늘어났으며 모든 부서로부터 더 많은 지지를 받을 수 있었다. 도서관은 병원 경영상의 변화, 인원 축소, 예산 삭감에도 계속 유지되었다.

그러나 불행하게도 그러한 성공은 지속되지 않았다. 병원 자체가 거의 문을 닫을 지경에 이르렀다가 다른 병원이 인수하면서 겨우 살아났기 때문이다. 이 와중에 도서관은 문을 닫고 시슬러는 다른 곳으로 옮겨가게 되었다.

도서관은 8개월 동안 직원 없이 방치되다가 캐시 마셜*Cathy Marshall*이 다시 일인사서로 채용되었다. 자원봉사자들이 돕기는 했으나 이미 도서관에는 많은 장서가 분실되어 쓸모없는 책들만이 어수선하고 먼지 쌓인 공간에 남아 있었다(2002). 마셜은 즉시 도서관을 다시 살리기 위한 과정에 착수했다. 그녀는 병원 경영진에게 도서관을 리모델링해야 할 필요성에 대해 주장했고, 성공적인 작업을 통하여 이제 도서관은 잘 정돈되고 밝은 분위기에 기분 좋은 장소로 변모했다. 비록 장서는 약 5백 권의 책과 80권 정도의 구독 잡지로 줄었지만 마셜은 대형 협력 병원을 통해 250개 이상의 온라인 잡지를 검색할 수 있도록 만들었다. 두 의사의 추천으로 병원 재단으로부터 보조금을 받아 도서관에 여섯 대의 컴퓨터, 텔레비전, 비디오를 설치할 수 있었다. 지금은 온라인 대출 시스템도 갖추었다. 현재 도서관에는 이용객들이 끊이지 않는다. 더 많은 병원 직원들이 마셜과 도서관에 대해 알게 되었다. 그녀가 수많은 위원회와 회의에 참석하여 의료 교육, 성과 측정, 고객 만족 분야에 도움을 주었기 때문이다. 그녀는 병원 웹사이트의 관리와 컨텐츠 제작에도 참여하고 있다.

마셜은 인쇄본 및 전자문서로 도서관 소식지를 만들기 시작했다. 그리고 이를 직원 휴게실과 구내식당에 붙여 새로운 상품에 대해 직원들에게 알렸다. 소식지에는 정보뿐만 아니라 자신이 직접 쓴 기사도 게재했다.

1년이 조금 넘는 시간을 들여 마셜은 고객들이 다시 리치먼드 하이츠 병원도서관을 찾도록 만들었다. 이번에는 이 도서관이 계속 유지되기를 기대한다.

한다. 그리고 그들이 그 자료의 필요성을 깨닫기 전에 그 정보를 잘 포장하여 전달해야 한다(Dempsey, 2002, p. 79)." 한 병원 사서는 자신을 "부끄럼 모르는 도서관 선전가"로 묘사했다. 그녀는 상사에게 적어도 일주일에 한 번은 이용자의 관심분야에 대한 정보를 보내고, "자신이 알기로는 어떤 부서도 보고하지 않는 이사회에도 정기적인 보고서를 제출한다." 또한 그녀는 자신의 목적을 위해 "신문에 1주 1회 혹은 월별로 보도자료를 보내고" 기회가 있을 때마다 텔레비전 인터뷰를 하는 방식으로 언론을 활용하고 있다(Weaver, 2002).

현실에 대한 인식은 때로 현실 그 자체보다 중요하다. 경영진(혹은 납세자)이 사실이라고 생각하는 것은 사실 그 자체보다 더 중요하다. 이것은 비록 당신이 일을 엄청나게 잘하고 있고 이용자들이 당신의 우수성을 인정한다 해도 도서관의 운명을 결정하는 위치에 있는 사람들(도서관을 이용하지 않는 최고 경영진이나 유권자들)이 도서관에 비용을 투자할 만한 가치가 없다고 생각하면 아무 소용이 없다는 사실을 뜻한다. 아웃소싱 업체가 "도서관을 우리에게 아웃소싱하면 비용을 절감할 수 있습니다"라고 말하며 회사 임원이나 시 정부에 접근할 수도 있다. 재정 지원자들에게 당신의 가치를 확실하게 인식시켜 그들이 아웃소싱 업체에게 "미안합니다만 관심 없습니다. 우리의 훌륭한 도서관 직원들보다 더 잘하실 수는 없을 겁니다"라 말하게 해야 한다.

그러나 때로는 증가하는 비용과 줄어드는 직원 때문에 생기는 문제를 해결하기 위해 우리가 아웃소싱 업체를 이용할 수도 있다. 한 사서는 "대량의 반복적인 사무 서비스를 중지해야 한다는 사실을 깨달았다. 이들 서비스는 전문 업무와 사무 업무에 필요한 시간을 엄청나게 소모시키고 있었지만" 실제 그로부터 얻는 수익은 미미했다. 그들은 카탈로그 작업, 원문제공, 최신 뉴스 검색과 같은 '일상적인 서비스'들을 아웃소싱하기 시작했다(Lemon, 1996). 직원이 더 필요하거나 법률 정보 스크랩처럼 전문적인 기술이 필요없는 단기적인 업무들을 아웃소싱하라. 경영진들은 손익에 도움을 주는 아웃소싱 활동을 선호한다. 그러나 경영진들이 전체 도서관 기능을 아웃소싱할 수도 있겠다는 생각을 갖지 않도록 주의해야 한다. 당신이 아웃소싱 여부와 어떤 부문을 아웃소싱할지를 결정하는 데 주도권을 쥐도록 하라.

구조조정과 직원 축소와 같은 위기를, 도서관이 정체되는 일을 방지하고 직원들의 활기를 재충전하며 새로운 시장과 이용자들을 찾는 기회로 받아들이라. 나아가 도서관과 직원들에 대한 인식과 이미지를 개선하고, 도서관 상품과 서비스 구성을 재검토하는 기회로 받아들이는 일이 더 중요하다. 아마도 일부 상품과 서비스는 아웃소싱하거나 아예 폐지할 수도 있을 것이다. 최신 뉴스 검색이나 목차 작성처럼 노동력이 많이 들지만 전략적인 서비스는 아웃소싱하거나 자동화시키는 편이 더 효율적이다. 끝으로 구조조정에 의기소침해질 필요는 없다. "아무도 구조조정을 기대하지 않는다. 그러나 구조조정이 불가피한 경우에 취할 수 있는 최고의 행동은 긍정적인 자세를 유지하고 마케팅을 계속하는 일이다(Edwards in La Rosa, 1992, p. 58)." 당신이 할 수 없는 일이 아니라 할 수 있는 일에 집중하라. 더 현명하게 일할 줄 알아야 한다. 도서관 이용자들도 업무에 필요한 자료가 줄어 지금 당신이 더 필요할지도 모른다.

5. 전문성: 겉모습이 전부는 아니다

전문적인 사서가 부족해서 뭔가 큰일이 일어나리라고 걱정하는가? 차라리 전문적인 사서가 부족해 뭔가 큰일이 일어날 수 있기를 기대하는 편이 낫다! _White, 1996a, p. 127.

이 절(節)의 제목이 말해 주듯이 우리의 이미지는 단순히 어떤 옷을 입느냐에 따라 결정되지는 않는다. 그럼에도 불구하고 용모는 중요한 문제이다. 우리 모두는 촌스러운 상의와 긴 치마, 기능성 구두, 쪽진 머리에 안경을 쓴 전형적인 사서의 이미지를 알고 있다. 불행하게도 많은 사서들이 실제로 이런 스타일을 하고 있다. 기업도서관에서 근무하는 사람들도 온통 정장을 입고 다니는 남성 중심적인 환경에 적응하느라 센스 있는 스타일을 보여 주지 못한다. 상황에 맞게 복장을 갖춰 입을 줄 알아야 한다. 어떤 조직에서는 의무적으로 정장(남자의 경우에는 넥타이)을 입어야 하지만, 여전히 최신 유행에 맞게 멋있는 옷을 입을 수 있다. 반면에 다른 조직에서는 적절한 복장의 의미가 매우 달라지기도 한다.

복장은 입고 있는 사람을 돋보이게 하고 상대방이 자신으로부터 주의를 돌리지 않도록 해야 한다. 몸에 잘 맞는 좋은 옷에 투자하라. 한편 개인에게 있어 스타일보다 더 중요한 것은 '좋은 인상'이라는 점을 잊어서는 안 된다. 어린이도서관의 사서들은 별개의 경우이다. 이들에게 필요한 복장은 부담 없이 아이들을 무릎에 앉히고 책을 읽어 주는 동안 차가운 바닥에 편안하게 앉을 수 있도록 하는 의상이다. 의외로 청바지는 이러한 상황에 별로 맞지 않다. (중략) 그 이유는 청바지를 입은 어린이

도서관 사서는 대개 부모들에게 무료 보모의 이미지를 주어 쓸데없이 아이들을 맡기게 만들고 이로 인해 시간과 공간을 빼앗길 수 있기 때문이다. _ Hadden, 2002.

전문성의 또 하나의 특징은 리더십이다. 비록 어떤 사람들은 자연스럽게 리더십이 우러나오기도 하지만 대부분의 사람들은 연습을 통해 리더십을 키워야 한다. 경영이 목표를 달성하는 과정이라면 리더십은 비전을 제시하고 사람들에게 동기를 부여하는 일이다. 리더는 일상의 너머를 보고, 끊임없이 자신의 영역을 확장시키며, 강한 정치적인 능력을 소유하고, 현상 유지를 인정하지 않는다. 리더는 유연한 사고를 가지고 있다. 다른 사람이 업무를 수행하는 데 있어서 창조성을 발휘하도록 돕고, 누구나 목표에 못 미칠 수 있다는 인식에서 실패를 인정하거나 심지어 장려하기도 한다. 실패는 한편으로 목표가 충분히 높게 설정되었다는 사실을 의미하기도 한다(Barter, 1994). 한 가지 상기할 점은 리더가 되기 위해서 관리자가 될 필요는 없다는 사실이다. 당신은 모범을 보임으로써 다른 사람, 심지어는 직위가 더 높은 사람도 이끌 수 있다. 당신의 리더십은 어떤 일을 어떻게 하느냐에 따라 나오는 것이지 직위에서 나오는 것이 아니다. 리더는 또한 장기적인 사고를 가져야 한다. 오늘의 문제를 넘어서고 도서관을 초월하며 사서로서의 업무를 뛰어넘어야 한다. 사람들을 이해하고 항상 현상태가 아니라 미래의 가능성을 생각해야 한다.

평생 학습: 전문성의 핵심

끊임없는 자기 계발을 통해서만 (중략) 사서는 전문적인 능력을 유지할 수 있으며 변화에 대응할 수 있다. _ Buchanan, 2000, p. 126.

한번 도서관 학위를 획득하면 업무 과정에서 습득하는 지식만으로도 추가 훈련 없이도 영원히 훌륭한 사서가 될 수 있다는 생각은 잘못된 생각이다. 물론 과거에는 유능한 사서가 되는 일이 지금보다 훨씬 쉬웠다. 그러나 현대사회에서는 기술, 경영 이론, 경영 기법, 도서관과 관련한 중요한 문제들이 변화하는 속도가 너무나 빠르기 때문에 사서들의 지속적인 학습이 불가피하게 되었다. 급격하게 변화하는 사회에서 살아남기 위해서는 영원한 학생으로 남아야 한다. 사서들에게 평생 학습을 위한 최고의 방법 중 하나는 전문 직업 개발 워크숍과 내부 교육에 참석하는 것이다.

평생교육(CE, Continuing Education)은 고용원들에게 조직이 제공하는 직무 교육과 개인 직업 개발로 나눌 수 있다. 여기서 "'개인'이란 고용 기관이 아니라 개인에게 필요한 내용을 말하고, '직업'은 직무 수행 능력, '개발'이란 성장과 성공의 역동적이면서 지속적인 과정을 뜻한다(Bryant, 1995, p. 1)." 대개 사서들은 스스로 필요한 CE 내용을 파악하고, 워크숍이나 교육 프로그램을 준비하며, 아마 그에 대한 비용도 스스로 지불해야 할 것이다. CE를 받도록 요구하는 고용주나 직업단체는 거의 없기 때문이다. 대부분의 직업단체가 연례 총회시에 강좌를 열고 그중 일부는 주(州)나 시(市) 단위에서 열기도 하지만, 여전히 이를 찾아내는 일은 우리의 몫이다.

우리가 배워야 할 내용은 무엇이고 또 이를 어떻게 배워야 하는가?

- **조직 문화**: 조직을 관찰하고 구성원과 대화하며, 찾을 수 있는 모든 내부 문서를 읽으라.
- **회계 경영을 포함한 경영**: 도서관 관련 회의, 지역별 협회, 경영대학원 혹은 경영 전문가 단체에서 제공하는 강좌를 들으라. 뛰어난 경영서적들 중에 구할 수 있는

것들을 찾아 읽고, 다른 사람들이 경영 과정에서 보인 좋은 예와 나쁜 예를 참
고하라.

- **의사소통과 프레젠테이션 기술:** 일반 학원이나 지역 대학교의 커뮤니케이션, 연설 강
좌를 수강하라.

- **정보 기술:** 소속 기관의 정보 기술 부서를 찾거나 주요 소프트웨어 회사에서 제공
하는 강좌를 인터넷에서 찾아보라. 도서관 학교의 강좌와 도서관 자동화 소프
트웨어, 데이터베이스 공급자들이 저가에 제공하는 교육 프로그램들도 있다.

- **지식관리, 조사 기법, 정보감사를 포함한 도서관 관련 정보 기술:** 이들 내용은 대개 인터넷
을 통해 대학에서 제공한다. 도서관협회도 총회 시에 지역 단위로 혹은 자율 학
습 등의 방법으로 강좌를 제공하고 있다.

- **네트워킹:** 네트워킹에 대해서는 스스로 경험하는 것이 최고지만 대부분의 서점
에서 이에 대한 책들을 찾을 수 있다.

- **주제별 지식:** 이는 고객들이나 내부 세미나를 통하거나 혹은 지역 대학에서 관련
과목을 청강함으로써 배울 수 있다.

- **자기주장, 시간 관리, 대인 관계 문제 등의 자기 계발 기술:** 일반 회사에서 실시하는 효과적
이고 저렴한 강좌들이 있으며 도서관 총회시에도 강좌가 열린다. 또한 이 주제
를 다룬 좋은 책들이 많이 있다.

이밖에도 배움을 구할 수 있는 많은 비공식적인 기회들이 있다. 단지 소
속 기관이나 지역사회를 돌아다니며 관찰하고 질문하는 것만으로도 많은 것들
을 배울 수 있다. 인터넷은 새로운 자료—책, 소프트웨어, 데이터베이스—의 목
록을 그에 대한 평가와 함께 끊임없이 제공한다. 직업 총회를 통해 동료들과 대
화하면서 아이디어와 문제 해결법을 교환할 수도 있다.

CE가 당신에게 어떤 도움을 주는가? 우선 새로운 기술을 습득하고 기존의 기술을 개선시킬 수 있다. 컴퓨터 네트워크 관리자와 같은 자격증을 획득하면 조직 내에서 승진할 수도 있다. 내부 교육 프로그램에 참가하는 것은 도서관과 사서에 대해 알리는 좋은 기회가 된다. CE 프로그램을 통해 몰랐던 사람을 사귀게 되므로 인간관계의 폭도 넓어진다. CE의 일부 효과는 효율성 증가와 비용 절감 방법 습득처럼 직접적이지만 이보다 간접적인 효과도 있다. 학습은 당신에게 활력을 불어넣고 사기와 동기의식을 높이며 정체되지 않도록 돕는다. "현장에서 새로운 기술과 정보들을 익힐 수 있다면 직업 만족도도 올라가고 리더십 기술도 강화할 수 있다(Hubbard, 2002, p. 604)."

"전문 직종에 대한 평생교육은 모든 도서관 예산에 당연히 포함되어야 한다(White, 1984, p. 48)." 하지만 대개 그렇지 못하다. 포함되었다 하더라도 재정 문제가 생길 때 가장 먼저 삭감되고 만다. 제임스 B. 케이시*James B. Casey*(2002)는 자신이 근무하는 공공도서관의 경우 예산의 68%는 임금과 복지비용(국가 전체 평균과 비슷하다)이 차지하고 있으며, 1.6%만이 직원 개발(사용료, 회의, 수강료 환급, 관내 교육, 고용 비용)에 사용된다고 썼다. 그나마 이것도 초과해서 사용한 적은 거의 없다고 한다. 이는 1.6%로 충분하기 때문인가 아니면 직원들이 이렇게 적은 금액에 익숙해져 있기 때문인가? 다른 부서가 그에 대한 예산을 지원받고 있다면 당신도 지원받아야 한다.

많은 사서들은 CE뿐만 아니라 총회 참석에 드는 비용도 지불하려고 하지 않는다. 고용자가 비용을 대주지 않으면 아예 참석하지 않는 것이다. 상사가 총회 참석 비용을 지원해 주지 않으면 직업상의 의무를 수행하지 않아도 좋다고 생각하는가? 당연히 그렇지 않다. 이는 상사에게 당신의 전문성을 인정받지 못하고 있다는 의미이므로 기술을 향상시켜 상사의 인정을 받을 수 있는 위치에 올라가야 한다. 전문가가 되려면 미래에 투자해야 한다. 참석할 총회의 목록을 작성하라. 인적 네트워크를 구축하기 위한 기회로 활용할 수 있는 리셉션의 횟수도 파악하라. 거래하는 공급자들 중에서 총회에 참석하는 업체를 파악하고 그들과 직접 대화를 통해 풀 수 있는 문제들을 정리하라. 총회 기간에 묻고 싶은 질문이나 알고 싶은 내용들의 목록을 작성하라. 그리고 이들을 가지고 상사를 찾아가 비용을 분담할 것을 제안하거나 총회 참석을 위한 유급휴가를 요청하라. 언젠가 저자의 상사가 총회 참가 비용을 대주지 않으면 어떻게 하겠냐고 물은 적이 있었다. 저자는 직접 비용을 대겠다고 말했다. 그는 다시 유급휴가를 인정해 주지 않으면 어떻게 하겠냐고 물었다. 저자는 정기휴가를 사용하겠다고 말했다. 그는 또 휴가를 내주지 않으면 어떻게 하겠냐고 물었다. 저자는 그만두겠다고 말했다. 그는 이 말을 듣고 총회 참가 비용을 대주고 유급휴가도 내주었다. 그는 단지 저자가 총회에 참석하고 싶은 것이 아니라 유급휴가에만 관심이 있는 건 아닌지 확인해 봤을 뿐이었다. (분명하게 말할 수 있는 데 직업 총회는 휴가가 아니다. 당신은 오전 7시 30분에 일어나서 밤 11시나 더 늦게까지 활동해야 한다. 우리가 총회에서 얼마나 열심히 일하는지 상사들이 알면 아마 다시는 당신의 총회 참석을 거부하지 않을 것이다.) 상사에게 당신이 총회에 참석함으로써 조직이나 지방자치단체가 얼마나 혜택을 얻을 것인지를 보여 주라. 총회에서 돌아오면 출장보고서를 작성하라. 배운 내용 중에서 당신을 더욱 가치있는 직원으로 만들고 조직이나 지방자치단체에 도움이 될 내용들을 강조하라. 정규 CE 교육에 참가했다면 수료증 사본을 첨부해야 한다. 총회에 대한 내용을 월간 보고서나 연례 보고서에 포함시키고 총회 참석 후 어떻게 업무가 개선되었는지를 보이라.

　　도서관 전문단체 총회에만 국한시킬 필요는 없다. 다른 단체의 지역 총회에도 참가해 보라. 혹은 다른 지역에서 열리는 도서관 관련 총회에 참석하거나 고객들이 참석하는 총회나 회의에 참석하는 것도 좋다. 캐럴 어빙하우스 *Carol Ebbinghouse*는 2가지 멋진 제안을 했다. "진정으로 새로운 지식을 배우고 싶다면 해당 주제에 대한 기사(혹은 책)를 쓰겠다고 결심하고 핵심 내용들을 철저히 조사한 후 이를 정리하여 투고하라(2002b, p. 114)." 그리고 "어떤 주제에 대해 이미 모든 것을 알고 있다면 다른 사람들에게 이를 가르쳐 주라(p. 115)!" 가르치는 동안에 당신도 배울 수 있다.

우리 중 대부분이 독서가 좋아서 사서가 되었다. 이러한 독서에 대한 사랑을 평생 학습에 대한 열정으로 바꾸라. 그렇다면 어떤 책들을 읽어야 하는가? 우선 소속된 단체의 모든 발행물을 읽으라. 설령 당신의 분야와 관련된 내용이 아니라 하더라도 새로운 아이템, 서평, 인사 변동 사항, 그리고 당연한 이야기지만 기사들까지 읽어야 한다. "선견지명이 있다고 생각하는 열 명의 고객들에게 무엇을 읽고 있는지, 왜 읽고 있는지 물으라. 아마 고객들은 당신이 관심을 보이는 데 놀랄 것이다. 이를 통해 도서관이 자료를 갖추어야 할 분야를 알게 될 수도 있다(Hurst, 2002, p. 73)." 다른 사서들에게도 무슨 책을 읽고 있는지 물으라. 다른 지역의 도서관 단체 발행물도 구해서 다른 관점을 접하도록 하라. 「라이브러리 저널*Library Journal*」은 주로 공공도서관과 대학도서관에 대해 다루기는 하지만 도서관계의 현황을 파악하기에 좋은 자료이다. 「저널 어브 하스피틀 라이브리언십*Journal of Hospital Librarianship*」은 병원도서관에 종사하지 않는 사람들에게도 훌륭한 잡지다. 「처치 앤 시나고그 라이브러리즈」는 많은 비용을 들이지 않고도 성과를 달성하는 방법을 알려 주는 좋은 칼럼과 기사들을 싣는다. 기업도서관에서 일한다면 「월 스트리트 저널」과 「하버드 비즈니스 리뷰」를 읽으라. 고객들이 찾는 책들을 읽으라. "이용자들이 읽는 평론지를 읽으라(Scilken in Robinson, 2002, p. 34)." 그리고 적어도 하나의 온라인 토론 그룹에 참가하라. SOLOLIB-L(일인사서뿐만 아니라 모두에게 해당한다.), LIBREF-L, BUSLIB-L 혹은 MEDLIB-L를 추천한다. 이들이 마음에 들지 않으면 〈http://www.liszt.com〉을 방문하여 원하는 것을 선택하면 된다.

"이 모든 것들을 다 읽을 시간을 어떻게 만들지요?" 하고 물을지도 모르겠다. 저자는 먼저 개요(목차, 헤드라인, 사진 캡션, 이메일 제목)를 훑어본다. 짧은 기사면 바로 읽고 내용이 길면 의자 옆에 두었다가 나중에 읽는다. 그리고 흥미로운 기사, 방문할 만한 웹사이트 혹은 주문하고 싶은 책들을 골라 낸다. 이메일의 경우에는 제목, 발신자, 읽을 수 있는 시간 등을 보고 결정한다. 또 관심이 가는 내용별로 따로 폴더를 만들고 관리할 수 있는 이메일 프로그램을 사용한다. 왜 이렇게 많이 읽는가? 그 이유는 내가 전문가이기 때문이며 이는 나의 직업과 관련된 변화에 뒤떨어지지 않아야 하기 때문이다. 그것이 저자의 가장 중요한 평생 학습 방법 중의 하나이다.

휴먼네트워킹 : 필수요소

당신이 얼마나 똑똑하든 또 얼마나 재능이 뛰어나든 혼자서는 아무것도 이룰 수 없다. 인적 네트워크를 갖추어야 한다. 당신만의 네트워크가 있어야 한다. 일상생활에 있어서, 당신의 인간관계는 당신이 가장 어려워하는 문제뿐만 아니라 사소한 골칫거리까지도 해결해 줄 것이다 _ Mackay, 1997, p. 11.

아마도 사서가 가질 수 있는 가장 유용한 무기는 개인적으로 쌓은 동료들과의 휴먼네트워크일 것이다. 우리는 운 좋게도 다른 사람들을 돕는 일이 동료를 돕는 일로 연장되는 직업에 종사하고 있다. 골치 아픈 질문이 들어왔을 때 우리는 동료를 부르거나 도서관 토론 메뉴에 올릴 수 있다. 그러면 몇 분 혹은 몇 시간이 지나지 않아 대답을—때로는 많은 대답들을—얻을 수 있을 것이다.

간단히 이야기해서 휴먼네트워크란 당신이 도움을 주고받을 수 있는 모든 사람이다. 하비 맥케이*Harvey Mackay*가 말한 "기술적으로 네트워크를 잘 구축하는 사람은 문제에 봉착했을 때 그 분야의 최고 전문가에게 전화를 할 수 있고, 친구들로부터 신뢰를 받으며, 따라서 해당 분야에서 '주축(hubs)'(혹은 관문)이 되는 사람들이다(1997, p. 13)." 인간관계의 핵심적인 특징은 상호작용이다. "주는 것이 있으면 받는 것도 있다. 베풀지 않으면 받을 수도 없다(p. 65)." 상호협력이란 도움이 필요한 사람에게 자신의 지식을 나누어주는 일이고 무상 공유를 통해 대가를 바라지 않고 다른 사람을 돕는 일이다.

휴먼네트워킹은 지속적인 관심과 관리가 필요하다. 관계를 맺고 있는 사람들과 연락을 유지함으로써 서로 잊혀지지 않도록 해야 한다. 반대급부 없이 오랫동안 누군가에게 정보를 주는 일도 있을 수 있지만 언젠가는 의미 있는 대가를 받게 될 것이다. 직업을 새로 구하거나 새로운 분야에서 일자리를 구할 때는 휴먼네트워크를 활용하라. 휴먼네트워크는 또한 인간관계를 당신의 자산으로 확장시켜서 당신을 돋보이게 한다. 더 많은 사람과 교류할수록, 더 다양한 사람과 교류할수록 좋다. "당신과 비슷한 사람들하고만 교류하지 말라(Mackay, 1997, p. 177)." 휴먼네트워크는 비용을 절감시켜 주기도 한다. 당신의 상품과 서비스가 필요한 사람과 그 사람이 가진 것 중에서 당신에게 필요한 것을 교환할 수 있기 때문이다. 마지막으로 중요한 사항이 있다. 비록 도움이 안 되었다 하더라도 접촉한 모든 사람에게 감사를 표하라. 그렇게 하면 그가 다음에는 당신에게 도움을 줄 수 있을지도 모른다. 어떤 인간관계도 대수롭게 생각해서는 안 된다.

　　휴먼네트워킹은 수동적인 단어가 아니라 능동적인 단어이다. 동업자 회의, 전문가 모임, 지역별 모임, 전국 총회, CE 강좌에 참석하라. 새로운 지식을 쌓을 수 있을 뿐만 아니라 새로운 사람들도 만날 수 있다. 전문가 단체나 다른 조직에서 적극적으로 활동하라. 전문가 단체는 당신에게 이미 형성되어 있는 휴먼네트워크를 제공한다. 인터넷을 잊어서는 안 된다. 이메일과 온라인 토론 그룹을 통해서도 좋은 관계를 맺을 수 있다. 남자와 여자는 각각 다른 방식으로 인간관계를 맺는다. 남자들의 인간관계는 업무 중심적인 데 반해 여자들은 친화성에 더 관심을 갖는다. 여자들은 개인적인 이야기들을 공유하지만 남자들은 그렇게 하지 않는다. 여자들은 자신의 아이들에 대해 말하지만 남자들은 아니다. 그런가 하면 남자들은 스포츠를 통해 관계를 맺지만 여자들은 그렇지 않다. 성공했거나 영향력이 큰 사람과 네트워크를 맺으려고 노력하되 이런 사람들로만 인간관계를 제한해서는 안 된다. "누구보다도 내부 정보를 빨리 얻는 행정 보조직원들(그리고 비서들 특히 상사의 비서)과 관계를 돈독히 해 두라(Kassel, 2002, p. 3)." 저자는 여기에 우편실 직원과 접수원들도 포함하고 싶다.

　　휴먼네트워크는 다른 도구들과 마찬가지로 관리를 해 주어야 한다. 만난 사람 모두의 이름을 기억할 수는 없기 때문에 휴먼네트워크 데이터베이스를 만드는 일이 중요하다. 양식은 아무래도 상관없다. 맥케이가 말하듯이 "그것은 아침에 옷을 입는 것과 마찬가지로 어떻게 하느냐는 크게 중요하지 않으며 다만 그것을 실행한다는 사실이 중요할 뿐이다(Mackay, 1997, p. 128)." 인명 정보는 파일이나 인명록에 관리할 수도 있지만 컴퓨터 데이터베이스로 만드는 편이 더욱 이용하기 쉽다. 컴퓨터를 활용하면 이름은 알지만 성은 모른다거나, 이름별로 정리할 것인지 아니면 회사별로 정리할 것인지 혹은 중요한 이야기를 한 사람이 외모만 기억난다든지 하는 경우에 큰 도움이 된다. 휴먼네트워크 데이터베이스에는 성명, 직위(성별, 학위, 직업 등), 소속, 주소, 전화번호, 팩스번호, 이메일 주소, 웹사이트 주소, 생일(생일 축하전화를 할 수 있도록), 만난 경위(장소, 공통 관심사, 동일 협회 소속 여부, 동시에 알고 있는 친구, 소개시켜 준 사람 등), 가족(배우자나 동료 혹은 중요한 지인의 이름, 아이들의 이름과 나이, 생일, 아끼는 애완동물 등), 교육(출신 학교, 전공, 동창생 등), 다른 관련 사항(종교, 취미 등), 관심 분야(동물 애호가, 지역 클럽 회장 등), 주요 경력 사항(이전 직업과 소속), 업적(수상 경력, 특별한 전문 기술, 저작물)을 모두 기록하여야 한다. 휴먼네트워크 데이터베이스는 활용하지 않으면 소용이 없다. 누군가에게 전화를 할 때는 미리 이 데이터베이스를 보고 그에 대한 자세한 정보와 이전의 대화 내용을 파악하라. 통화가 끝난 후에는 모든 새로운 정보(결혼, 이혼, 자녀 혹은 새로운 직업 같은)를 업데이트해 주어야 한다. 주기적으로 데이터베이스에 올라 있는 사람들에게 연락하여 안부를 묻고 정보를 업데이트하며 그들에게 당신의 존재를 상기시키라. 당신에게 변화가 있을 때도 이를 알려서 그들이 당신에 대한 정보를 업데이트할 수 있도록 해야 한다. 생일이나 기념일에 카드를 보냄으로써 관계를 유지하는 방법도 있다. 직업을 바꾸었거나 승진 혹은 결혼에 대해 들었을 때 전화를 하거나 편지를 보내고, 그들이 언급한 신문이나 잡지의 기사를 오려서 보내 줄 수도 있다. 혹은 그들 주변에 아픈 사람이 있거나 해고당하거나 혹은 그냥 힘들어 할 때 전화나 방문을 하고 결혼식이나 졸업식 혹은 장례식에 참석하는 것도 관계를 유지하는 좋은 방법이다.

스스로 높이는 직업 만족도 : 경력 관리

"우리는 일에 집중할 때 보람을 느낀다. 일은 우리를 힘들게 하는 것이 아니라 도전의식을 갖게 만든다. 우리는 일이 얼마나 힘든지에 상관없이 우리의 일을 사랑하기 때문에 동기를 부여받는다. 그러나 가까운 시일 안에 개선의 기미가 보이지 않는 만성 스트레스, 과다 업무, 마감 시한의 압박은 우리를 탈진 상태라고 일컫는 피곤한 지경에 빠지게 만든다(Tomlin, 1999, p. 10)." 상사와 사이가 좋지 않을 때도 있다. 사서가 아닌 사람들이 우리를 관리하고 평가하는 일에 불만이 생길 수도 있다. 일하는 회사의 직원들이나 지역사회의 일원들이 도서관의 상품과 서비스를 마음껏 이용하게 하는 데 문제가 있는가? 고객 이탈이나 직원 이직이 문제가 되고 있는가? 혹은 단순히 지쳤는가? 업무가 짜증나고 불만스러운가? 이전보다 자주 스트레스나 다른 이유로 병가를 내는가? 많은 일을 하지도 않았는데 일과가 끝나면 피곤함을 느끼는가? 업무의 질이 저하되고 있는가? 새로운 시도를 주저하게 되는가? 일손과 예산, 시간이 부족한 상태에서 너무 많은 업무를 하다 보면 이렇게 탈진 상태에 빠질 수 있다. 똑같은 답변과 업무를 반복하다 보면 일이 지겹게 되고 지겨운 일은 탈진 상태를 초래한다. 특히 소프트웨어 분야에서의 빠른 변화와 새로운 소프트웨어를 배우는 시간의 부족, 컴퓨터를 조작하고 고치는 데 드는 많은 시간도 우리를 지치게 만든다.

어떻게 이런 탈진 상태에 빠지는 일을 방지하거나 극복할 것인가? 가장 좋은 방법은 유머감각을 유지하는 일이다. 당신 자신과 당신의 일을 너무 심각하게 받아들이지 말라. 휴식시간을 가지고 좋아하는 일을 하거나 휴가를 가고, 해 보지 않았던 일을 시도해 보라. 업무 외에 좋아하는 일에 집중하거나 가족이나 친구들과의 관계를 더욱 돈독히 하라. 호주에는 한 직장에 10년 동안 근무한 사람에게 석 달 동안의 '장기근속 휴가'를 주는 바람직한 제도가 있다. 다른 조직에서의 인턴 활동이나 특별 연구원 활동, 보직 순환, 전문가회의나 워크숍을 조직하거나 이에 참석하는 일, 사회봉사나 자원봉사, 여행 혹은 연구와 학습 등 다양한 방법으로 안식을 취할 수 있다. 적절한 휴식은 일에 대한 집중력을 다시 살려 주고 시각을 넓혀 준다. 또 활력을 되찾게 해 주고 스트레스를 줄여 준다.

다른 직종에 도전하려 한다면 업무일지를 작성하라. 하루를 정하여 일어나는 모든 일과 마음속의 생각들, 감정을 정리해 보는 것이다. 기록은 아침에 일어나는 순간부터 시작해야 한다. 일하러 가고 싶은 의욕이 있는가? 도서관에 도착했을 때의 기분은 어떠한가? 제일 처음 하도록 되어 있는 업무는 무엇인가? 실제 제일 처음 하는 일은 무엇인가? 둘이 다르다면 이유는 무엇인가? 좋아하는 일을 하는 것이 언제인지 기록하라. 어떤 일들을 좋아하는가? 그런 일들을 할 때 어떤 기분이 드는가? 좋아하지 않는 일에 대해서도 마찬가지로 기록하라. 일과가 끝난 후 일주일 동안 보지 말고 놔두라. 그후에 객관적으로 그날의 기록을 볼 수 있게 됐을 때 읽어 보고 이를 분석하라. 변화시킬 수 없는 일들(구조적이고 절차에 관련된 요소들)과 변화시킬 수 있는 일들(개인적인 요소와 업무 관련 요소)의 목록을 나누어 작성하라. 이중에서 변화 가능한 일들은 각 항목마다 최소한 하나 이상의 제안 사항을 기록한다. 그리고 변화시킬 수 없는 일들을 참아 내고 변화시킬 수 있는 일들을 바꾸어 나갈 의지가 있는지 결정해야 한다. 직업을 바꾸는 일은 진지하게 고민해야 할 문제이다. 새로운 직업이 더 나을 것인가 아니면 업무를 개선하여 계속 이 직업에 종사할 것인가?

계속 머물기로 결심했다면 변화시킬 수 있는 일의 각 항목마다 적어 놓은 제안 사항들을 실천하라. 때로는 상황을 개선시키기 위한 노력만으로도 안정감을 얻을 수 있고 그에 따라 좋은 기분과 만족감을 느낄 수 있다. "'무력감에서 벗어나려면 상사나 운명을 기다리지 말고' 적극적으로 변화를 일으키라(Bardwick, 1986, pp. 172~173)."

휴식을 취하라. 새로운 것들을 배우라. 태도를 바꾸라. 자격지심을 버리고 다른 사서들과 대화하라. 당신은 혼자가 아니다. 새 프로젝트에 참가하고, 직장 내 선출직에 출마하거나 논문을 작성하라. 이러한 활동은 당신을 스트레스에서 벗어나게 하고 성공을 통해 자신감과 동기를 부여해 줄 것이다. 직장에서 느끼는 실망감과 분노를 완화시켜 주는 과외 활동을 찾으라. 끝으로 직업은 삶의 일부일 뿐이며 전부가 아니라는 점을 잊지 말라. _ Montgomery, 2002, p. 712.

그렇다면 떠나야 할 때가 언제인지 어떻게 알 수 있는가? 월급이 너무 적거나, 당신과 당신의 업무가 과소평가되거나, 고질적이고 심각한 예산 부족에 시달리거나, 근무 환경이 건강을 해친다면 떠나는 것이 낫다. 자기 자신을 너무 힘들게 해서는 안 된다. 혹은 당신의 업무를 넘어서는 역량을 갖게 되는 경우도 있다. 일이 너무나 편하고 모든 직무에 능숙한가? 새로운 서비스를 개발하거나 새로운 업무를 시도해 보았는데도 여전히 지겨운 기분이 든다면 시간을 갖고 현 상황과 원하는 미래에 대해 철저히 분석해 보아야 한다. "높은 월급이 목표라면 기업도서관의 일자리를 찾아볼 수 있다. 자율과 여유가 주목적이라면 정보중개업이 가장 적당한 일이다. 끝으로 안정성이 가장 중요하다면 일반 도서관(강한 노조를 가진 도서관이나 정년을 보장하는 대학도서관)이 최고의 선택이 될 것이다(Blessinger, 2002)."

이상적인 일자리에 대해 생각해 보라. 도서관의 크기, 책임의 범위, 직위, 지역(혹은 국가), 복지 혜택, 임금, 고객들의 유형 혹은 도서관의 종류(공공도서관, 대학도서관, 학교도서관) 등을 전체적으로 고려해야 한다. '희망 사항'을 다 작성한 다음 첫 번째 단계를 실행에 옮기라. 학교를 더 다녀야 한다면 어디서, 언제, 얼마나 다녀야 하고 비용은 얼마나 드는지 조사하라. 다른 지역으로 옮기고 싶다면 그 지역의 신문을 구독하고 모든 지역 관련 기사들을 읽으라. 해당 지역에 근무하는 사서에게 이메일을 보내 일이 어떤지 물어 보라. 특정 조직이나 지방자치단체에 관심이 있다면, 인터넷을 통해 더 많은 정보들을 구하라. 원하는 자리가 있는지 찾아보아야 한다. 직업을 구하고 있다는 사실을 주위에 알리라. 자리가 있거나 곧 자리가 생길 일이 있는지 친구들에게 물으라. 이력서를 다듬고 면접 기술을 점검하라. 일단 일자리를 찾게 되면 다시 당신의 전체 경력을 살펴보고 새로운 일에 집중해야 한다. 자기 계발 계획을 업데이트하고 거기에 맞는 기회가 올 경우를 항상 대비하라. 당신과 사서의 일은 변하게 마련이므로 변화를 두려워하지 말라. 조금만 노력하면 당신의 경력을 관리해 나갈 수 있다. 끝으로 자신이 좋아하는 일을 하고 또 지금 하고 있는 일을 즐기라. 인생은 세상의 모든 일들을 경험하기에는 너무 짧다!

당신은 이제 갓 사서가 되었을 수도 있다. 일반적으로 경력 관리는 빠르면 빠를수록 좋다고 한다. 계획을 만들되 너무 그것에 얽매이지는 말라. "오늘날에는 한 가지 직업만 끝까지 가지기도 힘들고, 직장에서 당신이 밟아 나갈 코스를 보장해 주지도 않는다(Pantry, 1997, p. 172)." 모든 일에는 배울 만한 점이 있다. 현재의 자리에서 가능한 모든 것을 배우기 전에는 다른 직장으로 옮기지 말라. "처음 일을 시작할 때보다 더 유능한 사람이 되어 떠나야 한다(Shontz, 2002, p. 73)." 경력 계획에는 반드시 평생학습에 대한 내용이 들어가 있어야 한다. 지속적으로 당신의 능력과 고용주의 요구를 재평가하라. 당신이 알아야 할 내용들은 다음과 같다.

- 도서관을 효율적으로 운영하기 위한 경영과 회계
- 다른 사람들 앞에서 자신 있게 발표할 수 있는 프레젠테이션 기술

- 도서관 소프트웨어에 대한 지식과 새로운 소프트웨어 구입시 이용법의 숙지, 이용법의 교육, 필요 사양에 대한 지식
- 서비스 프로그램에 필요한 적절한 재정 지원과 후원을 확보하고, 정당한 보수를 받아 내는 데 필요한 협상 기술
- 현재 고객들의 수요를 충족시키고, 새로운 고객을 끌어들이며, 도서관의 서비스를 현재 범위 밖으로 확장시키기 위한 세일즈와 마케팅 기술

되갚기: 현재와 미래의 동료들에게

해당직업에 기여하는 것, 그것이 전문가의 중요한 의무이다. 다른 사람들로부터 배우고 도움 받은 것을 후배들에게 베풀어야 한다. 그러기 위해서 경험한 일들을 잘 기록해야 한다. "우리의 경험을 통해 동료들이 배울 수 있도록 (중략) 정보센터가 하고 있는 일을 기록하고 이를 소속된 조직과 바깥 세상에 배포하라(Sarmiento, 2001, p. 6)." 자신의 글을 지역도서관협의회나 분과 위원회에서 발행하는 소식지에 싣는 일부터 시작하라. 이외에 「원퍼슨 라이브러리 *The One-Person Library*」, 「마케팅 라이브러리 서비스*MLS: Marketing Library Services*」 혹은 「서처*Searcher*」와 같은 전문지들도 있다. 인터넷 소식지로는 「엑스 리브리스: 이진 포 라이브러리언스 앤 아더 인포메이션 정키스*Ex Libris: An E-Zine for Librarians and Other Information Junkies*」, 그외 「인포메이션 투데이*Information Today*」, 「인포메이션 월드 리뷰*Information World Review*」 같은 대형 신문들이 있다. 더 많은 독자들에게 읽히고 싶다면, 「아메리칸 라이브러리스*American Libraries*」, 「인포메이션 아웃룩*Information Outlook*」, 「인사이트*InCite*」(호주), 「라이브러리 + 인포메이션 업데이트*Library + Information Update*」(영국)와 같은 도서관협회 잡지들이 있다. 연구 기사라면 「라이브러리

트렌즈*Library Trends*」, 「오스트레일리언 라이브러리 저널*The Australian Library Journal*」(호주), 「로 라이브러리 저널*Law Library Journal*」, 「애슬립 프로시딩스*Aslib Proceedings*」 혹은 하워스 프레스(Haworth Press)의 「저널 어브 하스피틀 라이브리언십」 같은 더 학술적인 성향의 잡지에 보내는 편이 바람직하다. 다른 일들과 마찬가지로 쓰는 일도 많이 쓸수록 능숙해진다. 그리고 그만큼 출판될 기회도 더 많이 생긴다.

대부분의 리더들은 어떻게 해서 리더의 지위를 얻을까? 많은 사람들이 자발적으로 자신의 직업단체에 참여하는 일에서부터 시작한다. 지금부터 한 사서의 이야기를 살펴보자. "워싱턴주 법률사서협회(LLSDC, Law Librarians' Society of Washington, D.C.)와 미국법률도서관협회(AALL, American Association of Law Libraries)로부터 저자는 전략 기획 업무와 의사소통 기술을 향상시켜 주는 실무 경험을 익혔다(Ahearn, 2002, p. 4)." 캐럴라인 P. 에이언 *Carolyn P. Ahearn*은 처음에 단지 직업적인 고립을 피해 동료들을 만나고 그들로부터 배우기 위하여 자원봉사를 시작했을 뿐이다. 그녀는 또한 벤더들과 협상하는 법도 배워 가면서 점점 자신감을 쌓게 되었다. 이처럼 먼저 지역 위원회에 참가하는 일부터 시작하여 의장이 되고, 그 다음에는 지역도서관협의회 전체를 맡을 수 있다. 당신이 모르는 사이에 전국 단체의 간부들로부터 전국 위원회에 참가해 달라거나 혹은 전국 협회장에 출마해 보라는 권유도 받게 될 것이다. 저자는 전문도서관협회의 일인도서관 분과장이 되기 전까지 대중 앞에서 공식적으로 연설해 본 적이 한 번도 없었고 클리블랜드가 아닌 지역에서 저자를 아는 사람도 없었다. 그러나 저자는 금방 마이크 앞에 서는 데 익숙해졌다. 프레젠테이션 기술과 리더십 기술은 매 회의와 연설 때마다 향상되어 갔다. 자원봉사를 통해 습득하는 자신감과 기술은 당신의 업무에도 좋은 영향을 줄 것이다.

다른 사람에게 베풀 수 있는 세 번째 방법은 학생들을 돕는 일이다. 가까운 도서관 학교 혹은 출신 학교의 수업이나 학생회 행사에 참가하라. 도서관협회의 학생 분과에 참관인으로 봉사하겠다고 제안하라. 고등학교의 직업 소개 시간에 참가하여 사서라는 직업에 대해 설명하고, 훌륭한 미래의 사서들을 찾아내어 사서가 되는 길을 가르쳐 주라. 학생이나 신입 사서의 조언자가 되어 주라. 학생 인턴십이나 현장 실습 기회를 제공하라. 많은 사전 작업이 필요하지만 열의를 가진 잠재 사서로부터 무료로(혹은 저가의) 도움을 받을 수 있고 학생들은 이를 통해 소중한 실무 교육을 받을 수 있다.

사서의 이미지 개선시키기

모든 사서는 도서관과 사서라는 직업이 장기적으로 살아남고 발전할 수 있도록 끊임없는 후원 확보 활동에 매진해야 한다. _ Kirchner, 1999, p. 844.

점점 더 많은 도서관 학교들이 도서관이라는 단어를 없애고 이를 정보 과학이나 단순히 정보라는 말로 대체하고 있다. 많은 사서들과 고용주들도 같은 일을 하고 있다. 매릴라인 블록*Marylaine Block*은 "내가 근무하는 도서관은 학습자료 센터라고 불렸다. (중략) 이는 두껍고 오래된 책과 잡지들만 있는 것이 아니라 다른 미디어도 있다는 사실을 알리려는 의도였다. 그러나 누군가가 학생들에게 학습자료 센터에 가라고 하면 그들은 금방 알아듣지 못하고 그저 바라만 보다가 한참 후에야 "아, 도서관"이라고 말하곤 했다. 차라리 '도서관'을 미디어도 갖고 있는 장소로 인식시키는 편이 학습자료 센터가 무슨 의미인지 가르치는 일보다 훨씬 쉽다(2000c)"라고 썼다. 나도 같은 경험을 한 적이 있다. 한번은 도서관이라는 말을 "싫어하는" 상사와 일한 적이 있는데, 그는 나에게 도서관의 이름을 바꾸라고 강요했다. 그래서 저자는 기업정보리서치센터(CIRC, Corporate Information and Research Center)로 바꾸었다. 전화가 오면 '리서치센터'라고 대답했고 반응은 한결같이 "거기 도서관 맞나요?"였다. 저자는 다시 사서가 되기로 결정했다. 저자는 사서이다. 그리고 그것이 자랑스럽다. 학교 이름과 직업명에서 도서관이라는 이름을 지우려고 하기보다는 사람들이 도서관과 사서에 대해 가지고 있는 인식을 바꾸는 데 집중하는 편이 더 낫다. 끝으로 지금은 은퇴한 한 기업도서관 사서의 말을 들어 보자.

이 직업을 선택한 사람은 당신이다. 일이 당신에게 맞지 않거나 마음에 들지 않으면 그만두기를! 상사가 항상 당신과 같은 관점을 가지고, 언제나 원하는 예산을 배정받으며, 월급도 항상 원하는 수준으로 받기를 기대할 수는 없다. 불평을 그만두고, 어떤 노력이 필요한지 알아보고 단계를 정한 후 실행에 옮기라. 지금까지 한 말은 모두 도서관 직종에 대한 걱정에서 나온 말이다. 내가 예상하는 미래의 변화는 사서의 전문성이 결여되는 방향으로 가고 있다. 사서가 아니라 인터넷, 아웃소싱 등을 통해 이용자들에게 정보를 제공하는 일이 늘어나고 있기 때문이다. 때문에 사서는 구매 담당자, 외부 연락 담당자, 사무원에 더 가깝게 되어 가고 있다. 이는 고객들이 정보를 찾을 때 우리의 도움이 더 이상 필요없기 때문이 아니다. 그 이유는 다양하고 새로운 정보 제공 수단들을 제공하고 유지하는 데 필요한 일상 업무의 압박으로 인해 우리의 전문적인 기술을 향상시키기가 매우 어렵기 때문이다. 우리는 정보 서비스를 제공하는 일에 집중해야 한다. 고객들의 질문을 확실히 파악하고, 어떤 자료가 가장 적합한지 결정하며, 검색 전략과 검색시스템에 대한 이해를 높이고, 스스로 검색하고자 하는 고객들을 가르치는 것이 우리의 일이다. 여기에 우리의 전문성이 존재하며 동시에 (내 생각으로는) 즐거움을 찾을 수 있는 부문이기도 하다. _ Appel, 2002, p. 9.

많은 사람들이 도서관에 일하는 모든 사람들—사무원, 사환, 다른 비전문인들—을 사서라고 생각한다. 이 일에 종사하는 사람들조차도 사서에 대한 동일한 정의를 갖고 있지 않다. 어떤 사람은 정식으로 문헌정보학과를 졸업한 사람만이 사서라고 말한다. 학위는 직업에 대한 어느 정도의 열의를 보여 주기는 하지만 학위가 없어도 경험 많은 우수한 사서들이 적지 않다. 학위는 '진정한' 사서가 되는 길의 출발점에 지나지 않는다. 어떤 사람들은 학위 없이도 이미 그 길을 걸어 왔다. 사서에 대한 저자의 정의는 "사람들이 사생활과 직장생활을 통틀어 가지고 있는 질문에 대한 해답을 찾는 장소로 폭넓게 도서관을 정의했을 때 그러한 도서관에서 헌신적으로 일하는 사람"이다. 사서는 다른 사람의 질문에 자신의 일처럼 성심껏 대답하는 사람이다. 사서는 스스로의 직업에 자부심을 느끼고, 일반인과 사서들이 가지고 있는 도서관과 사서에 대한 인식을 개선시키기 위해 끊임없이 노력해야 한다.

우리 내부의 구조적인 문제점이 몇 가지 더 있다. 다른 사람들(거의 컴퓨터 업계 사람들)이 정보라는 단어를 독점하도록 놔두는 것, 자기만족, 전혀 경영훈련이 되어 있지 않은 수준 미달의 도서관 관리자들의 등장, 우리가 만들어 내는 가치를 강조하지 않고 성장률과 이용률 등으로 성과를 측정하는 데 의지하는 일 등이다.

지향해야 할 우리의 이미지는 무엇인가

위에서 열거한 이미지로 비춰지기를 원하지 않는다면 어떤 이미지를 지향해야 할까? 어떤 사서들은 정보 권위자가 되고 싶어한다. 톰 피터스는 "권위자란 누가, 언제, 어떤 질문을 갖고 있든 14층의 메리를 찾아가 보라고 말할 때(Cyr, 1998, p. 34) 바로 그런 메리 같은 사람"이라 설명한다. 권위자가 되려면 한 분야의 전문가가 되어 자신의 지식을 알리며 다른 사람과 나눌 준비가 되어 있어야 한다. 이것은 바로 사서가 하는 일과 같다. 그러나 이것으로 충분한가?

미 교통국은 정보 전문가의 역할은 고객들의 요구에 기반하여 "이차적인 정보 소스를 만들고 제공하며, 이를 평가하고 우수하고 정제된 정보를 전달하는" 것이라고 정의했다. "정보 전문가가 이용자들에게 특히 큰 도움을 줄 수 있는 부분은 엄청나게 많은 새로운 정보 상품과 서비스 중에서 자신에게 필요한 내용을 찾아내는 일이다." 온라인 서비스나 인터넷으로부터 얻은 정보의 가치를 평가하는 일 또한 중요하다. 이러한 모든 일들은 "정보를 찾는 시간을 최소화하기(Volpe, 1998, p. 13)" 위한 것이다. S. R. 랑가나단은 이용자들의 시간을 아껴야 한다고 말했다. 그러나 그것으로 충분할까?

루스 홀스트*Ruth Holst*와 섀런 A. 필립스*Sharon A. Phillips*(2000)는 병원도서관의 역할을 정의했다. 여기에는 서비스 제공자, 비즈니스 경영자와 관리자, 기술 관리자(그들의 전문성을 다른 부서로 확장시키는), 환자 교육 담당자, 의사의 평생교육(CME) 기획자, 내부 교육 담당자, 트레이너 등의 모든 역할이 포함되어 있다. 이에 더하여 기관평가위원회 보조 역할, 품질 혹은 성과 개선팀의 일원으로서의 근무, 나아가 타부서 관리(시청각실, 아카이브즈 혹은 의료기록실 등)까지 포함된다. 코니 M. 샤트*Connie M. Schardt*(1998)는 이러한 병원도서관 사서의 역할을 직접적으로 의료단체 인가합동위원회(JCAHO, Joint

Commisstion on Accreditation of Healthcare Organizations)의 인가 매뉴얼과 연결시켰다. JCAHO는 지역사회에 있는 의료 정보를 환자에게 알려 주도록 하고 있다. 도서관은 환자에게 맞는 관련 정보와 병원 추천 서비스를 제공할 수 있다. 인가 요건에 따르면 병원들은 또한 환자와 그 가족들에게도 정보를 제공해야 한다. 도서관은 이들의 연령, 문화, 이해 수준에 맞는 정보를 제공할 수 있다. JCAHO는 의료 성과의 끊임없는 개선을 요구한다. 사서는 이를 위하여 병원의 수준을 다른 병원과 비교하고(벤치마킹), 경쟁력 있는 의료 자료를 유지하기 위하여 자료 평가를 실시할 수 있다. 끝으로 JCAHO는 리더십을 보여 주기를 요구한다. 사서는 병원을 이끄는 리더들과 협력하여 CE 현황을 기록하고 연구 자료를 제공할 수 있다. 그러나 이러한 역할도 진전된 것이기는 하나 여전히 충분한 것은 아니다.

많은 사서들이 새로운 직책과 기회를 얻고 높은 보수를 받는 업무를 맡게 되었다. 그들은 지금 LAN 관리자, 웹마스터, 지식관리자, 시스템 사서, 최고 정보책임자(CIO, Chief Information Officer)가 되었다(Blessinger, 2002). 이러한 일들이 사서라는 직업에 도움이 되는가? 저자는 그렇지 않다고 생각한다. 무엇보다 이는 조직에서 높은 위치에 오르려면 '사서'라는 자리를 떠나야 한다는 메시지를 담고 있기 때문에 사서의 의미를 격하시키는 일이다. 직무나 직책을 바꾼다고 해서 충분할 수는 없다. "CIO의 임무를 맡은 사서들은 정보의 속성을 파악하고, 조직에서 요구하고 이용하는 정보를 평가하며, 그러한 정보가 필요한 이유를 찾아낸다(Greer, 1998, p. 90)." 앤시어 스트래티고스*Anthea Stratigos*가 관찰한 바에 따르면 "CIO들은 컨텐츠를 관리하는 법을 정확히 모르고 있다. 그리하여 정보 전문가들은 전체 정보 수집, 관리와 컨텐츠 배포에까지 자신들의 역할을 넓혀 가고 있으며" 이에 따라 조직에는 2가지 직책이 필요하다고 제안한다. 컴퓨터 전문가인 최고 기술책임자(CTO, Chief Technology Officer), 그리고 CIO가 그것이다(Pemberton, 1999, p. 46). 이는 사서라는 직업의 이미지를 상당히 향상시키는 일이지만 이 역시 충분치 않다.

토머스 데이븐포트*Thomas Davenport*와 로렌스 프루삭은 「미래의 정보 전문가들에게 주어진 역할*Rules for Tomorrow's Informational Professional*」이라는 글에서 우리가 나아가야 할 길을 조금 더 멀리 보여 주었다.

1) 도서관에서 나와 비즈니스로 뛰어들라.

2) 정보가 필요한 사람이 누구이고, 그 정보를 가진 사람은 누구인지 적극적으로 파악하고 그들을 연결시키라.

3) 다양한 미디어와 미래의 기술을 어떻게 최대한 활용할지에 관심을 기울이라.

4) 이용자 중심적인 IS(Information Services, 정보 서비스) 인력들과 협력관계를 구축하라.

5) 정보 제공에 있어서 컴퓨터가 인간을 대체할 것이라고 생각하지 말라.

6) 정보를 구조적으로 구성하라.

7) 정보 제공에 더 효과적인 수단을 개발하기 위하여 외부 공급자들과 협력하라.

8) 정보자료의 관리보다 그것의 활용에 중점을 두라. _ n.d., p. 9, 예제 2.

스티븐 에이브럼(2000)은 이에 더하여 "우리의 목표는 지혜가 아니라 소속 회사와 사회의 행동에 긍정적인 영향을 주는 것이다"라고 말했다. 브루스 W. 디어스타인*Bruce W. Dearstyne*은 "정보 전문가들은 사람들이 자신의 정보 수요를 명확하게 알도록 하고, 정보 전문가에 의지하지 않고(혹은 전문가의 도움과 함께) 스스로 자신의 수요를 충족시킬 수 있는 능력을 가르쳐야 한다

(2000, pp. 34~36)"라고 말했다. 이제 우리는 거의 핵심에 다다르고 있다.

저자는 다음의 내용이 우리가 가져야 할 마음 자세를 가장 잘 설명하고 있다고 생각한다. "세상은 21세기의 정보 전문가인 우리에게 CEO처럼 사고하고 행동하기를 바라고 있으며, 정보센터가 하나의 독립된 기업처럼 운영되기를 요구하고 있다. 우리는 아이디어를 생산하거나 성공적인 조직의 아이디어를 '빌려와' 이를 우리 자신의 상황에 맞게 적용함으로써 창조성과 역동성을 유지하도록 노력해야 한다(Sarmiento, 2001, p. 7)." "정보 관리자의 사명은 정보를 존재하는 곳에서, 필요한 곳으로 전달하는 핵심 통로의 역할을 맡는 것이다 (Shamel, 2002, p. 65)." 우리는 정보가 필요한 사람들이 찾아오도록 기다리는 오랜 역할에서 벗어나야 한다. 우리는 사람들에게 필요한 해답 혹은 해답을 찾을 수 있는 방법을 들고 그들을 찾아가는 존재가 되어야 한다. 이것이 21세기의 사서들에게 요구되는 역할이다.

이제 우리는 지향해야 할 목표를 알게 되었다. 그러면 어떻게 도달할 것인가? 사서라는 직업에 대한 이미지를 바꾸기 위해 우리가 할 수 있고 또 해야 할 일은 무엇인가? 블록*Block*은 이에 대해 몇 가지 아이디어를 제공했다. "지원받은 예산을 가지고 우리가 제공하는 정보의 가치를, 아무도 읽지 않는 연례 보고서의 지루한 문장으로 설명하는 것은 과거의 일이며, 이제는 간단하고 이해할 수 있는 핵심적인 내용만을 강조해야 한다. 또한 웹사이트를 통해, 책갈피를 통해, 소식지를 통해, 그리고 보고서를 통해 재정 지원을 결정하는 사람들에게 우리가 하는 일을 알려야 한다." 블록은 '당신의 세금으로 우리가 하는 일들'이라는 목록을 작성하여 세금이 사용되는 부문을 다음과 같이 정리하기도 했다.

X금액은 수천 종류의 잡지, 신문, 참고도서의 내용을 집이나 사무실에서 볼 수 있도록 X개의 데이터베이스의 사용권을 구매하는 데,

X금액은 도서관 추천 웹사이트뿐만 아니라 서지목록과 데이터베이스를 검색할 수 있도록 도서관 웹사이트를 유지하는 데,

X금액은 당신이 신청한 자료를 미소, 대화와 함께 찾아 주는 친절한 직원들의 임금을 지불하는 데,

X금액은 이번 연도에 전화, 이메일, 채팅, 직접 방문을 통해서 접수된 X개의 질문에 답변하고, 당신에게 꼭 필요한 책들을 고르고 이에 대한 목록을 작성하고, X개의 훌륭한 인터넷 자료를 찾아내고, 동화구연 시간에 X명의 어린이들에게 X권의 책을 읽어 주고, X명의 학생들의 숙제를 돕고, X개의 소프트웨어 패키지를 설치하고, X번의 컴퓨터와 프린터 장애를 해결하며, X대의 컴퓨터를 항상 사용할 수 있도록 관리하고, 새로운 소프트웨어와 검색 도구를 배우기 위하여 X번의 강좌와 워크숍에 참가하고, 데이터베이스, CD롬, E-BOOK, 인터넷 그리고 다른 소프트웨어에 대한 X개의 사용법을 작성하고 참고서적을 배포한, 전문사서의 임금으로 지불하였음.

_ Block, 2002.

사서라는 직업의 이미지를 개선시키는 문제를 논의할 때 항상 빠지지 않는 주제가 낮은 임금이다. 냉정한 현실이지만 대개의 경우에 우리 사서들은 우리가 생각하는 자신의 가치만큼 대가를 받지 못하고 있다. 우리가 책정된 임금을 그냥 받아들이는 이상 고용주들이 그것을 올려 줄 이유는 없다. 당연히 더 많이 받아야 하지만 우리는 자본주의 세상에 살고 있으며, 자본주의는 사람들이 자신이 좋아하는 일(그렇다. 의사들도 자신들이 좋아하는 일을 하면서 많은 월급을 받지만 교육기간, 스트레스와 책임감의 수준, 그리고 도서관과 병원을 각각

운영하는 데 드는 비용에 큰 차이가 있다)을 하는 데 많은 돈을 주지는 않는다. 저자는 자주 사서들에게 하고 싶은 다른 일이 있는지 묻지만 거의 없다는 대답을 듣는다. 낮은 임금 때문에 전문 직종에 사람을 고용할 수 없을 때는 자리를 비워 두거나, 월급이 적은 직책을 거부할 수도 있으나, 두 방법 모두 효과를 보기는 어려울 것이다. 그런 자리라도 찾아서 기꺼이 맡을 사람들이 늘 있기 때문이다. 특이한 예로 2002년 3월에 호주 뉴사우스웨일스(New South Wales) 노무관리위원회는 NSW 공공기관·주립도서관·정부기관·대학에서 근무하는 사서들, 사서보조, 도서관 기술자들이 "지난 수십 년간 직무 능력과 성과에 있어서 대단한 진보를 보여 주었음에도 불구하고 오랫동안 제대로 평가받지 못했다"며 "변호사들, 엔지니어들과 동일한 자격의" 전문가들로 평가하여 한 번에 임금을 26%나 인상시켰다(Teece, 2002, p. 8). 이렇게 임금을 인상하면 높은 인건비 때문에 일부 공공도서관은 문을 닫을지도 모른다는 염려가 제기되기도 했을 정도였다. 앞으로 결과가 어떻게 나타날지 지켜보는 일도 흥미로울 것이다.

결론은 우리가 자신을 정보 전문가로 만들고, 항상 기회를 찾으며, 스스로 휴식을 가지는 법을 배우고, 열심히 일할 자세를 갖춘다면 미래 정보사회의 중요한 일부분이 될 수 있다는 것이다. 이용자들은 스스로 문제를 해결할 수 있는 편리한 기술들을 당연하게 받아들이겠지만, 우리가 할 수 있는 일을 알릴 수만 있다면 여전히 우리가 제공하는 서비스를 원할 것이다. 로버트 F. 뮈어 *Robert F. Muir*는 말했다. "물리학자들이 공식을 만드는 데 8년이 걸릴 수도 있고, 생화학자들이 세포를 복제하는 데 하루가 걸릴 수도 있지만, 사서는 10년 동안의 연구자료를 한 시간 안에 다 찾아낼 수 있다. 얼마나 대단한가! 그러나 세상에 이런 사실을 알고 있는 사람이 있는가(1993, p. 41)?" 이것이 문제의 핵심이다. 우리는 우리의 능력을 알고 있지만 다른 이들은 모르고 있다. 우리는 너무 오랫동안 눈에 보이지 않는 존재였다. 이제 수줍음, 자기만족, 그리고 겸손 때문에 우리 자신을 가려 온 장막을 걷어 버리고, 세상에 진정한 우리의 모습을 드러낼 때가 되었다. 그때 우리는 비로소 눈에 띄는 사서가 될 수 있을 것이다.

Abram, Stephen. 1996. Market your valuable experience. MLS: *Marketing Library Services*(Oct./Nov.): 87~88.

______. 2000. Shift happens: Ten key trends in our profession and ten strategies for success. *The Serials Librarian* 38(1/2):41~59; copublishied simultaneously in Fiander, P. Michelle, Joseph C. Harmon, and Jonathan David Makepeace. 2000. From *Carnegie to Internet2: Forging the serials future*. Binghamton, N. Y.: Haworth, 41~59.

______, 2002. Marketing searchers in the shifting sands of search. *Information Outlook* 6(11): 44~45.

Adams, Kate E., and Mary Cassner. 2001. Marketing library resources and services to distance faculty. *Journal of Library Administration* 31(3/4): 5~22.

Adams, Wendi. 2002. In SOLOLIB-L [electronic list], July 9.

Ahearn, Carolyn P. 2002. Volunteering: The origin of the species. *PLL Perspectives* 13(3): 1, 4.

Apelt, Brian. 2001. Avoid these eight common marketing mistakes. *COSE Update* 24(10): 17~19.

Appel, Linda. 2002. I was a solo librarian: A career retrospective. *The One-Person Library: A Newsletter for Librarians and Management* 18(11): 8~9

Bacon, Mark S. 1992. *Do it yourself direct marking: Secrets for small business.* New York: Wiley.
(DM의 많은 예시를 수록하고 있다.)

Baker, Lynda M., and Virginia Manbeck. 2002. *Consumer health information for public librarians.* Lanham, Md.: Scarecrow.
(특히 6장 Promoting the CHI Collection and Service를 참고하라.)

Baldwin, Jerry. 2002. The crisis in special libraries: An overview and case study. *Sci-Tech News* 56(2):4~11.

Banker, Laurey. 2002. More than a sound bite... sound publicity strategies. Presentation to the Heights Regional Chamber of Commerce, June 27, Cleveland Heights, Ohio.

Bardwick, J. M. 1986. *The plateauing trap: How to avoid it in your career... and your life.* New York: American Management Assn.

Barter, Richard F., Jr. 1994. In search of excellence in libraries: The management writing of Tom Peters and their implications for library and information services. *Library Management* 15(8): 4~15

Beckwith, Harry. 1997. *Selling the invisible: A field guide to modern marketing.* New York: Warner.
(모든 사서가 꼭 읽어야 하는 책.)

______. 2000. *The invisible touch: The four keys to modern marketing.* New York: Warner.
(위의 책 Selleing the invisible 대신 읽을 수 있는 책.)

Bell, Chip R. 1994. *Customers as partners: Building relationships that last.* San Francisco: Berrett-Koehler.

(고객서비스에 관한 가장 좋은 책 중 하나이다.)

Bell, Hope. 1998. Blowing your own horn. *Information Highways* 5(4): 7.

Berry, Tim, and Doug Wilson. 2001. *On target: The book on marketing plans.* 2d ed. Eugene, Oreg.: Palo Alto Software. Supplied with Marketing Plan Pro software.

Besant, Larry X., and Deborah Sharp. 2000. Upsize this! Libraries need relationship marketing. *Information Outlook* 4(3): 17 ~22.

Blessinger, Kelly. 2002. Trends in the job market for librarians: 1985–2000. *Electronic Journal of Academic and Special Librarianship* 3(1).

Available at <http://www.southernlibrarianship.icaap.org/content/v03n01/Blessinger_k01.htm>.

Block, Marylaine. 2000a. Community outreach as a survival strategy. *Ex Libris: An E-Zine for Librarians and Other Information Junkies* (80).

Available at <http://www.marylaine.com/exlibris/>.

______. 2000b. Training our bosses. *Ex Libris: An E-Zine for Librarians and Other Information Junkies* (46). Available at <http://www.marylaine.com/exlibris/>.

______. 2000c. Librarian and library: Perfectly good words. *Ex Libris: An E-Zine for Librarians and Other Information Junkies* (49). Available at <http://www.marylaine.com/exlibris/>.

______. 2002. A predictable funding disaster. *Ex Libris: An E-Zine for Librarians and Other Information Junkies* (149). Available at <http://www.marylaine.com/exlibris/>.

Brown, Suzan A. 1997. Marketing the corporate information center for success. *Online* (July/Aug.): 74 ~79.

Bryant, Sue Lacey. 1995. *Personal professional development and the solo librarian.* London: Library Assn.

Buchanan, Holly Shipp. 2000. Human resources management. In *The Medical Library Association guide to managing health care libraries,* edited by Ruth Holst and Sharon A. Phillips. New York: Neal-Schuman.

Casey, James B. 2002. The 1.6% solution. *American Libraries* 33(4): 85~86.

Cavill, Patricia. 2001. Advocacy: How does it differ from public relations and marketing? *Feliciter* 47(2): 90 ~93.

Chochrek, Denise. 2000. Market the value of your competitive intelligence: An added role for the information center. *Information Outlook* 4(2): 32 ~35.

Coote, Helen, and Bridget Batchelor. 1997. *How to market your library service effectively.* 2d ed. London: Aslib.

Corcoran, Mary. 2002. How to survive and thrive in the new economy: Follow the money. *Online* 26(3): 76~77.

Cram, Jennifer. 1995. Moving from cost centre to profitable investment: Managing the perception of a library's worth. *Aplis* 8(3): 107~113.

Curci-Gonzalez, Luci. 2000. All I really need to know about law library marketing I learned watching commercials during the Super Bowl. *AALL Spectrum* 4(6): 16.

Cyr, Diane. 1998. Genius at work: The guru game (an interview with Tom Peters). *Attaché* (Sept.): 34~37.

Davenport, Thomas, and Laurence Prusak. n.d. Blow up the corporate library. *Ernst & Young Research Note.* Ernst & Young.

Dearstyne, Bruce W. 2000. Greeting and shaping the future: Information professionals as strategists and leaders. *Information Outlook* 4(8): 32~36.

Deitch, Joseph. 1984. Portrait: Marvin Scilken. *Wilson Library Bulletin* 59(3): 205~7.

______. 2002. A conversation with Marvin H. Scilken. In *Getting libraries the credit they deserve: A Festschrift in honor of Marvin H. Scilken,* edited by Loriene Roy and Antony Cherian. Lanham, Md.: Scarecrow.

Dempsey, Kathy. 2002. Visibility: Decloaking "the invisible librarian." *Searcher* 10(7): 76~81.

Dimick, Barbara. 1995. Marketing youth services. *Library Trends* 43(3): 463~477.

Dobson, Chris. 2002. Beyond the information audit: Checking the health of an organization's information system. *Searcher* 10(7): 32~37.

Drucker, Peter. 1985. *Innovation and entrepreneurship.* New York: Harper and Row.

Dworkin, Kristine D. 2001. Library marketing: Eight ways to get unconventionally creative. *Online* 25(1): 52~54.

Ebbinghouse, Carol. 2002a. Library outsourcing: A new look. *Searcher* 10(4): 63~68.

______. 2002b. Would you hire you? Continuing education for the information professional. *Searcher* 10(7): 110~115.

Eckholt, Larry E. 2001. Using a character for library publicity. *MLS: Marketing Library Services* 14(1). Available at <http://www.infotoday.com/mls/jan00/howto.htm>.

Ellis, Anne V. 1999. Managing the management: The firm and the private law. *Legal Reference Services Quarterly* 17(3): 27~31.

Evans, G. Edward, Patricia Layzell Ward, and Bendik Ruggas. 2000. *Management basics for information professionals.* New York: Neal-Schuman.
(만일 한 권의 책밖에 구할 수 없다면 이 책을 권한다. 내용이 매우 포괄적이다.

〈http://www.neal-schuman.com/managementbasics.htmla〉나 〈http://www.lmu.edu/mbiF〉에 업데이트 되어 있다.)

Flood, Marilyn J. 1999. Librarian and management in partnership. In *Managing the law library 1999: Forging effective relationships in today's law office*, edited by Karin V. Donahue et al. Intellectual Property Course Handbook Series, no. G-546. New York: Practising Law Institute.

Forbes, Linda. 1998. De-privatised librarian: Interview with Chris Richardson. Available at <http://www.its.utas.edu.au/info/march98/chrisr.html>.

Fosmire, Michael. 2001. Bibliographic instruction in physics libraries: A survey of current practice and tips for marketing BI. *Science and Technology Libraries* 19(2): 25 ~34.

Gallacher, Cathryn. 1999. *Managing change in libraries and information services.* London: Aslib.

Garcia, Jenny Leigh. 2000. Dispelling the myths: Quantifying what librarians really do. *Business Information Alert* 12(6): 1 ~3, 6.

Gaynor, Kathy M. 2002. In LIBREF-L [electronic list], August 7.

Graham, Laurel. 2002. In MEDLIB-L [electronic list], July 9.

Greer, Marsha C. 1998. The medical librarian as chief information officer. *Bulletin of the Medical Library Association* 86(1): 88 ~94.

Griffiths, Jose-Marie, and Donald W. King. 1993. *Special libraries: Increasing the information edge.* Washington, D.C.: Special Libraries Assn.

Gupta, Dinesh K., and Ashok Jambhekar. 2002. Which way do you want to serve your customers? *Information Outlook* 6(7): 26 ~31.

Hadden, F. Lee. 2002. Dress for other reasons. Available on LIBREF-L, June 13.

Hamilton, Feona. 1990. *Infopromotion: Publicity and marketing ideas for the information profession.* Aldershot, U.K.: Gower.
(PR에 대한 좋은 자료이지만 영국의 사례만이 수록되어 있다.)

Hammond, Patricia A., and Margy Priddy. 2001. Hospital libraries are an economically sound investment. *MLA News* (341): 1, 10.

Hane, Paula J. 2002. Report from the field: InfoToday 2002. *Information Today* 19(7): 1, 35.

Henczel, Susan. 2001. *The information audit: A practical guide.* Munich: Saur.

Hernon, Peter, and Ellen Altman. 1998. *Assessing service quality: Satisfying the expectations of library customers.* Chicago: American Library Assn.
(공공도서관과 대학도서관에 초점을 맞추었다.)

Hernon, Peter, and John R. Whitman. 2001. *Delivering satisfaction and service quality: A customer-based approach for libraries.* Chicago: American Library Assn.

(사명선언서와 목표 진술에 관한 좋은 사례를 제시하고 있다. 공공도서관과 대학도서관에 초점을 둔다.)

Hiam, Alexander. 2000. *Marketing kit for dummies.* Foster City, Calif.: IDG, Books.

(디자인과 마케팅의 템플릿, 자료목록, 예시 등을 수록한 CD-ROM이 딸려 있다.)

Hoey, Peter. 1999. Marketing the Library and Information Centre of the Royal Society of Chemistry. *Managing Information* 6(7): 47~49.

Holst, Ruth, and Sharon A. Phillips, eds. 2000. *The Medical Library Association guide to managing health care libraries.* New York: Neal-Schuman.

(매우 좋은 책!)

Hu, Robert H. 2002. PR for academic libraries: Focus on the faculty. *AALL Spectrum* 6(5): 28, 32.

Hubbard, Marlis. 2002. Exploring the sabbatical or other leave as a means of energizing a career. *Library Trends* 50(4): 603~613.

Hurst, Jill Ann. 2001a. A different view: A tenor and a marketer. *The One-Person Library: A Newsletter for Librarians and Management* 18(2):6~7.

______. 2001b. A tourist in the library. *The One-Person Library: A Newsletter for Librarians and Management* 18(3): 14~15.

______. 2001c. Presenting marketing information. *The One-Person Library: A Newsletter for Librarians and Management* 18(6): 8~9.

______. 2002. Staying on top of your game: A learning strategy. *Searcher* 10(7): 72~75.

Infield, Neil. 2002. Our customers are people-not "end users." *Information World Review* (180): 12.

Jacobs, Leslie, and Mary Corcoran. 2002. Lessons from library closings. *Information Briefing* 5(9): 1~9.

Jain, Abhinandan K., Ashok Jambhekar, T. P. Rama Rao, and S. Sreenivas Rao, eds. 1999. *Marketing information products and services: A primer for librarians and information professionals.* Ottawa, Canada: International Development Research Centre.

Kamm, Sue. 2002. A modest proposal. In NEWLIB-L[electronic list], April 1.

Karp, Rashelle. 1995. *Part-time public relations with full-time results: A PR primer for libraries.* Chicago: American Library Assn. Written for the Public Relations Section of the Library Administration and Management Association.

Kassel, Amelia. 2002. Practical tips to help you prove your value. *MLS: Marketing Library Services* 16(4): 1~4.

Kendall, Sandra, and Susan Massarella. 2001. Prescription for successful marketing. *Computers in Libraries* 21(8): 28~32.

Kennedy, Mary Lee. 1996. Positioning strategic information: Partnering for the information advantage. *Special Libraries* 87(2): 120~131.

Kirchner, Terry. 1999. Advocacy 101 for academic librarians: Tips to help your institution prosper. *College and Research Libraries News* (Nov.): 844~849.

Koch, Richard. 1998. *The 80/20 principle: The secret of achieving more with less.* New York: Doubleday.

Koontz, Christine M. 2002. Stores and libraries: Both serve customers. *MLS: Marketing Library Services* 16(1): 3~6.

La Rosa, Sharon M. 1992. Marketing slays the downsizing dragon. *Information Today* 9(3): 58~59.
(Betty Edwards와의 인터뷰 내용이다.)

Lavoie, Lisa. 2002. Throwing a party to meet all of our patrons' needs. *MLS: Marketing Library Services* 16(5): 1~3.

Leerburger, Benedict A. 1989. *Promoting and marketing the library.* Rev. ed. Boston: Hall. Out of print.

Lemon, Nancy. 1996. Climbing the value chain: A case study in rethinking the corporate library function. *Online* (Nov). Available at <http://www.infotoday.com/online/NovOL/lemon11.html>.

Levinson, Jay Conrad. 1998. *Guerilla marketing: Secrets for making big profits from your small business.* 3d ed. Boston: Houghton Mifflin.

Line, Maurice B. 2002. Management musings eight: To see ourselves as users see us... *Library Management* 23(6/7): 338~339.

Lower, William E. 1921. What is a patient? Sign posted at the admitting desk at the Cleveland Clinic.

Lum, Moya. 2000. Flexibility and responsiveness: The key to success. *InCite* 21(4): 12.

Mackay, Harvey. 1997. *Dig your well before your'e thirsty: The only networking book you'll ever need.* New York: Currency/Doubleday.
(멋진 책이다. 부제가 책의 내용을 잘 말해 주고 있다.)

MacLeod, Roddy, and Lesa Ng. n.d. Shoestring marketing: Examples from EEVL. *Ariadne*(27). Available at <http://www.ariadne.ac.uk/issue27/eevl>.
(EEVL은 에딘버러 소재 Heriot-Watt 대학도서관에서 만든 공학, 수학, 컴퓨터를 위한 포탈사이트이다.)

Marshall, Cathy. 2002. Interview by author, Richmond Heights, Ohio, July 9.

Maslow, A. H. 1943. A theory of human motivation. *Psychological Review* 50: 394~395.

Matarazzo, James M., and Laurence Prusak. 1997. *The value of corporate libraries: Findings from a 1995 survey of senior management.* Washington, D.C.: Special Libraries Assn. Out of print.

McCarthy, Grace. 1992. Promoting the in-house library. *Aslib Proceedings* 44(7/8): 289~293.
(4가지의 사례연구 내용이 수록되어 있다.)

McClellan, Susan Peterman. 2001. Solo librarians and socialization. *The One-Person Library: A Newsletter for Librarians and Management* 17(10): 8〜9.

McKenna, Regis. 1997. *Real time: Preparing for the age of the never satisfied customer.* Boston: Harvard Business School Pr.

McKinnon, Sharon M., and William J. Bruns Jr. 1992. *The information Mosaic: How managers get the information they really need.* Boston: Harvard Business School Pr.
(회계 정보를 다룬 책.)

McLaughlin-Shuereb, Donna. 1998. Bulletin board workshop, Annual Conference of the Church and Synagogue Library Association, Cleveland, Ohio.

McMillen, Paula. 2001. Practice makes perfect(or, at least better!) *Info Career Trends* 2(5). Available at <http://www.lisjobs.com>.

Mieszkowski, Katharine. 1999. Digital competition–Avram Miller. *Fast Company* (30): 156. Available at <http://www.fastcompany.com/online/30/miller.html#>.

Montgomery, Denise L. 2002. Happily ever after: Plateauing as a means for long-term career satisfaction. *Library Trends* 50(4): 702〜716.

Muir, Robert F. 1993. Marketing your library or information service to business. *Online*(July): 41〜46
(저자는 사서는 아니지만 B2B 마케팅, 라이센싱, 기술 상품화 분야의 전문가이다.)

Newell, Frederick. 1997. *The new rules of marketing: How to use one-to-one relationship marketing to be the leader in your industry.* New York: McGraw-Hill.

Nicholas, David. 2000. *Assessing information needs: Tools, techniques and concepts for the Internet age.* 2nd ed. London: Aslib.

Oder, Norman. 2002. State library agency and collection in Minnesota gutted, state PL funding slashed in AR, CO. *Library Journal* 127(12): 14〜15.

Olson, Christine. 2002. Grooming passionate library evangelists: Communicating the value of information services. Special Libraries Association Virtual Seminar, April 24.

Pace, Andrew K. 2000. Marketing our strengths. *Computers in Libraries* (Sept.): 63〜65.

Pantry, Sheila. 1997. Whither the information profession? Challenges and opportunities: The cultivation of information professionals for the new millennium. *Aslib Proceedings* 49(6): 170〜172.

Pemberton, Jeff. 1999. An industry analysis with Outsell, Inc. *Online* (July/Aug.): 40〜46.
(Outsell 회사의 Anthea Stratigos와의 인터뷰이다.)

Peppers, Don, and Martha Rogers. 1997. *Enterprise one to one: Tools for competing in the interactive age.* New York: Currency/Doubleday.

Phillips, Sharon A. 1990. Productivity measurement in hospital libraries: A case report. *Bulletin of the Medical Library Association* 78(2): 146～153.

Ranganathan, S. R. 1964. *The five laws of library science.* Bombay, N.Y.: Asia Pub. House.

Rashid, Shahida, and Taodhg Burns. 1998. Innovation and survival: A case study in planning medical library services. *Bulletin of the Medical Library Association* 86(4): 508～17.

Reed, Sally Gardner. 2001. *Making the case for your library. How-to-Do-It Manual,* no. 104. New York: Neal-Schuman.

(훌륭한 PR과 편지의 예시를 다룬 다양한 사례를 수록하고 있다.)

Reuben, L., and A. Carter. 2001. Customer service: Pitfalls and potentialities. Ninth Specials, Health and Law Libraries Conference, Australian Library and Information Association. Available at <http://www.alia.org.au/conferences/shllc/2001/papers/reuben.carter.html>.

Ries, Al. 1996. *Focus: The future of your company depends on it.* New York: HarperBusiness.

(번뜩이는 현명한 충고기 담긴 많은 사례들이 수록되어 있다.)

Ries, Al, and Jack Trout. 1981. *Positioning: The battle for your mind: How to be seen and heard in the overcrowded marketplace.* New York: Warner.

(고전의 하나)

Robinson, Regan. 2002. Selection with Scilken. In *Getting libraries the credit they deserve: A Festschrift in honor of Marvin H. Scilken,* edited by Loriene Roy and Antony Cherian. Lanham, Md.: Scarecrow.

Rosen, Nathan A. 1999. Continuing education: The ever-evolving role of librarians. In *Managing the law library 1999: Forging effective relationships in today's law office,* edited by Karin V. Donahue et al. Intellectual property Course Handbook Series, no. G-546. New York: Practising Law Institute.

Sarmiento, Roberto A. 2001. A call to action. *Sci-Tech News* (Nov.): 6～10. A publication of the Science-Technology Division, Special Libraries Association.

Sass, Rivkah K. 2002. Marketing the worth of your library. *Library Journal* 127(11): 37～38.

Sawyer, Deborah C. 2002. *Smart services: competitive information strategies, solutions and success strories for service businesses.* Medford, N.J.: Information Today.

Schardt, Connie M. 1998. Going beyond information management: Using the *Comprehensive accreditation manual for hospitals* to promote knowledge-based information services. *Bulletin of the Medical Library Association* 86(4): 504～507.

Schneiderman, R. Anders. 1997. A non-librarian explains "why librarians should rule the Net." *Information Outlook* 1(4): 34～35.

Scilken, Marvin. 1979. Let's put some realism in public library public relations. *Unabashed Librarian*

(30): 11.

______. 1982. Editor's mumblings. *Unabashed Librarian* (42): 2.

______. 1994. Editor's note. *Unabashed Librarian* (93): 10.

Seacord, Stephanie. 1999. *Public relations marketing: Making a splash without much cash.* Central Point. Oreg.: Oasis Pr.

Seddon, Sandra. 1990. Marketing library and information services. *Library Management* 11(6): 35～39.

(뛰어난 서지를 수록하고 있다.)

Shamel, Cynthia. 2002. Building a brand: Got libararian? *Searcher* 10(7): 60～71.

Shear, Joan. 2001. Are you PR impaired? How would you know? *AALL Spectrum* 5(5): 14, 17, 30.

Shimpock-Vieweg, Kathy. 1992. How to develop a markeitng plan for a law firm library. *Law Library Journal* 84: 67～91.

(뛰어난 마케팅 계획의 사례를 수록하고 있다.)

Shisler, Carol M. 2000. Positive image and high profile gets results in a hospital library. *Bulletin of the Medical Library Association* 88(3): 251～253.

Shontz, Priscilla K. 2002. *Jump start your career in library and information science.* Lanham, Md.: Screcrow.

(다양한 양상의 사서의 하루일과의 묘사와 업무기술의 목록이 수록되어 있다.)

Shucha, Bonnie. 2002. Tips for marketing a law library web site. *AALL Spectrum* 6(6): 12～13, 21.

Shuck, Jay. 2002. It looks like rain. *Law Libraries in the New Millennium* 4(3): 4～5.

(법학사서인 Terri Lawrence의 프로파일을 담고 있다.)

Sirkin, Arlene Farber. 1991. Marketing planning for maximum effectiveness. *Special Libraries* 82(winter): 1～6.

Slocum, Charlotte. 2002. Letter to author, July 15.

Smith, Sally Decker. 2002. Sally in Libraryland. *The Illinois Library Association Reporter* 20(3): 14～15.

Soules, Aline. 2001. The principles of marketing and relationship management. *Portal: Libraries and the Academy* 1(3): 339～350.

St. Clair, Guy. 1993. *Customer service in the information environment.* Information Services Management Series. London: Bowker-Saur.

______. 1994. *Power and influence: Enhancing information services within the organization.* Information Services Management Series. London: Bowker-Saur.

St. Clair, Guy, and Joan Williamson. 1992. *Managing the new one-person library.* London: Bowker-Saur.

(4장의 Training and Continuing Education과 7장의 Advocacy, 13장의 Marketing이 특히 좋은 내용

이다.)

Stear, Edward B. 1997. The successful manager: Ten ways to gain management support for key projects (or, all I need to know to manipulate management I learned as a teenager). *Online* (May). Available at <http://www.infotoday.com/online/May97/manager5.html>.

Strouse, Roger. 2002. Thriving in an uncertain environment. *CILIP Library + Information Update* 1(4): 48~49.

Swart, Sarah Legarde. 2000. Marketing my corporate library on the Web. *MLS: marketing Library Services* 14(7). Available at <http://www.infotoday.com/MLS:Marketing Library Services/oct00/.swart.htm>.

Talley, Mary, and Joan Axelroth. 2001. Talking about customer service. *Information Outlook* 5(12): 6~13.

Teece, Phil. 2002. Hard slog wins best-ever wage decision. *InCite* 23(5): 8~9.

Tennant, Roy. 2001. The convenience catastrophe. *Library Journal* 126(20): 39~40.

Tolman, Jay W. 1998. *Marketing for the new millennium: Applying new techniques.* Central Point, Oreg.: Oasis Pr.

Tomlin, Anne C. 1999. Looking for that nudge. *The One-Person Library: A Newsletter for Librarians and Management* 16(5): 10~11.

Tovell, Chris. 2001. Whippersnappers vs. the old guard? Making e-resources training a collaborative experience. *Info Career Trends* 2(5). Available at <http://www.lisjobs.com>.

Trout, Jack, with Steve Rivkin. 1996. *The new positioning: The latest on the world's #1 business strategy.* New York: McGraw-Hill.

Usherwood, Bob. 1981. *The visible library: Practical public relations for public librarians.* London: Library Assn.

(옛날 자료이지만 좋은 자료이다. 영국 공공도서관의 견지에서 쓴 자료이다.)

______. 1991. The visible library in the 1990s. *Assistant Librarian* 84(12): 182~188.

______. 2002. Let's be professional. *Library Association Record* 104(2): 98~99.

Van Riel, Rachel. 2002. Getting past "G." *CILIP Library + Information Update* 1(5): 38~39.

Volpe National Transportation Systems Center, U.S. Department of Transportation. 1998. *Value of information and information services.* FHWA-SA-99-038. Washington, D.C.: U.S. Department of Transportation, Federal Highway Administration.

Wagner, Mary Lynn. 1997. Librarians, get out from behind your desks! *AALL Spectrum* 1(7): 32.

Weaver, Eris. 2002. In MEDLIB-L [electronic list], July 11.

Weiner, Barbara. n.d. "Marketing: Making a case for your library." Available at

<http://www.nnlm.gov/gmr/3sources/0010.html>.

Weingand, Darlene E. 1994. *Managing today's public library: Blueprint for change.* Englewood, Colo.: Libraries Unlimited.

______. 1995. Marketing of library and information services. *Library Trends* 43(3): 289〜513.

______. 1998. *Future-driven library marketing.* Chicago: American Library Assn.

Westbrook, Lynn. 2001. *Identifying and analyzing user needs: A complete handbook and ready-to-use assessment workbook with disk.* New York: Neal-Schuman.

(공공도서관에 관한 자료이지만 모든 도서관종에서 사용할 수 있는 뛰어난 아이디어를 제공한다. 매우 상세하며 공공, 학교도서관의 이용자 요구 연구보고서의 예시를 수록하고 있다.)

White, Herbert S. 1984. *Managing the special library: Strategies for success within the larger organization.* White Plains, N.Y.: Knowledge Industry.

______. 1996a. Our strategy for saving libraries: Add water to the thin soup. *Library Journal* 121(3): 126〜127.

______. 1996b. The politics of reinventing special libraries. *Special Libraries* 82(winter): 59〜62.

______. 1997. Marketing as a tool for destabilization. *Library Journal* 122(3): 116〜117.

Williamson, Joan. 1996. Connecting the organizational mission and the library mission. *The One-Person Library: A Newsletter for Librarians and Management* 12(9): 3.

Wilson, Jerry R. 1991. *Word-of-mouth marketing.* New York: Wiley.

(특별한 사례들이 수록되어 있다. 100 Little Things That Light Fires를 주목하라.)

• 서론

웹사이트

Glossary of Marketing Definitions: <http://www.ifla.org/VII/s34/pubs/glossary.htm>

Marketing Terms.com: <http://www.marketingterms.com/>

Target Marketing--direct marketing glossary: <http://www.targetonline.com/sics/directmail.bsp>

• 제1장 고객서비스의 중요성과 그 기본

도서

Brinkman, Rick, and Rick Kirschner. 1994. *Dealing with people you can't stand: How to bring out the best in people at their worst.* New York: McGraw-Hill.

(10 Most Unwanted List를 참고하라.)

Roy, Loriene, and Antony Cherian, eds. 2002. *Getting libraries the credit they deserve: A Festschrift in honor of Marvin H. Scilken.* Lanham, Md.: Scarecrow, pp. 13~21.

St. Clair, Guy. 1997. *Customer service excellence: A concise guide for librarians.* Chicago: American Library Assn.

(매우 좋은 책. 다수의 체크리스트와 사례연구를 담고 있다.)

Walters, Suzanne. 1994. *Customer service: A how-to-do-it-manual for librarians.* New York: Neal-Schuman.

아티클

Dinerman, Gloria. 2002. If you don't know, ask: The art and craft of surveys. *Information Outlook* 6(7): 6~10.

Evangelista, Ernie. 2001. Surviving change: A case study in marketing library services. *Business Information Alert* 13(7): 1, 3, 5, 9.

Leonicio, Maggie. 2001. Going the extra mile: Customer service with a smile. *The Reference Librarian* (72): 51~63.

Montanelli, Dale S., and Patricia F. Stenstrom, eds. 1999. *People come first: User-centered academic library service.* ACRL Publications in Librarianship, no. 53. Chicago: Association of College and Research Libraries.

Pedley, Paul. 2002. Coping with change. *Managing Information* 9(2): 18~19.

Stalker, John C. 1999. Reference: Putting users first. In *People come first: User-centered academic library service,* edited by Dale S. Montanelli and Patricia F. Stenstrom. ACRL Publications in Librarianship, no. 53. Chicago: Association of College and Research Libraries.

Thorpe, Suzanne. 2002. Trends in law library public services: Have you seen your patrons lately? *AALL Spectrum* 6(5): 6 ~7, 30.

• 제2장 기반다지기: 마케팅

<u>도서 및 잡지</u>

Just about library retail. Quarterly free electronic newsletter, John Stanley Associates, 142 Hummerston Road, Kalamunda, Western Australia, 6076, Australia; voice: 61-8-9293-4533, fax: 61-8-9293-4561, e-mail: info@johnstanley.cc, website: <http://www.johnstanley.cc>.

Kassel, Amelia. 2002. Practical tips to help you prove your value. *MLS: Marketing Library Services* 16(4): 1 ~4.

Kotler, Philip, and Alan Andreasen. 1996. *Strategic marketing for nonprofit organizations.* 5th ed. New York: Prentice-Hall.

Lancaster, F. W. 1988. *If you want to evaluate your library...* London: Library Associates.

McLeish, Barry J. 1995. *Successful marketing strategies for nonprofit organizations.* New York: Wiley.

MLS: Marketing library services. Published eight times a year by Information Today, Inc., and edited by Kathy Miller, Information Today, Inc., 143 Old Marlton Pike, Medford, NJ 08055-8750; voice: 1-609-654-6266 or 1-800-300-9868, fax: 1-609-654-4309, e-mail: kmiller@infotoday.com.
(상당히 추천하고 싶은 잡지이다.)

Portugal, Frank H. 2000. *Valuating information intangibles: Measuring the bottom line contribution of librarians and information professionals.* Washington, D.C.: Special Libraries Assn.

Ries, Al, and Jack Trout. 1994. *The twenty-two immutable laws of marketing: Violate them at your own risk.* New York: Harper Business.

Stanley, John. 1999. *Just about everything a retail manager needs to know.* John Stanley Associates, 142 Hummerston Road, Kalamunda, Western Australia, 6076, Australia; voice: 61-8-9293-4533, fax: 61-8-9293-4561, e-mail: info@johnstanley.cc, website: <http://www.johnstanley.cc>.

Trout, Jack, with Steve Rivkin. 1996. *The new positioning: The latest on the world's #1 business strategy.* New York: McGraw-Hill.

Urquhart, Christine J., and John B. Hepworth. 1995. *The value of information services to clinicians: A toolkit for measurement.* Aberystwyth, Wales: Department of Information and Library Studies, University of Wales, Aberystwyth, and the British Library Research and Development Department.

(상세한 고객 요구분석을 수행하는 데 있어 매우 훌륭한 가이드이다.)

아티클

Abram, Stephen. 1996. Market your valuable experience. *MLS: Marketing Library Services* (Oct./Nov.): 87~88.

Ash, Joan S., and Elizabeth H. Wood. 2000. Marketing library services. In *Administration and management in health science libraries,* edited by Rick B. Forsman. Current Practices in Health Sciences Librarianship, vol. 8. Lanham, Md.: Scarecrow.

Ashcroft, Linda, and Clive Hoey. 2001. PR, marketing, and the Internet: Implications for information professionals. *Library Management* 22(1/2): 68~74.

Basch, Reva. 1997. Proactive marketing: Helping technologies emerge. *Searcher* 5(4): 50~51.

Bashe, Gil, and Nancy Hicks. 2001. Branding health services: Defining yourself in the marketplace. *Marketing Health Services* 21(1): 42 43.

Bridges, Peggy Bess, and Suzette Morgan. 2000. Creatively marketing the corporate library. *MLS: Marketing Library Services* 14(2).
Available at <http://www.infotoday.com/mls/mar00/bridges&morgan.htm>.

Bunyan, Linda E., and Evelyn M. Lutz. 1991. Marketing the hospital library to nurses. *Bulletin of the Medical Library Association* 79(2): 223~225.

Bushing, Mary C. 1995. The library's product and excellence. *Library Trends* 43(winter): 384~400.

Carpenter, Beth. 1998. Your attention, please! Marketing today's libraries. *Computers in Libraries* 18(8): 62~66.

Cram, Jennifer. 1996. Benefiting the bottom line. *The Australian Library Journal* 45(Nov.): 300~307.

Crosby, Lawrence, and Sheree Johnson. 2001. Branding and your CRM strategy. *Marketing Management* 10(2): 6~7.
[CRM(Customer Relationship Management)에 관한 내용이다.]

Curci-Gonzalez, Luci. 2000. All I really need to know about law library marketing I learned watching commercials during the Super Bowl. *AALL Spectrum* 4(6): 16.

Dimick, Barbara. 1995. Marketing youth services. *Library Trends* 43(3): 463~477.

Donald, Roslyn. 2001. Valuing library services. Available at <http://www.insitepro.com/donald2.html>.

Gorchels, Linda M. 1995. Trends in marketing services. *Library Trends* 43(winter): 494~509.

Greenawalt, Bethann. 2002. Can branding curb burnout? *Nursing Management* 32(9): 26~31.

Kassel, Amelia. 1999. How to write a marketing plan. *MLS: Marketing Library Services* 13(5). Available at <http://www.infotoday.com/mls/jun99/how-to.htm>.

Koontz, Christine M. 2002. Market segmentation: Grouping your clients. *MLS: Marketing Library Services* 16(4): 4~7.

McKnight, Michelynn. 1996. Field tips: Marketing the "full service" library. *National Network* 20(3): 10.

Persyn, Mary G. 2001. Focus groups: Another tool for library management. *AALL Spectrum* 6(4): 22~23.

Poynder, Richard. 1997. It's the brand, stupid! Add value and build on a brand name—lessons to learn in Web building. *Information Today* 14(5): 14~17.

Salzwedel, Beth A., and Ellen Wilson Green. 2000. Planning and marketing. In *The Medical Library Association Guide to Managing Health Care Libraries*, edited by Ruth Holst and Sharon A. Phillips. New York: Neal-Schuman.

Siess, Judith A. 1998. Marketing 102: Some immutable laws. *The One-Person Library: A Newsletter for Librarians and Management* 15(5): 6~7.

______. 1999. User Surveys. *The One-Person Library: A Newsletter for Librarians and Management* 15(10): 6.

Stear, Edward B. 1997. The successful manager: What business are you in? (Or who pushed Humpty-Dumpty?) *Online* 21(6): 83~86.

______. 1998. Live long and prosper: Aligning IRC [Information Research Center] strategies with the business. *Online* 22(2): 26~27.

Tennant, Roy. 2000. Co-branding and libraries. *Library Journal* 125(20): 40~42.

White, Herbert S. 1984. *Managing the special library: Strategies for success within the larger organization.* White Plains, N. Y.: Knowledge Industry.

Williamson, Joan. 1996. Connecting the organizational mission and the library mission. *The One-Person Library: A Newsletter for Librarians and Management* 12(9): 3.

웹사이트

American Library Association— publicity products to go with the "@ Your Library" campaign: <http://cs.ala.org/@yourlibrary/>

CIO CRM portal— Customer Resource Management (CRM) information from CIO(Chief Information Officer) magazine: <http://www.cio.com/research/crm/>

Colorado Library Marketing Council: <http://www.clmc.org>

Evelyn Daniel's Marketing Bibliography: <http://www.ils.unc.edu/daniel/237/readings2002.html>

IFLA Management and Marketing Section: <http://www.ifla.org/VII/s34/somm.htm>

LEXIS-NEXIS—"Marketing tips for information professionals: A practical workbook":
    <http://www.lexisnexis.com/infopro/reference/default.shtml>
Measuring the Difference, by Cathy Burroughs: <http://nnlm.gov/evaluation/guide>
Sheila Webber's Library and Information Marketing Site
    (UK): <http://dis.shef.ac.uk/sheila/marketing/>
Social Science Information Gateway (UK), Marketing Section:
<http://www.sosig.ac.uk/roads/subject-listing/World-cat/market.html>
University of Texas Advertising World: <http://advertising.utexas.edu/world/>
Wilson Internet's Web Marketing and E-commerce—short practical articles, lots of links to other
    articles and sites: <http://www.wilsonweb.com/>

• 제3장 홍보: 유형의 자산

두서

Karp, Rashelle S. 2002. *Powerful public relations: A how-to guide for libraries.* Chicago: American Library
    Assn.

아티클

Baker, Lynda M., and Virginia Manbeck. 2002. Promoting the CHI collection and service. Chap 6. in
    Consumer health information for public librarians. Lanham, Md.: Scarecrow.

Balas, Janet L. 1999. The 'don'ts' of Web page design. *Computers in Libraries* 19(8): 46 ~48.

Buchanan, Leigh. 1999. The smartest little company in America: Highsmith Inc. uses a knowledge-
    management tool of extraordinary power to give employees all the information they need. Its
    name is Lisa Guedea Carreno. She's the librarian. *Inc.* (January): 43 ~54.
    (사서가 등장한 최고의 PR자료이다.)

Duncan, Moira. 1994. Totally unique!! How not to write a press release. *Managing Information* 1(9):
    39 ~40.

Ekhaml, Leticia. 1997. Tell it to the public! *School Library Media Activities Monthly* 14(10): 28 ~29.

Fialkoff, Francine, and Evan St. Lifer. 2002. Putting libraries in the headlines. Netconnect (supplement
    to *Library Journal*) (summer): 2.

Glinert, Susan 1999. Top of the ranks. *Home Office Computing* 17(11): 105 ~106.

Guenther, Kim. 1999. Publicity through better Web site design. *Computers in Libraries* 19(8): 62 ~67.

Hordie, Julia. 2002. No business like self-promotion. *Information World Review* (181): 28.

Paul, Meg. 1999. How does your promotional material rate? *The One-Person Library: A Newsletter for*

Librarians and Management 15(10): 5 ～ 6.

Raeder, Aggi. 1997. Promoting your Web site. *Searcher* 5(July/Aug.): 63 ～ 66.

Rowley, Jennifer. 1998. Promotion and marketing communications in the information marketplace. *Library Review* 47(8): 383 ～ 387.

Siess, Judith A. 1999a. Ideas for bulletin boards on a shoestring. *The One-Person Library: A Newsletter for Librarians and Management* 15(8): 6 ～ 7.

________. 1999b. Suggestions for library bulletin boards. *The One-Person Library: A Newsletter for Librarians and Management* 15(8): 8 ～ 9.

________. 1999c. Celebrating special days. *The One-Person Library: A Newsletter for Librarians and Management* 15(10): 4 ～ 5.

________. 1999d. Tips for a better library Web site. *The One-Person Library: A Newsletter for Librarians and Management* 16(7): 7 ～ 10.

Toch, M. Uri, and Tom Farmer. 2002. Promote libraries with electronic newsletters. *MLS: Marketing Library Services* 16(2/3): 5 ～ 6.

Wagner, Pat. 2001. Secrets of a successful presenter. Info Career Trends 2(5). Available at <http://www.lisjobs.com>.

Wreden, Nick. 2002. How to make your case in thirty seconds or less. Harvard Management Communication Letter 5(1): 10 ～ 11.

Zach, Lisl. 2002. A librarian's guide to speaking the business language. Information Outlook 6(6): 18 ～ 24.

웹사이트

American Library Association—posters, bookmarks, and so forth, and a press kits page: <http://www.ala.org/pio/presskits/>

Association of Research Libraries— twenty-one-page guide to media relations: <http://www.arl.org/mediamap.pdf>

Clip Art—$10 to $15 per graphic, from Chris Olson & Associates: <http://www.libraryclipart.com>

Factiva—information on marketing the information center (including finding time and money for marketing, marketing ideas and techniques, and a sample marketing plan): <http://www.factiva.com/infopro/resource3.asp?node=right1>

Gale Group—marketing support, downloadable leaflets: <http://www.gale.com/free_resources/marketing/support/index.htm>

Innovative Internet Applications in Libraries: <http://www.wiltonlibrary.org/innovate.html>

Joe Ryan's Information Resources for Information Professionals:

    <http://web.syr.edu/~jryan/infopro/public.html>

Stephanie Stokes Design, Library Media, and PR Site: <http://www.ssdesign.com/librarypr/>

3M: How to Market @ Your Library: Creating Your Five-Year Campaign—manual (in PDF format):

    <http://www.3m.com/market/security/library/whatsnew/webcast.jhtml>

Writing a marketing plan: <http://www.insitepro.com/donald3.htm>

• 제4장 PR(Public Relations): 인간적 접촉

도서

Donahue, Karin V., Sandra S. Gold, Janice E. Henderson, Loretta Mak, Alice McKenzie, and Gitelle Seer. 1999. *Managing the law library 1999: Forging effective relationships in today's law office.* Intellectual Property Course Handbook Series, G-546. New York: Practising Law Institute.

Fleming, Neil. 2002. *Fifty-five strategies for better teaching.* Christchurch, New Zealand. Neil Fleming.

    (좋은 자료이다. http://www.vark-learn.com에서 주문 가능)

Wolfe, Lisa A. 1997. *Library public relations, promotions, and communications: A how-to-do-it manual for librarians.* New York: Neal-Schuman.

아티클

Block, Marylaine. 2000. Training our bosses. *Ex Libris: An E-Zine for Librarians and Other Information Junkies.* (Mar.). Available at <http://marylaine.com/exlibris/>.

Bumgarner, Elizabeth A. 2000. A virtual open house. *MLS: Marketing Library Services* 14(8). Available at <http://www.infotoday.com/mls/dec00/bumgarner.htm>.

Hammond, Patricia. 2000. Courting the medical staff. *MLA News* (322): 13.

Hurst, Jill Ann. 2001. A tourist in the library. *The One-Person Library: A Newsletter for Librarians and Management* 18(3): 14~15.

Mileham, Patricia, Joan Ruelle, and Susan Sykes Berry. 2002. Playing well with others: Increasing your library-campus partnerships. *Collection Management* 26(3): 77~87.

Nims, Julia. 1999. Marketing the library instruction services: Changes and trends. *Reference Services Review* 27(3): 249~253.

웹사이트

ALA promotional events page, links to information and supporting material for events such as Teen

Read Week: <http://www.ala.org/events/promoevents/>

Library Instruction-some great resources and links for better teaching. Especially good is Michael Lorenzen's "Working with Adult Learners in the Library Classroom: A Personal Reflection" (2002): <http://www.libraryinstruction.com>

• 제5장 후원 확보 활동: 전체 활동 종합하기

〈후원 확보 활동과 전문성 분야〉

도서

Akey, Stephen. 2002. *Library*. Washington, D. C.: Orchises.

(매력적인 자료이다. 본문 내용 중간중간 뛰어난 관찰력이 숨겨져 있는 것을 알 수 있다.)

Boccialetti, Gene. 1995. *It takes two: Managing yourself when working with bosses and other authority figures.* San Francisco: Jossey-Bass.

Hall, Richard B. 1995. *Winning library referenda compaigns: A how-to-do-it manual.* New York: Neal-Schuman.

아티클

Bridgman, Tracy Gray. 2002. Taking advantage of Friends groups. *AALL Spectrum* 6(7): 20.

Corcoran, Mary. 2002. How to survive and thrive in the new economy: Follow the money. *Online* 26(3): 76~77.

Diprose, Kym. 1997. Pricing the invaluable: Putting a value on information in the corporate context. *The Australian Library Journal* (Nov.): 386~393.

Ebbinghouse, Carol. 2002. Would you hire you? Continuing education for the information professional. *Searcher* 10(7): 110~115.

Flood, Gary. 2002. Pinpointing the price of information. *Information World Review* (180): 9.

(Factiva 사장인 Clare Hart와의 인터뷰 내용이다.)

Harhai, Marilyn Kay. 2002. Maybe it's not too late to join the circus: Books for midlife career management. *Library Trends* 50(4): 640~650.

Henczel, Susan. 2001. Developing business savvy-applying our library competencies to the business environment. *The One-Person Library: A Newsletter for Librarians and Management* 18(7): 8~9.

Holt, Glen E. 1996. On becoming essential: An agenda for quality in twenty-first century public libraries. *Library Trends* 43(winter): 545~571.

Hotchkiss, Mary A. 1988. Managing multiple projects, or the art of juggling. *AALL Spectrum* 3(1): 12.

Houdek, Frank G., comp. 1997. A day in my law library life. *Law Library Journal* 89: 157~223.

How do you manage? *Library Journal*에 격주로 나오는 고정칼럼.

Jacobs, Leslie, and Mary Corcoran. 2002. Lessons from library closings. *Information Briefing* 5(9): 1 ∼ 9.

Justis, Janet. 2001. Before you visit your legislator review some tips from the advocacy gurus. *Virginia Libraries* 47(3): 913.

Kearns, Kevin P. 1997. Managing upward: Working effectively with supervisors and others in the hierarchy. *Information Outlook* 1(10): 23∼27.

Krattenmaker, Tom. 2002. A blueprint for constructing a personal and professional network. *Harvard Management Communication Letter* 5(4): 6∼7.

Landry-Hyde, Denise. 2002. Lifelong learning. *Info Career Trends* 3(2).

Lettis, Lucy. 1999. Be proactive: Communicate your worth to management. *Information Outlook* 3(1): 25∼29.

(초급 정부 전문가를 위해 저자가 개발한 능력 요건에 관한 긴 목록을 수록하고 있다.)

Marshall, Joanne Gard. 2000. Determining our worth, communicating our value. *Library Journal* (Nov. 15): 28∼29.

McClary, Pat. 2001. Planning for success at the election polls. *MLS: Marketing Library Services* 15(8): 1∼3.

McKnight, Michelynn. 2002. Sharing our worth. *National Network* 26(3): 1, 4.

Perley, Cathy M. 2002. Reflections on hospital library services in ambulatory settings. *Journal of Hospital Librarianship* 2(1): 19∼27.

Riley, Bryan. 2000. Demonstrating value in a competitive environment. *InCite* 21(4): 14.

Spohr, Cindy. 2001. Speakeasy: The art of communicating value. *AALL Spectrum* 6(40): 36.

Toftoy, Charles N. 2002. The key to a librarian's success: Developing entrepreneurial traits. *Information Outlook* 6(6): 42∼47.

van der Voort, Sara. 1998. Are you into analysis? Remember to emphasize the value you add! *Online* (Jan./Feb.): 58∼60.

White, Herbert S. 1984. *Managing the special library: Strategies for success within the larger organization*. White Plains, N. Y.: Knowledge Industry.

(특별히 아티클 2개, Public Libraries and the Political Process와 Toward Professionalism을 참고하라.)

Zemon, Candy Bogar. 2002. Midlife career choices: How are they different from other career choices? Library Trends 50(4): 665∼672.

웹사이트

ALA, Library Advocate's Handbook-advice about how to put forward the case for your library:
<http://www.ala.org/pio/advocacy/libraryadvocateshandbook.pdf>
Freedman Better Salaries and Pay Equity Task Force Website:
<http://www.mjfreedman.org/tftext.html>
On the Image of Librarians and Libraries, by Jennifer Cram:
<http://www.alia.org.au/~jcram/image_librarians.html>

〈경력관리 분야〉

도서

Boldt, L. D. 1999. *Zen and the art of making a living: A practical guide to creative career design.* Rev. ed.
New York: Penguin/Arkana.

Bolles, R. N. 2000. *What color is your parachute? A practical manual for jobhunters and career changers.*
30th anniversary ed. Berkeley: Ten Speed Pr.
(구직자를 위한 고전서로 간주되는 책.)

Helfand, D. P. 1999. *Career change: Everything you need to know to meet new challenges and take control
of your career.* 2d ed. Lincolnwood, Ill.: VGM Career Horizons.

Nesbeitt, Sarah L., and Rachel Singer Gordon. 2002. *The information professional's guide to career
development online.* Medford, N.J.: Information Today.

Pantry, Sheila, and Peter Griffiths. 1999. *Your successful LIS career: Planning your career, CVs, interviews
and self-promotion.* London: Library Assn.
(주로 영국의 사례를 담고 있지만 아이디어는 어디에서나 적용할 수 있다.)

Podesta, Connie, and Jean Gatz. 1997. *How to be the person successful companies fight to keep: The
insider's guide to being #1 in the workplace.* New York: Simon & Schuster.

Rausch, Erwin, and John Washbush. 1998. *High quality leadership: Practical guidelines to becoming a
more effective manager.* Milwaukee, Wis.: American Society for Quality/Quality Pr.

Roy, Loriene, and Antony Cherian. 2002. *Getting libraries the credit they deserve: A Festschrift in honor of
Marvin H. Scilken.* Lanham, Md.: Scarecrow.

Salmon, W. A., and R. Salmon. 2000. *The mid-career tune-up: Ten new habits for keeping your edge in
today's fast-paced workplace.* New York: American Management Assn.

아티클

Harhai, Marilyn Kay. 2002. Maybe it's not too late to join the circus: Books for midlife career management. *Library Trends* 50(4): 640 ~650.

Whisner, Mary. 1999. Choosing law librarianship: Thoughts for people contemplating a career move. Available at <http://www.llrx.com/features/librarian.htm>.

(LLRX는 Law Library Resource Xchange의 약자이다.)

웹사이트

Ann's Place: Library Job Hunting: <http://www.geocities.com/aer_mcr/libjob/>

BUBL News-library and information science jobs: <http://www.bubl.ac.uk/news/jobs>

Chronicle of Higher Education-Career Network: <http://chronicle.com/jobs>

Library Job Postings on the Internet: <http://www.libraryjobpostings.org>

The Networked Librarian Employment Resources for Librarians:

<http://pw2.netcom.com/~feridun/nlintro.htm>

절취선

보내는 사람

도서출판 異彩(이채)

서울시 강남구 청담동 68-19 리버뷰오피스텔 1110호

tel 02.511.1891, 512.1891 | fax 02.511.1244 | e-mail yiche7@dreamwiz.com

135-100

독자 여러분의 의견이 좋은 책을 만드는 귀중한 자료가 됩니다. 이채(異彩)는 여러분의 의견 하나하나를 소중한 충고로 받아들이겠습니다.

이름	나이	성별 (남 / 여)
직업	근무처	
전화	휴대폰	ID
구독하시는 신문	애청하시는 라디오 프로그램	

ㅇ 구입하신 책의 제목

ㅇ 구입하신 지역과 서점 이름

ㅇ 이 책을 어떻게 구입하시게 되었습니까?

ㅇ 이 책을 보시고 좋았던 점이나 아쉬웠던 점을 적어 주십시오.

ㅇ 평소에 출간되었으면 하신 책이 있으시면 적어 주십시오(분야/내용/저자).

ㅇ 저희 이채(異彩)에 바라는 점이 있으시면 적어 주십시오.